Green IT

Rüdiger Zarnekow · Lutz Kolbe

Green IT

Erkenntnisse und Best Practices
aus Fallstudien

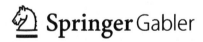

Rüdiger Zarnekow
Fachgebiet Informations- und
  Kommunikationsmanagement
Technische Universität Berlin
Berlin, Deutschland

Lutz Kolbe
Wirtschaftswissenschaftliche Fakultät
Georg-August-Universität Göttingen
Göttingen, Deutschland

ISBN 978-3-642-36151-7   ISBN 978-3-642-36152-4   (eBook)
DOI 10.1007/978-3-642-36152-4

Die Deutsche Nationalbibliothek verzeichnet diese Publikation in der Deutschen Nationalbibliografie; detaillierte bibliografische Daten sind im Internet über http://dnb.d-nb.de abrufbar.

Springer Gabler

Gedruckt auf säurefreiem und chlorfrei gebleichtem Papier

Springer Gabler ist eine Marke von Springer DE. Springer DE ist Teil der Fachverlagsgruppe Springer Science+Business Media
www.springer-gabler.de

Vorwort

Nachhaltigkeit und Informationsmanagement – Zwei Rollen der Informationstechnologien in Wissensdemokratien des 21. Jahrhunderts.

In einer Welt mit prognostizierten 9 Milliarden Menschen im Jahr 2050, knapper werdenden Ressourcen und wachsenden Ansprüchen zeichnet sich deutlich eine zunehmende Verantwortung für das Informationsmanagement ab. Es freut mich, dass die in diesem Buch vertretenen Unternehmen konkret belegen, welche neuen Optionen durch den Einsatz von Informationssystemen zur Verfügung stehen. Die Vielfalt der Unternehmen zeugt von der Dynamik und Bedeutung des Themas für die Wirtschaft und die Gesellschaft. Viele Ideen und Erfindungen für die sparsamere Nutzung von Ressourcen durch und in den Informationstechnologien werden vor allem in Unternehmen entwickelt. Längst sind der effiziente Umgang mit Ressourcen, energiesparende Prozesse oder die nachhaltige Nutzung von Abfällen nicht mehr nur ethisch begründbar, sondern auch zu einem strategisch-wirtschaftlichen Argument geworden. Universitäten und Forschungseinrichtungen helfen dabei, Unternehmen in ihrem Bestreben zu begleiten und zu unterstützen, um die gewonnenen Erkenntnisse zur Anwendung zu bringen.

Die zunehmende Verbreitung und Nutzung von Informationssystemen, welche das Leben in offenen Wissensdemokratien charakterisieren, und das sowohl in Unternehmen als auch in privaten Lebensbereichen, erfordert ein verantwortungsvolles Handeln bei der Produktion, Nutzung und Entsorgung der Geräte. Hier liefert „Green IT", so wie in diesem Buch dargestellt, wichtige Ansätze. In der Zukunft wird es vermehrt darum gehen, das Potenzial der Allgegenwart von Informationssystemen für das Thema Nachhaltigkeit noch besser zu nutzen. Zum Beispiel ist die Energiewende in Deutschland ohne intelligente Stromnetze, durch Smart Metering oder Smart Grids, nicht denkbar. Auch Elektromobilität benötigt für eine erfolgreiche Umsetzung ein geeignetes Informationsmanagement. Hinzu kommen die neuen Möglichkeiten des Dialogs, des Austauschs und der Partizipation, die durch soziale Netze und mobile Endgeräte erst möglich werden.

Die Fokussierung von Unternehmen auf die Potenziale des Informationsmanagements kann nicht nur zu einer lebendigeren Gesellschaft und einer gesünderen Umwelt beitragen, sondern wird sich auch langfristig wirtschaftlich durchsetzen.

Prof. Dr. Dr. h.c. mult. Klaus Töpfer
Exekutivdirektor Institut for Advanced Sustainability Studies e.V. (IASS)

Inhaltsverzeichnis

Autorenverzeichnis

Markus Dahlem Deutsche Bank AG, Berlin, Deutschland

Dr. Koray Erek Technische Universität Berlin, Berlin, Deutschland

Thomas Glau IT-Dienstleistungszentrum Berlin AöR, Berlin, Deutschland

Dr. Reiner Henseler Bundesverwaltungsamt, Berlin, Deutschland

Katja Kusiak Georg-August-Universität Göttingen, Göttingen, Deutschland

Fabian Löser Technische Universität Berlin, Berlin, Deutschland

Nicky Opitz Georg-August-Universität Göttingen, Göttingen, Deutschland

Jan Rekers Georg-August-Universität Göttingen, Göttingen, Deutschland

Peter Samulat Axel Springer AG, Berlin, Deutschland

Dr. Nils-Holger Schmidt Georg-August-Universität Göttingen, Göttingen, Deutschland

Dr. Thomas Schilling Bayer Business Services GmbH, Berlin, Deutschland

Timo Stelzer SAP AG, Berlin, Deutschland

Teil A
Einführung und Grundlagen

Einleitung

> *„Keine Generation darf mehr verbrauchen, als sie wieder regenerieren kann. Das bedeutet, dass wir sowohl in der Zusammenführung von Ökonomie und sozialer Balance als auch in der Zusammenführung von Ökologie und Ökonomie vor riesigen Aufgaben stehen."*
> *– Bundeskanzlerin Angela Merkel auf der 11. Jahreskonferenz des Rates für nachhaltige Entwicklung (20.06.2011).*

Globalisierung und steigender Wettbewerbsdruck zwingen Unternehmen zu effizienten Prozess- und Kostenstrukturen, um schneller auf Marktveränderungen und Kundenbedürfnisse reagieren zu können. Informations- und Kommunikationstechnologien (IT)[1] spielen hierbei eine Schlüsselrolle. Nahezu jeder Geschäftsprozess wird heutzutage IT-gestützt ausgeführt. Umso wichtiger wird es zum Erhalt der Wettbewerbssituation, die Voraussetzungen für eine nachhaltige Wertschöpfung zu schaffen. Dabei hat sich Nachhaltigkeit in den letzten Jahren als ein wichtiges Grundprinzip unternehmerischen Wirtschaftens etabliert. Infolgedessen determinieren neben grundsätzlich ökonomisch motivierten Handlungsweisen zunehmend ökologische und soziale Rahmenbedingungen den wirtschaftlichen Erfolg eines Unternehmens. Die integrative Berücksichtigung von ökonomischen, ökologischen und sozialen Aspekten in den Wertschöpfungsstrukturen eines Unternehmens führte zu dem, was heute unter betrieblichem Nachhaltigkeitsmanagement verstanden wird.

Seit einigen Jahren hat die IT-Industrie ihren erkannten Beitrag zum Umwelt- und Ressourcenschutz mit dem Schlagwort „Green IT" versehen. Diesen Umweltdiskussionen liegen grundsätzlich zwei unterschiedliche Sichtweisen zugrunde: Einerseits wird die IT als Objekt des Umweltschutzes betrachtet, indem der zunehmende Energieverbrauch der betriebenen IT-Infrastruktur und somit die von der IT induzierten

---

[1] Die Abkürzung IT wird in diesem Buch als Sammelbegriff für alle Informations- und Kommunikationstechnologien verwendet.

R. Zarnekow und L. Kolbe, *Green IT*, DOI: 10.1007/978-3-642-36152-4_1,
© Springer-Verlag Berlin Heidelberg 2013

klimaschädlichen CO_2-Emissionen thematisiert werden. Andererseits wird im Rahmen von „IT-for-Green" oder auch „Green Business" der Beitrag der IT zur Unterstützung der Nachhaltigkeitsziele des Unternehmens betrachtet und folglich untersucht, inwiefern durch den Einsatz innovativer IT, wie z. B. intelligente (Echtzeit-) Steuerung von Logistikprozessen, die Umweltbelastungen in den (Kern-) Geschäftsprozessen des Unternehmens reduziert werden können (Loos 2011). Letzteres betont die Funktion der IT als Enabler zur Bewältigung der Nachhaltigkeitsherausforderungen in Unternehmen.

Im vorliegenden Buch werden IT-Organisationen im Kontext der Nachhaltigkeit fokussiert und wird damit vorrangig Green IT als ökologisch nachhaltiger Ansatz zur Bewältigung der Nachhaltigkeitsherausforderungen in IT-Organisationen betrachtet. Die Rolle der IT zur Unterstützung von Nachhaltigkeit in den Geschäftsprozessen eines Unternehmens ist nicht Gegenstand des Buches.

1.1   Zur Bedeutung der Nachhaltigkeit für IT-Organisationen

Die *ökonomische* Bedeutung der IT-Industrie ist hoch. Im Zuge des Wandels von einer Industrie- zu einer Informationsgesellschaft stellt der IT-Markt einen der weltweit stärksten Wachstumsmärkte dar. Allein in Deutschland hat die IT-Branche im Jahr 2007 ein Marktvolumen von 148 Mrd. Euro erreicht und ist somit eine der tragenden Säulen der deutschen Wirtschaft geworden (BMU und UBA 2006; BITKOM 2010).

Der *ökologische* Einfluss der IT wird seit einigen Jahren in der Öffentlichkeit und Wissenschaft unter dem Begriff Green IT diskutiert. Dieser ergibt sich insbesondere aufgrund des rasanten Anstiegs des Energieverbrauchs von IT-Komponenten, inklusive der zum Betrieb notwendigen Infrastruktur, und der damit verbundenen klimaschädlichen CO_2-Emissionen durch unter anderem immer komplexere Geschäftsanwendungen, die leistungsfähigere Server erfordern, und die sich intensivierende Nutzung des Internets in den vergangenen Jahren (Buchta et al. 2009; GeSi und BCG 2009). IT-Dienstleister, wie beispielsweise Google, dessen 450.000 Server bereits im Jahr 2008 ca. 800 Gigawattstunden Elektrizität konsumierten, verantworten enorme Mengen indirekter CO_2-Emissionen (Chou 2008). In Deutschland betrug der Anteil des IT-bedingten Stromverbrauches am Gesamtstromverbrauch bereits im Jahr 2001 ca. 7,1 % (38 Terawattstunden – TWh). Dabei ist dieser Anteil in den letzten Jahren kontinuierlich auf heute über 10,5 % (55,4 TWh) gestiegen (Fraunhofer IZM und Fraunhofer ISI 2009). Prognosen für das Jahr 2020 gehen hierbei von einer Zunahme um 20 % auf 66,7 TWh aus, wobei der Großteil des Zuwachses dem IT-Equipment im Rechenzentrum (RZ) und dem Personal-Computer-Bereich zugerechnet werden kann.

Ökologische Probleme resultieren zudem aus dem Abfallstrom elektronischer Komponenten (sogenannter Elektronikschrott), der jährlich um ca. 3–5 % anwächst. Die kurzen Lebenszyklen von IT-Produkten sind ursächlich für jährlich 5 Millionen Tonnen Elektronikschrott (United Nations Environment Programme 2008). Dabei können moderne elektronische Komponenten bis zu 60 chemische Elemente enthalten, darunter unter anderem Tantal (für Kondensatoren) und Indium. Obwohl ein Engpass dieser Elemente in naher Zukunft abzusehen ist, mangelt es noch an effizienten Recyclingkonzepten zur Verringerung des Abfallaufkommens.

Die Bedeutung *sozialer* Fragestellungen für IT-Organisationen wird nicht zuletzt durch die in jüngster Zeit mit zunehmender Regelmäßigkeit in den Medien kolportierten Fälle von Datenmissbrauch deutlich, bei denen Unternehmen, Mitarbeiter oder Kunden betroffen sind. Infolgedessen rücken IT-Organisationen verstärkt in das Blickfeld externer Interessengruppen. Die soziale Dimension bezieht sich einerseits auf Themen der Anwendung von IT durch Individuen und Organisationen, andererseits fallen hierunter auch Herausforderungen der Generierung, Erhaltung und des Schutzes von Wissen, Informationen und Daten.

Die beschriebenen Fakten und Trends verdeutlichen die Notwendigkeit, aber auch die Komplexität einer Nachhaltigkeitsorientierung in IT-Organisationen. Die aktuellen Diskussionen im Rahmen einer Green IT können hierbei als Indikator eines langfristigen Trends verstanden werden, wie er in anderen industrialisierten Branchen bereits weiter fortgeschritten ist.

1.2   Ziele und Adressaten des Buches

Das primäre Ziel dieses Buches ist es, dem Leser ein grundlegendes Verständnis eines nachhaltigen IT-Managements zu verschaffen, indem konkrete Modelle, Managementwerkzeuge und Rahmenkonzepte bereitgestellt werden. Hierzu werden die verschiedenen Handlungsfelder des IT-Managements beschrieben und Nachhaltigkeitsmaßnahmen, insbesondere mit Bezug zu Green IT, aufgezeigt und zugeordnet. Durch dokumentierte Praxis-Fallstudien werden tief gehende Einblicke in die unternehmenspraktische Umsetzung gewährt und „Good Practices" aufgezeigt.

Durch diese Zielsetzungen und nicht zuletzt auch durch die Ableitung von Handlungsempfehlungen zur Umsetzung eines nachhaltigen IT-Managements weist das Buch somit eine hohe Praxisrelevanz auf und richtet sich insbesondere an Führungskräfte in IT-Organisationen (z. B. CIO, IT-Manager, Rechenzentrumsleiter), IT-Consultants und Nachhaltigkeits- oder Umweltbeauftragte im Unternehmen.

1.3   Aufbau des Buches

Das vorliegende Buch ist in zwei grundlegende Kapitel unterteilt (vgl. Abb. 1.1). In Teil A wird der Leser in das Thema eingeführt, indem die zunehmende Bedeutung der Nachhaltigkeit für das IT-Management aufgezeigt und die Grundlagen einer Nachhaltigkeitsorientierung im IT-Management erläutert werden. Theoretische Abhandlungen werden an dieser Stelle nicht gegeben – diese finden sich in der einschlägigen Fachliteratur und entsprechen nicht dem Fokus dieses Buches. Das Kapitel thematisiert

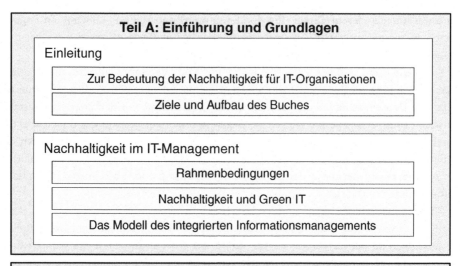

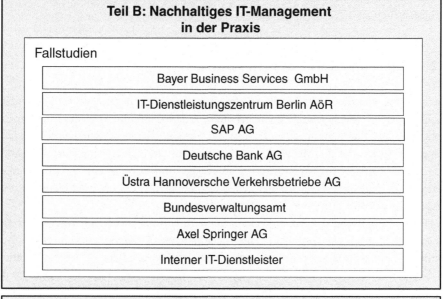

Abb. 1.1 Aufbau des Buches

interne und externe Rahmenbedingungen, welche die Orientierung des IT-Managements in Richtung Nachhaltigkeit beeinflussen. Einschlägige Begriffe wie Green IT und Nachhaltigkeit werden abgegrenzt.

In Teil B werden im Rahmen von Fallstudien Praxisbeispiele für eine konsequente Umsetzung von Green IT gegeben. Die Fallstudien sind entsprechend einem

Bezugsrahmen identisch strukturiert, wodurch Übersichtlichkeit und Vergleichbarkeit sichergestellt werden sollen. Jede Fallstudie beginnt mit einer kurzen Darstellung des Unternehmens. Die Ausgangssituation und die Motivation zur Implementierung von Green IT werden aufgezeigt und die Umsetzung in den unterschiedlichen Bereichen der IT-Organisationen wird erläutert. Anschließend werden die Ergebnisse konsolidiert. Gegenstand der Fallstudien sind das IT-Dienstleistungszentrum Berlin, die Hannoverschen Verkehrsbetriebe Üstra, die Deutsche Bank, die Bundesverwaltung, die Axel Springer AG, die SAP AG, die Bayer Business Services GmbH und ein interner IT-Dienstleister (welcher anonym bleiben möchte).

Auf Basis der aus den Fallstudien gewonnenen Erkenntnisse werden in Teil C des Buches Handlungsempfehlungen für die Praxis abgeleitet und ein Ausblick auf zukünftige Entwicklungen gegeben.

Nachhaltigkeitsorientierung im IT-Management

2

Die zunehmende Verbreitung von IT im Allgemeinen und die wachsende Abhängigkeit davon im Besonderen führen zu bisher wenig berücksichtigten ökologischen und sozialen Herausforderungen. Das IT-Management sieht sich aufgrund dieser Entwicklung mit neuen Anforderungen und Rahmenbedingungen seitens der Geschäftsbereiche, der Kunden und Mitarbeiter konfrontiert. Nachhaltiges IT-Management erweitert die bislang in erster Linie ökonomisch orientierten Konzepte des IT-Managements um zwei neue Dimensionen, eine ökologische und eine soziale Perspektive. Im folgenden Kapitel werden diese Dimensionen vorgestellt und diskutiert. Zunächst werden die externen und internen Rahmenbedingungen erläutert, denen sich das IT-Management ausgesetzt sieht. Anschließend findet eine Begriffsabgrenzung von Nachhaltigkeit, Green IS und Green IT statt. Das Kapitel schließt mit einer Beschreibung des Modells eines integrierten IT-Managements ab.

2.1 Rahmenbedingungen

Management der Unternehmen bedeutet auch immer ein Management von Interaktionen eines Unternehmens mit seiner Umwelt. Unternehmerisches Handeln kann nicht isoliert geschehen, vielmehr stehen ökonomische, ökologische und soziale Aspekte der Umgebung in einem steten gegenseitigen Wirkungsgefüge mit dem Unternehmen. Sie beeinflussen es durch Gesetze, Vorgaben und gesellschaftliche Normen, wobei im Umkehrschluss die Handlungen des Unternehmens Veränderungen in der Gesellschaft nach sich ziehen können. Die äußerlichen Einflussfaktoren werden hier als externe Rahmenbedingungen definiert. Dieser Abschnitt widmet sich der Frage, wie diese Rahmenbedingungen systematisiert und beschrieben werden können. Ferner werden die Schnittstellen zum nachhaltigen IT-Management identifiziert.

Abhängig davon, wie direkt oder indirekt und global oder lokal externe Rahmenbedingungen auf das Unternehmen wirken, lassen sich die Einflussfaktoren in die Bereiche Makro- und Mikroumwelt aufteilen. Die Makroumwelt enthält dabei das

R. Zarnekow und L. Kolbe, *Green IT*, DOI: 10.1007/978-3-642-36152-4_2,
© Springer-Verlag Berlin Heidelberg 2013

globale oder nationale Umfeld, dem sich das Unternehmen aus ökologischer, ökonomischer, gesellschaftlicher und politischer Sicht direkt oder indirekt ausgesetzt sieht. Zur Mikroumwelt wiederum gehören diejenigen Stakeholder, welche ihre Ansprüche nah am Unternehmen führen. Beide Dimensionen müssen hinsichtlich ihrer Wirkung auf unternehmerische Entscheidungen getrennt untersucht werden.

2.1.1 Makroumwelt

Ökologische Rahmenbedingungen. Durch die häufig postulierte Knappheit von natürlichen Ressourcen oder Rohstoffen einerseits und die unbestritten steigende Menge an Abfall und Emissionen andererseits entsteht die Notwendigkeit, ökologische Aspekte bei der Leistungserstellung im Unternehmen und im Allgemeinen betrieblichen Ablauf zu berücksichtigen. Auf ökologischer Ebene kann zwischen drei großen Umweltmedien unterschieden werden: Boden, Wasser und Luft. IT-Organisationen haben im Rahmen ihrer betrieblichen Tätigkeit Einfluss auf alle diese drei Medien. So beinhalten Hardwareprodukte in der Regel geringe Mengen von Edelmetallen, welche aus dem Boden gewonnen werden müssen. Aktuell ist dieser Umstand in der Diskussion um sogenannte Seltene Erden. Diese sind z. B. in der Festplatten- und Bildschirmproduktion notwendig. Aktuell werden Seltene Erden in großen Mengen in erster Linie von der Volksrepublik China abgebaut. Als quasi einzige Bezugsquelle kann diese so den Markt kontrollieren, was sie in den letzten Monaten durch Exportaufschläge auch getan hat. Aber nicht nur die Herstellung von Hardware hat Auswirkungen auf den Boden. Auch durch die Entsorgung können – sofern nicht fachgerecht durchgeführt – schädliche Stoffe in die Böden gelangen – ein Problem, das aktuell durch den unkontrollierten Export von als Gebrauchtware deklariertem Elektroschrott in Schwellenländer oder Länder der Dritten Welt auftritt. Dieses unkontrollierte Entsorgen von IT-Komponenten verunreinigt dabei auch das Umweltmedium Wasser. Auch die Luft ist durch den weiter steigenden Einsatz von IT in Unternehmen gefährdet. Große Rechenzentren und die in der Büroumgebung eingesetzten IT-Komponenten verbrauchen eine beachtliche Menge der weltweit produzierten elektrischen Energie. Wird diese Energie nicht durch regenerative Verfahren, sondern beispielsweise durch die Verbrennung fossiler Energieträger erzeugt, trägt die IT in großem Maße zur Luftverschmutzung und zum CO_2-Ausstoß bei. Die Folge sind Phänomene wie Klimawandel, saurer Regen, Smog etc.

   Die beschriebenen Aspekte haben für Unternehmen auch eine strategische Relevanz. Unternehmen müssen zumindest reaktiv strategisch flexibel sein. So können die oben genannten ökologischen Auswirkungen z. B. durch Naturkatastrophen oder langfristige Knappheit von gewissen Rohstoffen zu Verschiebungen am Markt führen, auf die es sich einzustellen gilt. Auch nationale oder internationale Vorgaben können Unternehmen dazu zwingen, strategisch andere Wege zu gehen. Als Beispiele seien hier der Emissionshandel oder etwa der in Deutschland beschlossene Ausstieg aus der Erzeugung von Kernenergie genannt. Im Idealfall denken Unternehmen in ökologischen Fragen strategisch aktiv. Sie versuchen zukünftige Umweltbedingungen vorauszusehen und passen im Vorfeld ihre Produkte und Prozesse den späteren Gegebenheiten an.

Ökonomische Rahmenbedingungen. Nachhaltiges unternehmerisches Handeln wird auch durch ökonomische Rahmenbedingungen beeinflusst. So stellen globale Wachstums- und Entwicklungsgrößen, wie z. B. das Bevölkerungswachstum oder auch die Klimadiskussionen, Unternehmen vor große Herausforderungen im weltweiten Wettbewerb. Unternehmen mit strengen eigenen Umweltrichtlinien oder solche, die unter einer hohen staatlichen Regulierung stehen, müssen Wege finden, sich erfolgreich gegen jene Unternehmen zu positionieren, die keinen hohen ökologischen Ansprüchen gerecht werden wollen oder müssen. Als Maßnahme sollten Unternehmen ihre Wettbewerbsposition abschätzen und festlegen, welche Märkte bedient werden sollen, ob nur ein Teil- oder der Gesamtmarkt im Fokus steht oder eher eine Qualitäts- oder Massenstrategie verfolgt werden soll (Porter 2008).

Aus diesen Komponenten können Implikationen für die Strategieentwicklung abgeleitet werden, um z. B. schnell auf Marktveränderungen oder veränderte Nachfragestrukturen zu reagieren. Dabei gilt es zu beachten, dass ökonomische Maßnahmen in Konkurrenz oder in Wechselwirkungen mit ökologischen Zielen oder Maßnahmen stehen können. Eine Möglichkeit, beides gegeneinander auszubalancieren, stellt das Instrument der umweltökonomischen Gesamtrechnung dar. Dadurch können Wechselwirkungen aufgezeigt und analysiert werden. Dieses Instrument wird zurzeit vom Statistischen Bundesamt eingesetzt, könnte jedoch auch in einer angepassten Form in Unternehmen zum Einsatz kommen.

Gesellschaftliche Rahmenbedingungen. Unternehmen werden auch mit gesellschaftlichen, nicht unbedingt in Zusammenhang mit dem Betriebszweck stehenden, Ansprüchen konfrontiert. Sie sind öffentlich exponiert, daher ist es auch wichtig sich mit derartigen Ansprüchen auseinanderzusetzen – externe Interessengruppen haben immer einen gewissen Einfluss auf den Unternehmenserfolg.

Gesellschaftliche Anspruchsgruppen sind Privatpersonen, entweder als nahe Anwohner oder als breite Bevölkerung. Aber auch Bürgerinitiativen und Verbände wie Gewerkschaften und Kirchen, der Staat oder die Medien zählen dazu. Dabei können die umweltpolitischen Interessen der Anspruchsgruppen andere sein als die eines Unternehmens. Zusätzlich können aber auch die Interessen der verschiedenen Gruppen unterschiedlich ausfallen. Beispielsweise haben lokale Anwohner in der Regel ein Interesse daran, dass Abgas- oder Lärmemissionen möglichst gering sind. Das zeigt sich z. B. in regelmäßigen Abständen beim Ausbau von Flughäfen, bei der Tieferlegung oder Begradigung von Flüssen oder aktuell beim Ausbau des Energienetzes. Anwohner eines größeren Einzugsgebietes sind von solchen Maßnahmen in der Regel weniger betroffen, sie sind eher daran interessiert, Arbeitsplätze in der Region zu halten oder zu schaffen. Die breite Bevölkerung wiederum ist indirekt an einer möglichst hohen Profitabilität eines Unternehmens interessiert, um Steuereinnahmen zu generieren, die der Gemeinschaft zugutekommen. Gewerkschaften haben gegebenenfalls ein anderes Interesse als die Gesamtbevölkerung, da ihr Aufgabenbereich darin liegt, zielgerichtet die Arbeitsbedingungen ihrer Mitglieder zu verbessern. Auf den Staat als Anspruchsgruppe wird im nächsten Abschnitt eingegangen.

Für Unternehmen gilt es, durch rechtzeitige Analysen dem gesellschaftlichen Druck zuvorzukommen, einen möglichen Wertewandel rechtzeitig zu erfassen und daraus die richtigen Konsequenzen zu ziehen. Aus strategischer Sicht sind die gesellschaftlichen Rahmenbedingungen vor allem relevant, weil sie das Kaufverhalten entscheidend beeinflussen können. So wurden Unternehmen durch ökologische oder soziale Skandale in den Medien häufig gezwungen, ihr Handeln zu ändern, um einen langfristigen Imageschaden teilweise abzumildern. Als Corporate Citizen verliert das Unternehmen an Anonymität, die digitale Vernetzung der Bevölkerung führt zusätzlich dazu, dass unternehmerische Verfehlungen schnell eine breite Öffentlichkeit erreichen können. Aus all diesen Gründen ist eine Corporate Social Responsibility in vielen Unternehmen mittlerweile zentraler Bestandteil der Unternehmenskultur.

Politische und rechtliche Rahmenbedingungen. Der Staat als Einflussnehmer schafft nicht nur Rahmenbedingungen für unternehmerisches Arbeiten, sondern fungiert zugleich als Kontroll- und Sanktionsinstanz. Aus der Nachhaltigkeitsperspektive sind die rechtlichen Rahmenbedingungen einer der Haupttreiber für ökologisches Handeln. So übt der Staat eine Lenkungsfunktion aus. Dies kann z. B. auf monetärer Ebene erfolgen. Umweltabgaben, die sogenannte Ökosteuer (kein einzelnes Gesetz, sondern ein Paket aus steuerlichen Maßnahmen), Richtlinien zum Emissionshandel oder Subventionen für den Ausbau der regenerativen Energiegewinnung gehören beispielsweise dazu. Es existieren auch nichtmonetäre Maßnahmen, wie die öffentliche Mittel- oder Auftragsvergabe nach ökologischen Gesichtspunkten.

Sofern Unternehmen ökologische Rahmenbedingungen nicht ausreichend in ihre Entscheidungsfindung einbeziehen oder direkte Auflagen und Gesetze missachten, kann der Staat in seiner Kontrollfunktion eingreifen und Sanktionen verhängen. Die Unternehmensstrategie muss also auch darauf abzielen, rechtliche Rahmenbedingungen einzuhalten und aktiv zukünftige Entwicklungen auf dieser Ebene zu erkennen und daran mitzuwirken.

2.1.2   Mikroumwelt

Kunden. Wie bereits im Abschnitt über die gesellschaftlichen Rahmenbedingungen angeführt, haben Kunden einen großen Einfluss auf die extrinsisch motivierten Nachhaltigkeitsbestrebungen von Unternehmen. Durch den allgemeingesellschaftlichen Konsens über die ökologischen und sozialen Folgen des Konsums stellen Kunden heute hohe Ansprüche an die nachhaltige Beschaffenheit ihrer Konsumgüter. Gleichzeitig sind sie allerdings bestrebt, ihren persönlichen Nutzen zu maximieren. Als Folge sind sie nicht immer bereit, für ein ökologisch und sozial nachhaltig produziertes Gut einen höheren Preis zu bezahlen. Dieser Widerspruch von moralischem Anspruch und realer Zahlungsbereitschaft stellt eine große Herausforderung für unternehmerisches Handeln dar. Unternehmen sind angehalten, die ökologischen Vorteile ihres Produktportfolios aktiv zu kommunizieren. Aufgrund der immer komplexer werdenden Wertschöpfungsketten eines Unternehmens ist es allerdings schwierig, einen solchen Nachweis lückenlos zu führen.

Lieferanten. Unternehmen stehen Zulieferern sowohl als Abnehmer von Vorprodukten als auch von Endprodukten wie Investitions- und Verbrauchsgütern gegenüber. Tritt ein Unternehmen als Endabnehmer einer Sache auf, so kann es bei der Beschaffung diverse Maßnahmen ergreifen, um ökologisch verantwortlich einzukaufen. Dazu gehören die Nutzung eigener Leitfäden und Richtlinien zur ökologischen Beschaffung, die Beachtung von Öko-Labels bei den zu beschaffenden Gütern und Anbieterzertifikaten der Lieferanten oder die Durchführung von eigenen Lieferantenaudits. Durch diese Maßnahmen kann die Verwendung von ökologisch günstigen Gütern unterstützt werden. Nimmt ein Unternehmen Rohstoffe oder Vorprodukte ab, kommt noch eine zusätzliche Dimension hinzu. Es ist als späterer Anbieter eines Endprodukts dem Kunden gegenüber verantwortlich, den ökologischen Einfluss (engl.: Impact) seines Produkts möglichst detailliert und korrekt wiederzugeben. Um dieses Ziel zu erreichen, müssen Informationsflüsse über die gesamte Supply Chain gesammelt und berichtet werden.

Mitarbeiter. Mitarbeiter stehen mit ihren Arbeitgebern in einem wechselseitigen Verhältnis bezüglich nachhaltigen Handelns. Es wird selbstverständlich von den Unternehmen erwartet, mit ihren Mitarbeitern sozial nachhaltig umzugehen. So sollen faire Löhne und Gehälter bezahlt werden und die zu verrichtenden Arbeiten keine negativen gesundheitlichen Folgen für Mitarbeiter bewirken. Andererseits sind die Mitarbeiter angehalten, bei ihrer Tätigkeit schonend mit den ökonomischen und ökologischen Ressourcen des Unternehmens umzugehen. In einem Spannungsfeld zwischen Lohnverhandlungen und Profitmaximierung ist es umso wichtiger, eine von allen Seiten akzeptierte nachhaltige Unternehmenskultur zu etablieren.

Wettbewerber. Wettbewerber können entscheidenden Einfluss auf die Umweltbestrebungen von Unternehmen haben. Gerade in preisgetriebenen Bereichen ist es schwierig, Ressourcen für die Planung, Durchführung und Kontrolle ökologischer Maßnahmen aufzubringen, ohne hierbei die Wettbewerbsfähigkeit zu beeinträchtigen. Eine Lösung kann hier das Umschwenken in Nischenmärkte oder Premiumsegmente sein, wobei das nicht für alle Branchen oder Produkte zu realisieren ist. Auf einer niedrigen Ebene kann ökologische Nachhaltigkeit erreicht werden, wenn schnell umsetzbare ökologische Maßnahmen durchgeführt und gesetzliche Regelungen konsequent eingehalten werden.

2.2 Nachhaltigkeit und Green IT

In der wissenschaftlichen Literatur finden sich Begriffe wie Nachhaltigkeit, Green IS (Information Systems oder Informationssysteme), Green IT (Information Technology oder Informationstechnologie), Sustainable IS/IT oder Green IKT (Informations- und Kommunikationstechnologie) sehr häufig, sind teilweise aber scheinbar austauschbar und nicht genügend trennscharf (Ijab et al. 2010). Im nun folgenden Abschnitt werden diese Begrifflichkeiten diskutiert und voneinander abgegrenzt.

Für den Begriff der Nachhaltigkeit haben sich in der Wissenschaft mehrere verschiedene, zum Teil überschneidende Definitionen durchgesetzt (Russo 2003). Eine erste bis heute allgemein anerkannte stammt von der Brundtland-Kommission, welche nachhaltige Entwicklung als eine Entwicklung bezeichnet, die „den Bedürfnissen der heutigen Generation entspricht, ohne die Möglichkeiten künftiger Generationen zu gefährden, ihre eigenen Bedürfnisse zu befriedigen" (Hauff 1987). Diese Definition erscheint umfassend und einleuchtend. Wird sie allerdings aus einer Managementperspektive betrachtet, scheint sie sehr generisch, es lassen sich daraus keine direkten und indirekten Handlungsfelder oder Strategien ableiten. Auf betrieblicher Ebene hat sich daher das Konzept der Nachhaltigkeit zum sogenannten Drei-Säulen-Modell, ausgehend von Zielen der Ressourcenschonung und des Umweltschutzes, zu einer gleichberechtigten Berücksichtigung ökonomischer, ökologischer und sozialer Ziele weiterentwickelt (Dyllick und Hockerts 2002). Dieser Ansatz ist insofern neu, als sich Nachhaltigkeit eben nicht nur auf Themenfelder wie Umweltschutz, Ressourcenschonung, Emissionsvermeidung beschränkt, sondern neben der ökologischen auch eine ökonomische und soziale Dimension umfasst. Der Versuch, ein Unternehmen nachhaltig zu führen, bedeutet also nicht, ökonomisches Denken aufzugeben oder in den Hintergrund zu schieben (Watson et al. 2010). Nachhaltiges Management kann in diesem Zusammenhang als langfristiger, simultaner Optimierungsprozess von ökonomischen, ökologischen und sozialen Zielen zur Sicherung einer dauerhaften Geschäftstätigkeit definiert werden (Elkington 1997). Adressaten eines nachhaltigen IT-Managements sind insbesondere die im Abschnitt „Interne Rahmenbedingungen" genannten unternehmensinternen Anspruchsgruppen, wie z. B. einzelne Geschäftsbereiche und Mitarbeiter, aber auch externe Stakeholder wie beispielsweise Kunden, Lieferanten, Anteilseigner oder Kreditgeber. Da Nachhaltigkeit als strategischer Ansatz bei allen wesentlichen Funktionen und Prozessen des Unternehmens eine Rolle spielt, ist es nur folgerichtig, auch IS und IT in das Konzept mit einzubeziehen (Molla et al. 2009).

2.2.1 Nachhaltigkeit und Informationssysteme

Informationssysteme können im Zusammenhang mit Nachhaltigkeit zwei Rollen einnehmen: als Objekt, das nachhaltig gestaltet wird, und als Treiber von Nachhaltigkeit im Unternehmenskontext (Schmidt 2011). Der erste Fall wird im Folgenden mit „Nachhaltigkeit in IS" bezeichnet, der zweite mit „Nachhaltigkeit durch IS". Der Forschungsbereich zu Nachhaltigkeit in IS behandelt ökonomische, ökologische und soziale Aspekte, die zu einem Einsatz von ressourcenschonenden Informationssystemen beitragen. In den ökologischen Bereich fallen auch Maßnahmen, welche im nächsten Abschnitt unter Green IT behandelt werden. Im Gegensatz dazu umfasst der Forschungsbereich Nachhaltigkeit durch IS die Frage, inwieweit Informationssysteme dabei helfen können, wirtschaftliche, ökologische und soziale Probleme zu lösen und zu lindern. Als Beispiele seien an dieser Stelle Risikominimierungen bei Investitionen, die IS-gestützte Vorhersage von Naturkatastrophen oder die Steigerung von Bildungschancen in Ländern der Dritten Welt durch Verfügbarkeit von Informationssystemen genannt. Die wirtschaftliche Dimension in Nachhaltigkeit durch IS umfasst auch den Bereich Green IS, wie im folgenden Abschnitt deutlich wird. Für das Begriffsverständnis dieses Buches werden daher folgende Definitionen verwendet:

- **Nachhaltigkeit durch IS** sieht IS als Treiber, um langfristige ökonomische, ökologische und soziale Ziele zu erreichen.
- **Nachhaltigkeit in IS** ist der ökonomische, ökologische und soziale Einsatz von IS.

2.2.2   Unterscheidung zwischen Green IS und Green IT

Green IS und Green IT sind ebenfalls zwei Terminologien, welche häufig synonym verwendet werden (Mithas et al. 2010). Ein erster Hinweis zur Unterscheidbarkeit wurde im vorherigen Abschnitt gegeben. Green IS wird hier eher dem Bereich Nachhaltigkeit durch IS zugerechnet, während Green IT einen Teil der Nachhaltigkeit in IS darstellt. Diese Unterscheidung ist allerdings nicht hinreichend. So definieren Watson et al. (2010) Green IS als integriertes Gebilde aus Menschen, Prozessen, IT und Software, welches individuelle, organisatorische oder gesellschaftliche Ziele verfolgt. Green IT wird als ein zu limitiertes Forschungsfeld angesehen, welches in Green IS aufgehen sollte. Diese Ansicht wird von weiteren Autoren geteilt (Bengtsson und Agerfalk 2011; Elliot 2011; Hedwig et al. 2009).

Ijab et al. (2010) gestehen dem Bereich Green IT hingegen eine eigenständige Rolle zu. Für sie ist Green IT eine wichtige Aufgabe für IT-Manager, IT-Hersteller und IT-Abteilungen. Molla et al. (2009) nutzen den Begriff Green IT übergreifend für den Einsatz von ökologisch nachhaltigen IT-Ressourcen und für ökologisch nachhaltige Aktivitäten in den Unternehmensprozessen durch IT. Der Begriff Green IT wird zum Teil auch durch Green IKT ersetzt, wobei sich Green IKT auf ökologisch nachhaltige Produktion und reduzierten Energieverbrauch von IKT bezieht (Fuchs 2006).

Einen weiteren Ansatz stellt die direkte Verknüpfung oder Vereinigung der beiden Begriffe dar. So nutzen Chen et al. (2009) und Jenkin et al. (2011) die Begriffe annähernd synonym, wobei Jenkin durchaus den unterschiedlichen Fokus erkennt und nach den Dimensionen der Auswirkung unterscheidet.

Zusammenfassend kann Green IS als der Teil von Nachhaltigkeit durch IS angesehen werden, der IS zur Unterstützung von Maßnahmen der Unternehmen zur Vermeidung negativer ökologischer Auswirkungen einsetzt. Green IS ist folgerichtig Green durch IT. Der Fokus von Green IT liegt wiederum bei der Reduzierung von notwendigen Ressourcen wie Energie und Materialien sowie der Verringerung von Abfall und Emissionen der IT selbst. Green IT ist also Green in IT. In Anlehnung an Jenkins et al. (2011) und Schmidt (2011) ergeben sich folgende Definitionen für Green IS und Green IT, welche in diesem Buch Verwendung finden:

- **Green IS** wird definiert als ökologisch nachhaltig durch IS. Gemeint ist damit die Nutzung von Informationssystemen in Unternehmen, um ökologisch nachhaltige Aktivitäten und Prozesse zu ermöglichen.

- **Green IT** wird definiert als ökologisch nachhaltig in der IT. Gemeint sind alle Aktivitäten von Unternehmen, die Technologien entwickeln, produzieren oder nutzen, welche den ökologisch negativen Einfluss von IT durch Ressourcenverbrauch oder Emissionen reduzieren.

Die in diesem Buch vorgestellten Ziele, Maßnahmen und Kennzahlen sowie die beschriebenen Fallstudien basieren im Wesentlichen auf dem Ansatz Green in IT. Es werden allerdings auch Konzepte behandelt, die dem Green-durch-IT-Paradigma entsprechen.

2.2.3 Historische Entwicklung

Obwohl der Begriff Green IT als solcher erst seit einigen wenigen Jahren gebräuchlich ist, liegen erste Initiativen zur Senkung von Ressourcenverbräuchen und Emissionen von Informationstechnologien über zwanzig Jahre zurück. Im historischen Verlauf ist es schwierig, Green IT eindeutig von der allgemeinen Entwicklung eines Nachhaltigkeitsgedankens loszulösen. Vielmehr sind beide Konzepte integrativ zu betrachten. Parallel zum allgemeinen gesellschaftlichen Bewusstsein von Nachhaltigkeit zur Bekämpfung von dauerhaft negativen Einflüssen der Menschen auf ihre Umwelt wurde dieses Denken auch im IT-Umfeld notwendig und richtig. Im Folgenden werden daher einige fundamentale Entwicklungstendenzen beschrieben, von einer generellen Nachhaltigkeitsorientierung zu Green IT und zum nachhaltigen IT-Management.

Im Jahr 1987 gab es ein kleines und ein großes Ereignis, beide zusammen können als Startpunkte für eine grünere Informationstechnologie gelten. Zum einen wurde in diesem Jahr der Bericht „Our Common Future" veröffentlicht. Dieser auch als Brundtland-Report (benannt nach der Vorsitzenden der United Nations World Commission on Environment and Development) bekannt gewordene Bericht wird häufig als einschneidend für das Bewusstsein für Nachhaltigkeit bewertet. In dem Bericht wurde eine bis heute anerkannte und häufig zitierte Definition für Nachhaltigkeit gegeben. Zum anderen wurde 1987 in Schweden die MPR-I-Norm entwickelt. Sie gilt als erste Richtlinie für strahlungsarme Bildschirme. Damit fällt sie eher in das Handlungsfeld der sozialen und nicht der ökologischen Nachhaltigkeit. Dies ist aber dennoch ein Zeichen, dass die Auswirkung von Informationstechnologie auf ihre Umwelt erkannt wurde.

Der erste Schritt in Richtung der Senkung des Bedarfs an elektrischer Energie wurde 1992 durchgeführt, als in den USA das Label Energy Star veröffentlicht wurde. Das Gütesiegel gilt für IT-Produkte, deren Stromverbrauch gewissen Standards der amerikanischen Umweltbehörde entspricht. In den Folgejahren wurden jeweils neue und strengere Revisionen des Labels veröffentlicht. Im gleichen Jahr wurde eine von den Vereinten Nationen veranstaltete Umweltkonferenz in Rio de Janeiro abgehalten, die den Grundstein für den nun jährlich stattfindenden UN-Klimagipfel legte.

Die deutsche Forschung kam mit dem Thema nachhaltige Informationstechnik ab 1994 in Berührung, unter anderem durch den Artikel „Grüne Computer" im Wissenschaftsjournal Wirtschaftsinformatik (Eder 1994). Bereits in diesem Stadium wurde der grüne Computer in seinem gesamten Lebenszyklus untersucht. Diese Lebenszyklusbetrachtung mit Herstellung, Betrieb und Entsorgung/Recycling findet sich auch in aktuellen Betrachtungen. Im Folgejahr wurde auf der Fachmesse CeBIT eine eigene Halle unter dem Motto „Grüne Computer" unterhalten.

Zur Jahrtausendwende zeichnete sich eine neue Entwicklung in der IT-Szene ab, die zwar nicht von ökologischen Gedanken getrieben worden ist, jedoch in ihrer Umsetzung einen ökologisch nachhaltigen Effekt auslöste. Die Rede ist von der Verbreitung von Virtualisierung, Thin Clients und infolgedessen Grid-Computing und Cloud-Computing. Die Idee dahinter war grundsätzlich nicht neu. Bereits zu Beginn der wissenschaftlichen, wirtschaftlichen und militärischen IT-Nutzung in den 50er-Jahren des vergangenen Jahrhunderts war es üblich, dass die eigentliche Rechenleistung zentral durch soge-nannte Mainframes zur Verfügung gestellt wird, während die Datenein- und -ausgabe an Terminals erfolgte, die mit dem Mainframe über ein Netzwerk kommunizieren. Der heute weit verbreitete Ansatz, dass Client-Computer für die Datenverarbeitung und -speicherung verwendet werden, kam erst mit der Verbreitung der Personal Computer auf. Sukzessive wurden aber die Nachteile des Paradigmas deutlich, für einzelne Prozesse eigene physi-sche Einheiten zu nutzen: schlechte Wartbarkeit, nur lokale Datenverfügbarkeit und vor allem ein schlechter Auslastungsgrad und somit Verschwendung von Energie und Geld. Durch Virtualisierung und deren Folgekonzepte konnte die Auslastung von Servern erhöht werden und konnten gleichzeitig die technischen Anforderungen an Clients niedrig gehalten werden. Im Jahr 2003 wurde der bereits erwähnte Energy Star in seiner damals aktuellen Version offiziell in der Europäischen Union eingeführt. Somit gelang ein wei-terer Schritt zu einem international und vielleicht weltweit anerkannten Siegel für den Energieverbrauch. Ebenfalls 2003 wurden auf EU-Ebene Richtlinien zur Beschränkung von gefährlichen Substanzen bei der Herstellung (engl.: Restriction of (the Use of Certain) Hazardous Substances – RoHS) und Entsorgung (engl.: Waste of Electrical and Electronic Equipment – WEEE) von Elektronikgeräten erlassen.

Ein weiterer Meilenstein aus heutiger Sicht in Richtung Green IT war der 2006 ein-geführte „Guide to Greener Electronics" des Umweltschutzverbandes Greenpeace. In diesem werden seit Einführung auf plakative Weise IT-Hersteller auf einer Ampelskala beurteilt. Durch die medienwirksame Ausstellung der Ergebnisse sahen sich einige große Unternehmen gezwungen, Energieverbräuche in ihren Produkten anzupassen oder auf bestimmte Materialien zu verzichten.

Im Jahr 2007 tauchte erstmals der Begriff Green IT in wissenschaftlichen Publikationen auf. Das Thema war nunmehr als Mainstream zu bezeichnen und stellte zudem einen Themenschwerpunkt der CeBIT 2008 dar, der weltweit größten Messe für Informations- und Kommunikationstechnik. Zunächst noch eher als abstraktes Konzept gesehen, wurde der Begriff in den Folgejahren hinreichend abgegrenzt (vgl. Abschn. 2.2.2). Aus der logischen Verknüpfung von Green IT und dem IT-Management als unternehmerische Führungsaufgabe entstand Ende 2010 das Konzept eines nachhaltigen IT-Managements.

In den letzten Jahren wurden in Forschung und Praxis also grundlegende Konzepte entwickelt, wie Green IT geplant, umgesetzt und gesteuert werden kann. Eine Übersicht der hier genannten Entwicklungsströme ist in Abb. 2.1 dargestellt. In der Zukunft

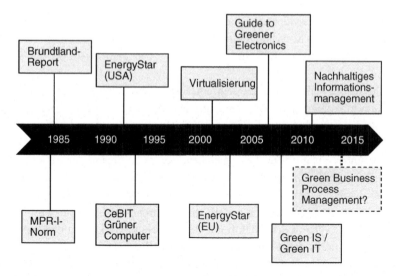

Abb. 2.1 Historische Entwicklung zur Nachhaltigkeit im IT-Management

werden diese Ansätze kontinuierlich verfeinert. Ein Weg dahin ist die Abkehr von einer rein funktionsorientierten Sicht auf Green IT (Rechenzentrum, Büroumgebung) hin zu ökologischer Nachhaltigkeit auf Prozessebene und somit zu einem „Green Business Process Management" (Seidel 2011).

2.3   Das Modell des integrierten Informationsmanagements

Grundsätzlich umfasst das Informationsmanagement alle Führungsaufgaben, die sich mit Informations- und Kommunikationssystemen im Unternehmen im Allgemeinen und in IT-Organisationen im Besonderen befassen. IT-Organisationen können dabei sowohl als unternehmensinterne als auch auf dem freien Markt agierende externe Einheiten in Erscheinung treten, die im Rahmen ihrer Geschäftstätigkeit IT-Services (Hardware, Software, Dienstleistungen) für interne (in der Regel Fachbereiche) bzw. externe Kunden anbieten. Im Zuge einer zunehmenden Dienstleistungsorientierung haben sich hierbei die Interaktionsmodelle zwischen IT-Organisationen (Leistungserbringern) und Fachbereichen (Leistungsabnehmern) verändert und weiterentwickelt. Anstelle einer traditionell projekt- und aufgabenbezogenen Zusammenarbeit findet man seit einigen Jahren vermehrt eine marktorientierte Kunden-Lieferanten-Beziehung. Auf Basis dieser Kunden-Lieferanten-Beziehung ist es möglich, etablierte Referenzmodelle für das Supply Chain Management auf das Informationsmanagement zu übertragen.

Das Modell des integrierten Informationsmanagements (IIM) folgt dieser Idee und stellt die zentralen Managementprozesse eines IT-Dienstleisters auf Basis eines Source-Make-Deliver-Ansatzes dar, die zur Herstellung und Nutzung von IT-Services erforderlich

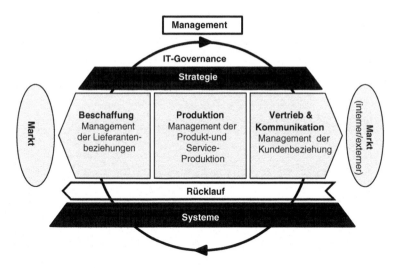

Abb. 2.2 Modell des integrierten Informationsmanagements

sind (Zarnekow et al. 2005). Es betrachtet somit den gesamten Wertschöpfungsprozess, einschließlich der Schnittstellen zu Lieferanten und Kunden (Abb. 2.2).

Die *IT-Governance* als Querschnittsprozess regelt die übergeordneten Führungsaufgaben, Organisationsstrukturen und Prozesse im Sinne einer strategischen Gesamtplanung. Insbesondere stellt die IT-Governance die Unterstützung der Geschäftsprozesse und -ziele durch den zweckgemäßen Einsatz von IT-Systemen und -Services sowie den verantwortungsvollen Umgang mit Ressourcen und Risiken sicher.

Die *Beschaffung* des Leistungserbringers umfasst alle zum Management der Lieferantenbeziehungen erforderlichen Aufgaben. Typischerweise werden IT-Leistungen, wie beispielsweise Hardwareressourcen, Softwarelösungen, Personal sowie weitere technologische Ressourcen, zum Teil von externen Anbietern, bezogen. Die eingekauften Ressourcen fließen in den Leistungserstellungs- bzw. Produktionsprozess des Leistungserbringers ein und werden zu absatzfähigen IT-Services transformiert.

Die *Produktion* beinhaltet alle Aufgaben des Managements der IT-Serviceerstellung. Im Fokus stehen dabei die effiziente Planung, Entwicklung und Produktion von IT-Services.

Der Bereich *Vertrieb und Kommunikation* befasst sich mit den Aufgaben zum Management der Kundenbeziehungen hinsichtlich der angebotenen IT-Dienstleistungen. Hauptaufgabe ist es, die Bedürfnisse des Kunden in interne Anforderungen an die IT-Leistungserstellung zu übersetzen und kundengerechte, Geschäftsnutzen stiftende IT-Services zu gestalten.

Schließlich umfasst der *Rücklaufprozess* Güter und Informationen, die vom Markt zurück in die IT-Organisation gegeben werden, z. B. fehlerhafte und veraltete Produkte, Recycling von Hardware, Kundenfeedback oder Kundenideen. Der Rücklauf nimmt eine zentrale Rolle im Rahmen von Nachhaltigkeitsbetrachtungen in IT-Organisationen ein. Zudem wird eine lebenszyklusorientierte Sicht auf IT-Services gewährleistet.

Teil B

Green IT in der Praxis

Bezugsrahmen für die Fallstudien 3

Während in Teil A die grundlegenden Begriffe und Konzepte skizziert und erläutert wurden, wird an dieser Stelle auf die praktische Umsetzung in den Unternehmen, die häufig im Rahmen einer Green IT durchgeführt wird, eingegangen. In diesem Zusammenhang werden folgende Fragen beantwortet:

- Inwiefern wird ein nachhaltiges Informationsmanagement bereits heute in der Praxis umgesetzt?
- Warum beschäftigen sich IT-Organisationen mit dem Thema Nachhaltigkeit?
- Was sind die internen und externen Treiber des Themas?
- Wie gehen Unternehmen bei der Initiierung und Umsetzung ökologischer Themen im IT-Umfeld vor?
- Welche Handlungsfelder und Maßnahmen werden definiert und wie werden Projekte gemessen, gesteuert bzw. gemanagt?
- Welche wesentlichen Erkenntnisse leiten sich hieraus ab?

Zur beantwortung dieser Fragen wurden acht Fallstudien aufgenommen und analysiert. Zu den untersuchten Unternehmen gehören:

- Bayer Business Services
- IT-Dienstleistungszentrum Berlin
- SAP
- Deutsche Bank
- Üstra Hannoversche Verkehrsbetriebe
- Bundesverwaltungsamt
- Axel Springer AG
- Interner IT-Dienstleister eines großen Konzerns

R. Zarnekow und L. Kolbe, *Green IT*, DOI: 10.1007/978-3-642-36152-4_3,
© Springer-Verlag Berlin Heidelberg 2013

Die Fallstudien sollen Erfahrungen bei der Implementierung und Umsetzung einer Green IT zusammentragen, um anschließend daraus Best Practices und Handlungsempfehlungen für die Praxis ableiten zu können. Dabei werden sowohl die Organisationstruktur und Prozessmodelle analysiert als auch Kennzahlen vorgestellt, die die IT-Organisation zur Messung ihrer Green-IT-Performance einsetzen.

Um eine Vergleichbarkeit der Fallstudien zu gewährleisten, wird eine einheitliche Fallstudienstruktur gewählt. Die in Abb. 3.1 dargestellte Struktur folgt hierbei einer für die Untersuchung von Transformationsprojekten abgeleiteten und leicht modifizierten Fallstudienmethodik. Dieser Rahmen ist für das Verständnis der Fallstudien unerlässlich und ermöglicht zugleich dem Leser eine erfahrungsbasierte Generalisierung der Fallstudien.

Der erste Abschnitt *Unternehmen* führt den Leser in den Kontext der Fallstudie ein. Darin werden die Eckdaten des betrachteten Unternehmens beschrieben, die unternehmens-, branchen- und markttypischen Herausforderungen erläutert sowie die Rolle der Nachhaltigkeit für das Unternehmen skizziert. Letzteres zeigt die strategische Relevanz eines Nachhaltigkeitsmanagements für das untersuchte Unternehmen und bietet somit einen Referenzpunkt für die Nachhaltigkeitsorientierung der IT-Organisation.

In der *Ausgangssituation* wird die IT-Organisation des Unternehmens geschildert. Dies umfasst eine Beschreibung der Struktur, Aufgaben und Ziele der IT-Organisation sowie der organisatorischen Verankerung der IT im Unternehmen. Zudem wird die ursprüngliche – vor Einführung einer Green IT – Ausrichtung an der Nachhaltigkeitsstrategie des Gesamtunternehmens erläutert. Die Beschreibung der Ausgangssituation ist für das Verständnis des Entwicklungsstandes der IT-Organisation wichtig. Der aufgezeigte Handlungsdruck legt in diesem Zusammenhang die Auslöser und Motive dar, die dazu geführt haben, dass sich die IT-Organisation mit Themen zur Nachhaltigkeit auseinandersetzt.

Im darauffolgenden Abschnitt wird die *Umsetzung* ökologischer Ansätze im IT-Umfeld betrachtet. Dabei werden die Initianten, die Projektziele und Maßnahmen vorgestellt sowie

Abb. 3.1 Strukturierungsrahmen der Fallstudien

1. **Unternehmen**
    - Überblick
    - Herausforderungen im Wettbewerb
    - Rolle der Nachhaltigkeit

2. **Ausgangssituation**
    - IT-Organisation
    - Handlungsdruck

3. **Umsetzung**
    - Governance
    - Beschaffung
    - Produktion
    - Vertrieb und Kommunikation

4. **Erkenntnisse**

das Umsetzungsvorgehen der IT-Organisation detailliert herausgearbeitet. Die Beschreibung erfolgt in Anlehnung an das Modell des nachhaltigen Informationsmanagements entlang der Bereiche: Governance, Beschaffung, Produktion und Vertrieb und Kommunikation. Hierbei werden im wesentlichen Aspekte der Projektdurchführung sowie die von den Interviewpartnern als wesentlich erachteten Erfolgsfaktoren zusammengetragen.

Abschließend beleuchtet der Abschnitt *Erkenntnisse* die zentralen Inhalte und die Besonderheiten jeder Fallstudie. Darauf aufbauend werden Handlungsempfehlungen für das jeweilige Unternehmen abgeleitet und kritische Erfolgsfaktoren für die Umsetzung eines nachhaltigen Informationsmanagements benannt.

Koray Erek, Nils-Holger Schmidt und Thomas Schilling

4.1 Unternehmen

Bayer Business Services ist das globale Kompetenzzentrum des Bayer-Konzerns für IT- und Business Services. Das Angebot konzentriert sich auf Dienstleistungen in den Kernbereichen IT-Infrastruktur und -Anwendungen, Einkauf und Logistik, Personal- und Managementdienste sowie Finanz- und Rechnungswesen. Die Leistungsstufen reichen von der Beratung über die Entwicklung und den Betrieb von Systemlösungen bis hin zum Business Process Outsourcing, der Übernahme vollständiger Geschäftsprozesse. Mit weltweit 6.457 Mitarbeitern erwirtschaftete Bayer Business Services im Geschäftsjahr 2010 einen Umsatz von 1.091 Millionen Euro. Der Hauptsitz des Unternehmens ist in Leverkusen. Wichtige internationale Standorte sind Pittsburgh, São Paulo, Hongkong, Newbury, Mumbai, Barcelona, Singapur und Berlin (Tab. 4.1).

Bayer Business Services ist eine von drei Servicegesellschaften der Bayer AG, die von der Holding geführt werden, aber eigenverantwortlich arbeiten. Die Servicegesellschaften sind Hauptlieferanten in allen wichtigen Dienstleistungen der drei Bayer-Teilkonzerne Bayer HealthCare, Bayer CropScience und Bayer MaterialScience. Die Organisation der Bayer AG ist in Abb. 4.1 dargestellt.

Herausforderungen im Wettbewerb. Die Kernkompetenzen von Bayer Business Services erstrecken sich von der Beratung der Konzerngesellschaften über die Bereitstellung von IT-Infrastruktur und -Anwendungen bis hin zur Übernahme vollständiger Geschäftsprozesse. Das Dienstleistungsportfolio von Bayer Business Services orientiert sich an den funktionalen Bereichen Einkauf und Logistik, Personal- und Managementdienste sowie Finanz- und Rechnungswesen des Bayer-Konzerns. Bayer Business Services ist ein interner Dienstleister des Bayer-Konzerns, welcher nicht am externen Markt agiert, sondern seine Leistungen über einen internen Produktkatalog anbietet und für den Konzern ein Profit-Center darstellt.

R. Zarnekow und L. Kolbe, *Green IT*, DOI: 10.1007/978-3-642-36152-4_4,
© Springer-Verlag Berlin Heidelberg 2013

Tab. 4.1 Kurzportrait der Bayer Business Services GmbH

Bayer Business Services GmbH	
Gründung/Historie	2002: Als eine von drei Servicegesellschaften wurde die Bayer Business Services GmbH gegründet, die zentrale Servicebereiche, die IT sowie einige Bayer-Tochterfirmen unter dem Dach eines Unternehmens vereint.
Firmensitz	Leverkusen
Branche	IT- und Business Services
Produkte und Dienstleistungen	Dienstleistungen aus den Bereichen Business Consulting, Finance & Accounting Services, Human Resources Services, IT Business Solutions, IT Operations, Law & Patents, Procurement & Transport, Science & Technology
Firmenstruktur	Das operative Geschäft des Bayer-Konzerns ist ge-gliedert in die drei Teilkonzerne: Bayer HealthCare AG, Bayer CropScience AG und Bayer Material- Science AG. Daneben bestehen die Servicegesellschaften Bayer Technology Services GmbH, Bayer Business Services GmbH und Currenta GmbH. Duales Führungssystem mit den Organen Vorstand und Aufsichtsrat.
Website	www.bayerbbs.de
Umsatz	2010: 1.091 Mio. Euro
Mitarbeiter	6.457
Rechenzentren	3

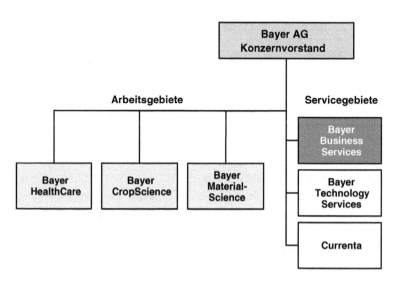

Abb. 4.1 Organigramm der Bayer AG

Die vorliegende Fallstudie fokussiert den Geschäftsbereich IT Operations, welcher für die Planung, Implementierung und den Betrieb von IT-Infrastruktur und -Applikationen verantwortlich ist. Weil Bayer Business Services als Profit-Center des Bayer-Konzerns aufgestellt ist, muss sich das Unternehmen mit den Wettbewerbern des externen Marktes messen. Es werden regelmäßig Benchmarks bezüglich der Marktpreise von IT-Produkten und -Services durch externe Firmen durchgeführt und IT Operations hat die strikte Vorgabe, die Preise zur internen Verrechnung so zu gestalten, dass sie im Bereich der Top 25 % der Angebote des externen Marktes positioniert sind (top quartile prices). Somit steht IT Operations ständig unter dem Preisdruck des externen Marktes und ist gezwungen, Best-Practice-IT-Service-Preise zu erreichen. Dementsprechend bedarf es einer hohen Ressourceneffizienz, um „operational excellence" zu garantieren. Falls das Niveau der externen Marktpreise nicht erreicht werden kann, so werden diese IT-Produkte oder -Services durch den Einkauf externer Leistungen substituiert.

Die Rolle des Umweltschutzes als Bestandteil der Nachhaltigkeitsstrategie. Bei Bayer ist Nachhaltigkeit kein vorübergehender Hype, sondern Konzernphilosophie. Dabei ist der Life-Science-Konzern ständig einem großen öffentlichen Interesse ausgesetzt. Bayer fühlt sich dem Leitbild der nachhaltigen Entwicklung verpflichtet. Ökonomie, Ökologie und gesellschaftliches Engagement haben bei allen Aktivitäten den gleichen hohen Stellenwert. Ein verantwortungsvolles Verhalten (Corporate Citizenship) ist in den Leitlinien des Konzerns verankert. Dieses Engagement wird sowohl von internen Stakeholdern, wie z. B. Mitarbeitern und Managern, als auch von wichtigen externen Stakeholdern, wie beispielsweise Kunden, Shareholdern, Gläubigern, Gesellschaft, Staat und Lieferanten, wahrgenommen. Um ihrem Anspruch „Best in Class" gerecht zu werden, vergleicht sich die Bayer AG in Bezug auf Nachhaltigkeitsaspekte mit anderen deutschen und internationalen Wettbewerbern. Unter Berücksichtigung der Prognosen des Weltklimarats versucht der Konzern einerseits den Klimawandel durch geeignete Maßnahmen der Emissionsminderung abzuschwächen und sich andererseits durch Innovationen und Flexibilität den bevorstehenden Veränderungen anzupassen.

Bayer kann beim Thema Nachhaltigkeit auf eine lange Historie zurückblicken: Bereits 1986 wurden erste strategische Schritte eingeleitet und konzernweite Leitlinien für Umweltschutz und Sicherheit festgelegt, welche durch ein 3 Mrd. D-Mark umfassendes Programm unterstützt wurden. Seit 1999 ist Bayer im Dow Jones Sustainability Index vertreten und im Jahr 2000 war Bayer eines der Gründungsmitglieder des UN Global Compact. 2003 wurden nachhaltigkeitsbezogene KPIs (Key Performance Indicators) zur Quantifizierung des Footprints der Bayer AG sowie zur Überprüfung der Effektivität von Nachhaltigkeitsprogrammen eingeführt. 2004 wurde ein Corporate Sustainability Board eingerichtet und das Leitbild sowie Werte und Führungsprinzipien des Konzerns den Nachhaltigkeitsbestrebungen angepasst. Infolge der Übernahme der Schirmherrschaft des Nachhaltigkeitsprogramms durch eines der Vorstandsmitglieder wurde das Thema Nachhaltigkeit auf oberster Konzernebene etabliert. Durch die Partizipation bei der Global Reporting Initiative (GRI) fördert Bayer die Transparenz gegenüber seinen Stakeholdern. Bayer wurde 2005 in den Climate Leadership

Index aufgenommen und treibt seit 2007 die Entwicklung und organisatorische Verankerung seines Klimaschutzprogramms voran. Die Schwerpunkte des Nachhaltigkeitsmanagements von Bayer werden alle ein bis zwei Jahre angepasst; 2010 fokussierte die Bayer AG die Themen nachhaltige Gesundheitsversorgung, mehr hochwertige Nahrungsmittel, Klimaschutz sowie Corporate Compliance und nachhaltiges Beschaffungsmanagement. Das Programm Bayer Climate Check, welches die Energieeffizienz von Produktionsanlagen und Verwaltungsgebäuden analysiert und Potenziale zur Treibhausgasemissionsminderung ermittelt, wurde weltweit systematisch ausgerollt. Durch teilkonzernspezifische Energiemanagementsysteme werden die Emissionsminderungspotenziale schrittweise umgesetzt. Dabei gehen die Nachhaltigkeitsmaßnahmen durch Effizienzerhöhungen häufig mit einem positiven ROI (Return on Investment) einher.

4.2 Ausgangssituation

Die IT-Organisation. Innerhalb von Bayer Business Services als internem Dienstleister des Bayer-Konzerns ist das Geschäftsfeld IT Operations für die Bereitstellung integrierter IT-Serviceleistungen im Bereich der IT-Infrastruktur zuständig. IT Operations ist dabei für etwa 40 % des IT-relevanten Umsatzes von Bayer Business Services verantwortlich. Das Geschäftsfeld IT Operations untergliedert sich in die drei Bereiche Customer Services, Network Client Management und die Bayer Data Center. Die global agierenden Delivery-Bereiche werden dabei von Querschnittsfunktionen (Global Functions) und Regionalfunktionen (Regions) unterstützt (vgl. Abb. 4.2).

Die globalen Funktionen stehen dabei sämtlichen Standorten des Bayer-Konzerns standardisiert zur Verfügung. Im Bereich *Customer Services (CS)* sind der Onsite Support und das Service Desk zusammengefasst. Der Bereich *Network Client Management (NCM)*

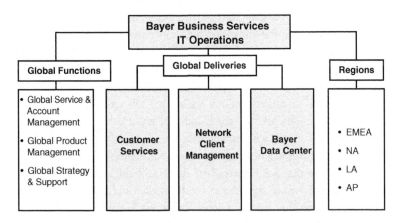

Abb. 4.2 Organisationsstruktur von Bayer Business Services IT Operations

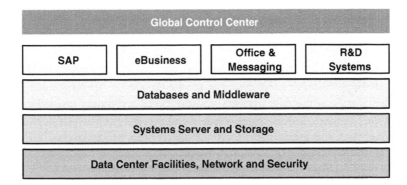

Abb. 4.3 Zuständigkeitsbereiche von Bayer Data Center

ist für das Provisioning von Arbeitsplatzlösungen, Netzwerklösungen und Kommunikationsdienstleistungen wie Voice & Video zuständig.

Der Bereich *Bayer Data Center (BDC)* ist für den Betrieb der weltweiten Rechenzentren verantwortlich. Das BDC stellt dabei seine integrierten Anwendungs- und Systemplattformen direkt den Bayer-internen Kunden zur Verfügung. Die IT-Leistungserstellung der Rechenzentren wird durch ein Schichtenmodell abstrahiert, welches in Abb. 4.3 dargestellt ist. Auf der untersten Ebene befinden sich die Infrastruktur der Rechenzentren und deren Netzwerktechnologie sowie entsprechende Sicherheitsinfrastrukturen. Die darüber liegende Schicht repräsentiert die Server- und Speichersysteme, welche vom BDC gemanagt werden. Auf der dritten Abstraktionsebene befinden sich die Datenbanken und die Middleware, auf welchen die vier Anwendungsbereiche SAP, eBusiness, Office & Messaging sowie R&D Systems aufbauen. Die entsprechenden Anwendungen werden vom BDC zusammen mit den weiteren IT-Fachbereichen von Bayer Business Services betrieben. Die Eigenentwicklung von Applikationen hat dabei aufgrund der angestrebten Standardisierung eine rückläufige Tendenz; der Trend geht hin zu standardisierten Anwendungspaketen, welche den jeweiligen Gegebenheiten angepasst werden können.

Die IT-Organisation sieht sich als klassische Produktions-Supply-Chain und strebt eine Optimierung der gesamten Produktionskette an. Spezialisierte Einzellösungen werden durch standardisierte Prozesse substituiert, wodurch ein verbessertes Management der einzelnen Komponenten erreicht wird. Das IT-Management orientiert sich am ITIL-Referenzstandard und setzt auf strikte Zentralisierung. Dementsprechend hat die Abteilung Bayer Data Center (BDC) ihre Rechenzentren an lediglich drei Standorten – Leverkusen, Pittsburgh und Singapur – konsolidiert. Diese drei Data Center sind über breitbandige, redundante Datenverbindungen angebunden und stellen derzeit 5.750 Server Images zur Verfügung (Leverkusen: 4.250; Pittsburgh: 1.250; Singapur: 250). Sie dienen als Plattform für nahezu alle Geschäftsprozesse des Bayer-Konzerns an 780 Standorten mit über 100.000 Client-Systemen weltweit.

BDC ist dabei für knapp 50 % der Kosten des Servicebereichs IT Operations verantwortlich. Die Energiekosten für den Betrieb der drei großen Rechenzentren machen 2 % der Kosten des Bereichs BDC aus.

Die in den Data Centern befindlichen Systeme werden vor allem für den Betrieb von Standardapplikationen eingesetzt. Für geschäftskritische Anwendungen bieten die Data Center durch redundante Systeme und die Berücksichtigung möglicher Failover-Szenarien die erforderliche Sicherheit. Weitere 500 Server befinden sich noch an lokalen Produktions- und Forschungsstandorten, an denen Spezialsysteme zum Einsatz kommen. Diese können oftmals physikalisch nicht verlegt werden oder sind sehr anfällig gegenüber Latenzzeiten.

Die Beschaffungsstrategie von Bayers interner IT-Organisation setzt auf radikale Zentralisierung und Standardisierung. Dadurch können die Einkaufspreise durch große Volumina gesenkt werden. Konzernstandards und Rahmenverträge verringern die Komplexität des Beschaffungsmanagements, welches sich als Teil der IT Supply Chain versteht.

Der Bayer-Konzern hat hohe Anforderungen an Verfügbarkeit, Antwortzeiten und Performance der durch IT Operations zur Verfügung gestellten IT-Services. Die Systeme unterstützen die globalen Geschäftsprozesse von Bayer rund um die Uhr. Die Verlässlichkeit der IT ist für Bayer von größter Bedeutung, weshalb bei IT Operations vor allem auf etablierte und ausgereifte Technologien gesetzt wird. Zusammenfassend lässt sich feststellen, dass IT Operations drei grundsätzliche Ziele verfolgt:

1. Optimale Unterstützung des Bayer-Geschäftsbetriebs durch effektive IT-Plattform-Lösungen (geschäftsorientierte State-of-the-Art-Systeme, Vorantreiben von Innovationen und nachhaltigen Lösungen)
2. Zuverlässiger Betrieb und Delivery von IT-Services (SLA-konform, schnelle Bereitstellung)
3. Kosteneffizienz (Sicherstellung von Top-Quartile-Preisen, Operational Excellence, Ressourcen- und Energieeffizienz)

Neben diesen grundsätzlichen Zielen gibt es von der Konzernleitung jährlich spezifische Top-down-Zielvorgaben für die IT-Organisation.

Handlungsdruck. Bayers interne IT-Organisation sieht steigende Energiepreise und stetig anwachsende Leistungsdichten in den Rechenzentren bei kontinuierlich ansteigender Nachfrage für Rechen- und Speicherkapazitäten als bedeutende Herausforderungen für die Zukunft, weshalb Green IT im Unternehmen eine zunehmende Rolle spielt. Zudem sieht sich IT Operations im Gesamtunternehmenskontext dazu verpflichtet, einen möglichst großen (Wert-)Beitrag zur Einsparung von CO_2-Emissionen zu leisten. Aus diesem Grund versteht IT Operations das Thema Green IT als ganzheitliche Maßnahme, um IT-basierte Dienstleistungen nachhaltig zu produzieren und zu vertreiben. Dabei soll die ökonomische Konkurrenzfähigkeit gewahrt bleiben und eine möglichst ressourcenschonende Produktion erzielt werden. IT Operations strebt eine Betrachtung und Integration der gesamten IT-Fertigungskette an, und zwar von der Beschaffung bis hin zum Vertrieb gegenüber den Kunden, inklusive der Rücknahme und Entsorgung von nicht mehr benötigten Assets (z. B. Gebrauchsmaterialien wie Toner oder veraltete Endgeräte).

Die ökonomische Säule der Nachhaltigkeit wird von der zunehmenden Energienachfrage und den steigenden Kosten beeinflusst. Zudem führt die Betrachtung des gesamten Lebenszyklus von IT-Produkten zu einer veränderten Investitionslogik, denn häufig sind die Prozess- und Betriebskosten (beispielsweise der Energieverbrauch während der Nutzungsphase) und die Entsorgungskosten wesentlich höher als die Anschaffungskosten eines Gerätes, weshalb sich ein teureres Gerät mit niedrigerem Stromverbrauch durchaus als rentabel erweisen kann. Darüber hinaus spielen gesetzliche Vorgaben und neue Geschäftsmöglichkeiten an den Märkten eine bedeutende Rolle für das nachhaltige Management der IT.

In Bezug auf die ökologische Säule der Nachhaltigkeit sind der Klimawandel sowie die generelle Schädigung der Umwelt wichtige Aspekte, welche als Treiber für das Ziel einer nachhaltigen Entwicklung gesehen werden. In der sozialen Dimension spielen die Interessen von Stakeholdern, vor allem von eigenen Mitarbeitern und von den Konsumenten der externen Märkte, eine Rolle und erhöhen die Motivation für die Implementierung von Green-IT-Maßnahmen.

IT Operations ist dazu verpflichtet, seine IT-basierten Dienstleistungen zu konkurrenzfähigen Preisen anzubieten, insbesondere da die IT im Konzern lediglich eine unterstützende Funktion hat. Dabei wird gerade auch der positive Business Case von Green-IT-Maßnahmen erkannt. Denn durch die Bewertung von Lebenszykluskosten, welche Einflussfaktoren wie den Energieverbrauch von IT-Systemen während des Betriebs berücksichtigen, haben Energieeffizienz steigernde Maßnahmen bei den kontinuierlich steigenden Energiekosten eine sehr kurze Amortisationsdauer und einen positiven ROI. Die treibende Kraft für die Implementierung von Green IT ist also der Vorsatz, die geforderten IT-Dienstleistungen bei gleicher Qualität mit geringerem Ressourceneinsatz und erhöhter Effizienz bereitzustellen.

Demzufolge ist der Business Case bei zahlreichen Green-IT-Maßnahmen innerhalb von IT Operations gegeben, insbesondere bei Optimierungsmaßnahmen der Rechenzentren. Schwieriger ist dies hingegen beispielsweise bei Effizienzsteigerungen von Client-Systemen im Office-Bereich, da hierbei IT Operations Kosten für die Implementierung der Maßnahme entstehen, die Kosteneinsparungen hingegen direkt den jeweiligen Konzerneinheiten zugutekommen und nicht die Herstellkosten von IT Operations senken, da die Stromkosten der anderen Geschäftsbereiche nicht verursachergerecht der IT-Organisation zugeordnet werden. Somit ist die Implementierung solcher Maßnahmen aus Konzernsicht sinnvoll, auf Bereichsebene hingegen muss gelegentlich der interne Widerstand durch Transparenz fördernde Diskussionen und bereichsübergreifende Gremien erhöht werden.

Generell lässt sich festhalten, dass Green IT bei Bayer einen Teil der langfristigen Nachhaltigkeitsstrategie des Bayer-Konzerns darstellt und sowohl vom Konzernvorstand als auch direkt durch die Geschäftsführung von Bayer Business Services und die

Geschäftsbereichsleitung von IT Operations vorangetrieben wird. Bayer möchte ein neues Bewusstsein für ökologisches Denken in seiner internen IT-Organisation verankern. Dies impliziert, dass unternehmerische Entscheidungen unter Berücksichtigung ökonomischer und ökologischer Faktoren getroffen werden sollen. Viele der möglichen Green IT Quick Wins wurden bei Bayer bereits in den vergangenen Jahren implementiert und die darüber hinausgehende Verbesserung der Nachhaltigkeit der IT-Prozesse und -Systeme stellt für die Zukunft eine bedeutende Herausforderung dar.

4.3   Umsetzung

Maßnahmen zur IT-Energieeffizienz, welche heutzutage als Green IT bezeichnet werden, wurden bei Bayer bereits eingeführt, als der Begriff Green IT noch gar nicht existierte. Green IT hat damit bei Bayer eine lange Historie und wird nicht als Hype-Thema angesehen, sondern ist Bestandteil einer langfristig orientierten Nachhaltigkeitsstrategie. Bis zum Jahr 2008 bestanden Green-IT-Initiativen in erster Linie daraus, isolierte Einzelmaßnahmen umzusetzen. Die Implementierung von Nachhaltigkeitsmaßnahmen wurde daraufhin konsolidiert und in einem ganzheitlichen Kontext betrachtet, um die Effektivität zu verbessern und die Nachhaltigkeitsstrategie des Konzerns möglichst umfassend zu unterstützen. Die ersten Maßnahmen zur Erhöhung der Energieeffizienz wurden bottom-up von einzelnen Bereichen und Mitarbeitern initiiert, wohingegen aktuell das Thema Green IT von der Bayer-Business-Services-Geschäftsführung und in Bezug auf die Nachhaltigkeitsstrategie auch vom Vorstand top-down vorangetrieben wird. Das Green-IT-Programm von IT Operations baut auf drei Säulen auf:

- *Behavior and Mindset:* Schaffen von Bewusstsein für die Umweltkonsequenzen bei der Nutzung von IT und nützliche Tipps zur Senkung des Energieverbrauchs in der Büroumgebung.
- *Concrete Measures:* Green-IT-Maßnahmen, die vor allem Data Center Facilities, Server und Storage betreffen.
- *Communication and Research:* Aufbauen von spezifischem Know-how und Kommunikation der Ergebnisse von Green-IT-Projekten gegenüber Mitarbeitern und Kunden.

4.3.1 Governance

Ausrichtung an der Konzern-Nachhaltigkeitsstrategie. Bayers IT-Organisation hat keine eigenständig formulierte Green-IT-Strategie, sondern richtet seine Nachhaltigkeitsbestrebungen an der Nachhaltigkeitsstrategie des Konzerns aus. Da Bayer Business Services ein interner Service-Provider ist, unterstützen die Green-IT-Initiativen die Klimaziele des Konzerns und die Maßnahmen werden in enger Abstimmung mit den Kunden (also den Fachbereichen der einzelnen Teilkonzerne) umgesetzt.

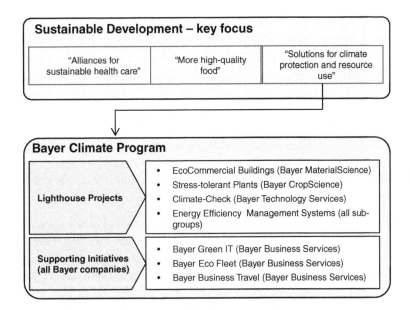

Abb. 4.4 Nachhaltigkeitsstrategie des Bayer-Konzerns

Green IT wird demnach als Bestandteil des Commitments für Nachhaltigkeit und Klimaschutz innerhalb des Konzerns gesehen. Das Bayer-Nachhaltigkeitsprogramm besteht aus drei unterschiedlichen Bereichen, welche in Abb. 4.4 dargestellt sind. Bayer Business Services trägt dabei innerhalb des Bayer-Klimaprogrammes die Schirmherrschaft für die unterstützenden Programme Bayer Green IT (Erhöhung der Nachhaltigkeit von IT-Systemen und technologiebasierten Geschäftsprozessen), Bayer Eco Fleet (Senkung der CO_2-Emissionen der Bayer-Fahrzeugflotte) und Bayer Business Travel (Substitution von Geschäftsreisen durch die Verwendung von Telepräsenz- und Videokonferenzsystemen). Zudem ist Bayer Business Services an der Entwicklung eines innovativen Energiemanagementsystems für das Climate-Check-Programm von Bayer Technology Services und Bayer MaterialScience beteiligt, welches dazu dient, Bayers Produktionsanlagen und Gebäude in Bezug auf Umweltfreundlichkeit zu optimieren und die Betriebskosten zu senken.

IT Operations hat das von der Konzern-Nachhaltigkeitsstrategie vorgegebene Ziel, in Bezug auf Nachhaltigkeitsaspekte „Best in Class" zu werden. Wenngleich der Anteil der durch IT Operations verursachten Umweltbelastungen im Firmenkontext gering erscheint (lediglich 0,6 % der CO_2-Emissionen des Konzerns werden durch IT verursacht), lassen sich im IT-Bereich und mit IT-Applikationen dennoch sinnvolle Einsparungen erzielen. Green IT wird vor allem als Effizienzthema verstanden, denn eine Ressourcen sparende Produktion ist kostengünstig und somit gleichzeitig ökologisch und ökonomisch nachhaltig.

Bayer versteht das Management der Nachhaltigkeit als strategische Herausforderung mit langfristigem Horizont. Das Community Board Sustainable Development (CB SD) ist für die Entwicklung und Steuerung der Nachhaltigkeitsstrategie des Bayer-Konzerns verantwortlich. Dabei definiert das CB SD die konzernweiten Nachhaltigkeitsziele, entwickelt Leitplanken und Richtlinien für die Erreichung dieser Ziele und überwacht die Implementierung der korrespondierenden Maßnahmen. Das CB SD setzt sich aus dem Konzernvorstand für Innovation, Technologie und Umwelt, welcher das Gremium leitet, sowie weiteren Vorstandsmitgliedern der Teilkonzerne, den Geschäftsführern der Servicegesellschaften sowie Leitern von sechs Konzernbereichen zusammen. Diese organisatorische Verankerung stellt eine stringente Umsetzung des Nachhaltigkeitsmanagements in allen Konzernbereichen sicher.

Zur Unterstützung des CB SD dient das Community Council Sustainable Development (CC SD), ein Gremium, welches auf der Ebene der Strategieimplementierung positioniert ist.

Green IT. Neben dem CB SD und dem CC SD gibt es für den Bereich Green IT seit Juli 2009 die dedizierte Rolle des Green-IT-Koordinators (vgl. Abb. 4.5). Dieser berichtet quartalsweise sowohl an die Geschäftsführung von Bayer Business Services als auch an den Konzernbereich Environment & Sustainability der Bayer AG. Der Green-IT-Koordinator nimmt gleichzeitig Anregungen und Vorschläge von der Geschäftsleitung entgegen und stimmt die strategische Ausrichtung von Green-IT-Initiativen ab. Die Ergebnisse werden an die Fachbereiche weitergegeben, die entsprechende Projekte initiieren. Die Fachbereiche informieren wiederum ihren Green-IT-Fachbereichskoordinator (beispielsweise BDC) in regelmäßigen Abständen. Die Projektergebnisse der verschiedenen Fachbereiche werden vom Green-IT-Koordinator zusammengeführt und der Geschäftsleitung gegenüber kommuniziert. Dabei wird auch ganz klar aufgezeigt, welchen (Wert-)Beitrag Green IT zu den Konzern-Nachhaltigkeitszielen und zu den einzelnen Nachhaltigkeitsprogrammen, wie z. B. dem Bayer-Klimaprogramm, leistet.

Neben den Green-IT-Maßnahmen von IT Operations werden in den unterschiedlichen Gremien diverse Initiativen und Szenarien diskutiert und Möglichkeiten gesucht, wie der „Footprint" des Gesamtkonzerns durch technologiebasierte Lösungen reduziert werden kann. Denn wenngleich die IT von Bayer nur für 0,6 % der CO_2-Emissionen des Konzerns verantwortlich ist, kann die IT dennoch einen wichtigen Hebel bei der Reduktion der restlichen 99,4 % der Emissionen darstellen. Beispiele hierfür sind das Energiemanagementsystem STRUCTese®, welches im Rahmen des Bayer Climate Check eine Optimierung der Energieeffizienz von Produktionsanlagen und Gebäuden des

Abb. 4.5 Green-IT-
Berichtslinien

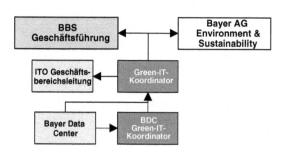

Bayer-Konzerns ermöglicht, oder die innovativen Telepräsenzsysteme, die durch das Programm Bayer Business Travel eine Verringerung von Geschäftsreisen und den damit verbundenen CO_2-Emissionen ermöglichen.

In Bezug auf soziale Nachhaltigkeitsmaßnahmen wird innerhalb des Bayer-Konzerns bereits eine Menge getan, weshalb Bayer Business Services als interner Dienstleister keine eigenen Initiativen in diesem Bereich hervorbringt, sondern die Konzernbemühungen durch die Umsetzung der entsprechenden Vorgaben insbesondere auch konzernweit über seine Servicefunktionen im Bereich Human Resources und Procurement unterstützt.

Neben der organisatorischen Verankerung im Berichtswesen wurden die Green-IT-Effizienzziele auch im Performance-Measurement-System von IT Operations aufgenommen. Mit den Geschäftsbereichs- und Abteilungsleitern werden individuelle Zielvereinbarungen bezüglich Green IT festgelegt. Diese werden jährlich definiert und bewertet und kontinuierlich durch das SAP-basierte HR-Management-System nachverfolgt.

Für IT Operations wurden ganz konkrete Ziele vereinbart, die zur Unterstützung des Bayer-Nachhaltigkeitsprogramms beitragen:

1. *Green Bayer Data Center: Efficiency Improvement.*
   Erhöhung der Energieeffizienz in den Rechenzentren um 20 % im Zeitraum von 2009–2012. Reduktion der äquivalenten Emissionen: 1440 t CO_2 pro Jahr.
2. *Sustainable Office Output: User Enablement.*
   Absenkung des Papierbedarfes im Office Print um mindestens 10 % und Reduktion des Stromverbrauchs von Client-Systemen. Reduktion der äquivalenten Emissionen: 1000 t CO_2 pro Jahr.

Dabei wird das Programm „Green Data Center" durch Bayer Business Services finanziert, da die Effizienzsteigerungen zu direkten Kosteneinsparungen bei der Servicegesellschaft führen, denn Bayer Business Services zahlt seinen eigenen Stromverbrauch. Das Programm „Sustainable Office Output" hingegen verursacht für Bayer Business Services Kosten bei der Implementierung, während die Einsparungen bei den Energiekosten anderen Organisationseinheiten zugutekommen. Aus diesem Grund wird dieses Programm durch die jeweiligen Teilkonzerne finanziert.

Kennzahlen. Bei IT Operations kommen unterschiedliche Kennzahlensysteme zur Anwendung. Im RZ-Umfeld werden die meisten Kennzahlen erhoben, da hier bereits seit geraumer Zeit genaue Messungen durchgeführt werden. Im Client-Umfeld der Office-Computer sind exakte Messungen hingegen schwer realisierbar, da es tausende Systeme an verschiedenen Standorten gibt. Gleiches gilt für die dezentralen Netzkomponenten. Aus diesem Grund werden in den Bereichen Büroumgebung und Netzwerk repräsentative Anwendungsszenarien erstellt und die entsprechenden Verbrauchswerte gemessen. Diese Standardverbrauchswerte der entsprechenden Hardware werden schließlich auf die Gesamtanzahl der Systeme hochgerechnet. Bei Bayer entfallen ca. 30 % des Energieverbrauchs im IT-Umfeld alleine auf die Serversysteme, die restlichen 70 % auf dezentrale Netzwerkkomponenten, Telekommunikationsgeräte und Büro-PCs. Im Jahr 2008 wurden 7,6 Megatonnen an direkten und indirekten CO_2-Emissionen durch die Bayer AG verursacht, von denen 45,6 Kilotonnen der IT zuzurechnen sind. Das Rechenzentrum in Leverkusen hat einen Energiebedarf von 3,1 MW pro Jahr, in Pittsburgh sind es 1 MW und in Singapur aufgrund der geringeren Größe des Data Centers lediglich 0,12 MW.

Im Data Center in Leverkusen wird die Kennzahl Power Usage Effectiveness (PUE) erhoben. Da es für die Ermittlung des PUE-Wertes keine standardisierten Messverfahren gibt, ist diese Kennzahl für einen Inter-Firmen-Vergleich nicht gut geeignet. Für die Bewertung der Effektivität von internen Maßnahmen ist der PUE hingegen aussagekräftig, solange die Messungen immer gleich vorgenommen werden.

In Leverkusen wird der PUE bereits seit Langem ermittelt, um die Effizienzsteigerungen durch Green-IT-Maßnahmen bewerten zu können. An den Data-Center-Standorten Pittsburgh und Singapur ist die Ermittlung des PUE-Wertes hingegen nicht möglich, da einzelne RZ-Gebäude von externen Firmen bewirtschaftet werden und eine Datenanalyse gemäß den Bayer-KPIs nicht durchgeführt werden kann.

Weitere Kennzahlen zur Analyse der Serversysteme werden seit 2008 erhoben. Die Umsetzung und der Grad der Zielerreichung werden in den Rechenzentren kontinuierlich nachverfolgt und im KPI-Monitoring die aktuellen absoluten Verbrauchswerte dargestellt. Die Effizienzmessungen im Serverbereich erfolgen auf Basis einer Einteilung in unterschiedliche Modellklassen und Leistungsprofile, wodurch ein spezifischer Vergleich zwischen unterschiedlichen Technologiegenerationen ermöglicht wird.

Hierbei wird kontinuierlich überprüft, ob die Zielerreichung einer 20%igen Effizienzerhöhung gegenüber der Baseline von 2009 mit den Einsparungen an Energie erreicht wird. Eine absolute Reduktion der Verbrauchswerte um 20 % wird aufgrund von notwendigen Leistungssteigerungen hingegen als nicht realistisch angesehen. Im Jahr 2009 sind die Gesamtverbrauchswerte aufgrund von Leistungssteigerungen zunächst sogar angestiegen. Anschließend haben sich die Rahmenbedingungen stabilisiert und im Jahr 2010 sind die absoluten Verbrauchswerte erstmals gesunken. Darüber hinaus wird der Virtualisierungsgrad der Unix- und Linux-Server, berechnet aus dem Verhältnis von virtuellen zu physischen Systemen, dokumentiert. Bei den RZ-Gebäuden werden unter anderem die genutzte Fläche, der Gesamtenergieverbrauch sowie der Stromverbrauch der RZ-Kühlung und der unterbrechungsfreien Stromversorgung (USV) ermittelt. Eine Übersicht über die in den Rechenzentren erhobenen und errechneten Kennzahlen findet sich in Tab. 4.2.

Bislang gibt es noch keine automatisierte Aggregation aller Kennzahlen aus den verschiedenen Rechenzentren. So werden die entsprechenden Werte halbjährlich abgefragt und zusammengeführt.

In der Büroumgebung werden die konkreten Verbrauchswerte hingegen nicht kontinuierlich ermittelt, sondern die geschätzten Einsparungen der Green-IT-Maßnahmen werden gegenüber der Baseline von 2009 auf die jeweiligen Nutzerprofile angewandt und auf den Gesamtbestand hochgerechnet. Die klimazielrelevanten Kennzahlen werden einzeln erhoben, um die Effektivität der Maßnahmen nachzuweisen, ein ständiges KPI-Tracking hingegen findet an dieser Stelle wegen des unverhältnismäßig hohen Aufwands

Tab. 4.2 Green-IT-Kennzahlen im Bereich Bayer Data Center

Bezeichnung	Einheit	Beschreibung
Anzahl RZ	#	Anzahl separater RZ-Gebäude
Durchschnittsalter RZ	Jahre	Durchschnittliches Alter RZ-Gebäude
RZ-Fläche	m^2	Gesamtfläche der RZ
Nutzflächenanteil	%	Verhältnis genutzte Fläche/Gesamtfläche
Elektrizitätskosten	€/a	Jährliche Elektrizitätskosten der RZ
Wasserverbrauch	l/a	Wasserverbrauch der RZ-Kühlsysteme
Gesamtenergieverbrauch	kWh/a	Jahres-Gesamtstromverbrauch der RZ
Durchschnittsenergie-verbrauch	kW	Durchschnittlicher Energieverbrauch der RZ
Energieverbrauch Equipment	kWh/a	Stromverbrauch Server, Storage, Netzwerk
Energieverbrauch Cooling	kWh/a	Stromverbrauch Computer Room Air Conditioning (CRAC)
Energieverbrauch Stromversorgung	kWh/a	Stromverbrauch von USV, Power Distribution und Power Management
Power Usage Efficiency	#	Total Power/Computer Power
Computer Power Consumption Index	#	Computer Power/Total Power
Heating, Ventilating and Air Conditioning (HVAC) Effectiveness	#	Computer Power/HVAC Power
Energiedichte	kW/m^2	Maximale Energiedichte, die von CRAC gekühlt werden kann
Physische Server	#	Anzahl physischer Server; Unterscheidung RISC und x86 sowie nach OS: Unix, Linux, Windows
Virtuelle Instanzen	#	Anzahl virtueller Instanzen; Unterscheidung nach OS: Unix, Linux, Windows
Virtualisierungs-Hosts	#	Physikalische Hardware, welche als Virtualisierungs-Host dient; Unterscheidung RISC (für Unix) und x86 (für Linux und Windows)
Instanzen gesamt	#	Anzahl physischer + virtueller Instanzen von Unix (RISC) und von Linux/Windows (x86)
Virtualisierungsgrad	%	Verhältnis von virtualisierten Instanzen/Instanzen gesamt; Unterscheidung RISC und x86
x86-Virtualisierungs-verhältnis	#	Durchschnittliche Anzahl von virtualisierten Instanzen pro Server
Blade-Server	#	Anzahl der x86-Server in Blade-Bauweise
Auslastung	%	Auslastung der Serversysteme; Unterscheidung Durchschnitt und Peak Hours
Speicherkapazität	TB	Unterscheidung SAN und NAS, DAS, lokal
Aktiver Speicher	%	Anteil des Speichers, auf den in den vergangenen 90 Tagen zugegriffen wurde
Durchschnittsalter	Jahre	Durchschnittliche Dauer Lebenszyklus

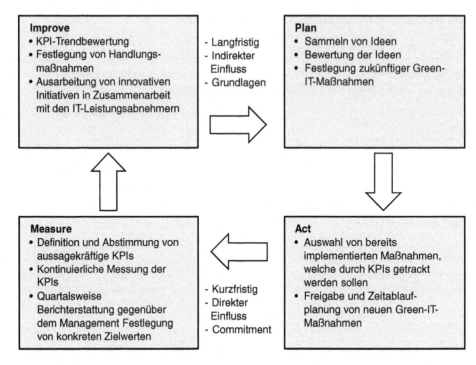

Abb. 4.6 Kontinuierlicher Verbesserungszyklus für das KPI-Monitoring

nicht statt. Da die offiziellen, von Herstellerseite veröffentlichten Verbrauchswerte häufig nicht mit dem Stromverbrauch in einer realen Nutzungssituation übereinstimmen, werden für Netzwerk- und Kommunikationstechnologien und Client-Systeme konkrete Messungen an Referenz-Equipments vorgenommen, um die realen Einsparpotenziale gegenüber den installierten Systemen quantifizieren zu können.

Im Bereich Green Data Center wurde ein Kreislauf zur kontinuierlichen Verbesserung der Effektivität des Monitorings und Reportings von Umweltmaßnahmen entwickelt. Dieser ist in Abb. 4.6 dargestellt.

4.3.2 Beschaffung

Die IT-Organisation von Bayer setzt im Bereich Beschaffung auf einen hohen Grad an Standardisierung. Die Spezifikationen im Hardware- und Softwarebereich werden durch Konzernstandards festgelegt und weltweit umgesetzt. Dabei rückt das Thema Green IT zunehmend in den Fokus. Energiekriterien wie ungewöhnlich hohe Verbrauchswerte von zu beschaffender Hardware beispielsweise sind beim Einkauf ein Ausschlusskriterium. Green-IT-Kriterien sind ein fester Bestandteil im Anforderungskatalog von Ausschreibungen. So wurde z. B. bei der Beschaffung von PCs auf die Energy-Star-Zertifizierung Wert gelegt. Kriterien wie Qualität, Funktionalität, Lebensdauer und vor allem der Preis dominieren dennoch weiterhin die Entscheidung. Durch die steigenden Energiekosten ist der Business Case von energiesparender Hardware allerdings zunehmend gegeben. Bei Client-PCs liegen die Prozesskosten für den Betrieb der Systeme beispielsweise deutlich über den Anschaffungskosten. Deshalb wird beim Einkauf von Hardware eine Lebenszyklusanalyse (LCA: Life Cycle Analysis) durchgeführt, welche eine Optimierung der Gesamtkosten, also der Summe von Anschaffungs-, Betriebs- und Entsorgungskosten, ermöglicht. Durch die LCA werden relevante Umweltaspekte wie Energieverbrauch und Wiederverwendbarkeit im Einkaufsprozess direkt mit einbezogen.

Neben der Berücksichtigung von Energiekriterien gilt der Bayer-Verhaltenskodex für den gesamten Beschaffungsprozess. Aus diesem Grund wurde ein spezifischer Supplier Code of Conduct entwickelt. Die Erstellung einer CO_2-Beschaffungsbilanz ist derzeit noch nicht möglich, da die Zulieferer die entsprechenden Kennzahlen nicht erheben. IT Operations bezieht seine Komponenten vorzugsweise von großen Zulieferern, welche sich an Best Practices im Bereich des Umweltmanagements orientieren und Nachhaltigkeitskriterien berücksichtigen. Zudem findet eine Kooperation mit den Zulieferern durch den Erfahrungsaustausch von Green-IT-Maßnahmen statt, insbesondere im Bereich Energieeffizienz im Rechenzentrum.

Wenngleich eine vollständige Auditierung der Ökobilanz von Zuliefern als zu aufwendig eingestuft wird, wird den Zulieferern kommuniziert, dass Umweltkriterien und grüne Innovationen bei der Auswahl des Zulieferers durchaus eine Rolle spielen. Bayer führt stichprobenartige Überprüfungen der Produktion von Lieferanten durch und erhebt in Form von Fragebögen Daten bezüglich der grundsätzlichen Produktionsmethoden, um die Konformität der Zulieferer mit den Umwelt- und Sozialstandards von Bayer sicherzustellen.

Bei der Beschaffung von Druckerpapier wird auf nachhaltige Herstellungsverfahren geachtet (Forest Stewardship Council/FSC-Zertifizierung) und es gibt Rücknahmeabkommen für Toner und Cartridges mit den Lieferanten. Darüber hinaus gibt es bei Bayer Business Services teilweise Rücknahmevereinbarungen über Computerhardware, z. B. bei den Client-PCs. Häufig wird die verwendete Hardware nach ihrem Einsatz bei Bayer Business Services anderweitig wiederverwendet. So wird ein Teil der Client-Systeme und Notebooks versteigert und bei defekten Systemen werden die funktionsfähigen Einzelteile verkauft. Bei nicht wiederverwendbarer Hardware wird durch das elektronische Abfallnachweisverfahren (eANV) eine umweltgerechte Entsorgung garantiert.

Ein weiterer Bereich des Sourcings, welcher bei Bayer zunehmend an Bedeutung gewinnt, ist das Thema Cloud-Computing. Durch den Einkauf von flexibel beziehbaren Rechenkapazitäten können intern geringere Reservekapazitäten vorgehalten werden. Das Cloud-Computing verspricht eine enorme Agilität, da die benötigten Kapazitäten innerhalb kürzester Zeit durch große Anbieter wie z. B. Amazon oder Google bereitgestellt werden können. Derzeit ist der interne Betrieb allerdings noch kostengünstiger als die am Markt bestehenden Cloud-Angebote und es sind auch noch nicht sämtliche Sicherheitsaspekte abschließend geklärt. Zudem gibt es zum Teil

Kompatibilitätsprobleme, da manche Applikationen bei Bayer eine spezifische, nicht in der Cloud angebotene, Anwendungsumgebung benötigen. Der Trend geht bei Bayer Business Services allerdings hin zu standardisierten Anwendungen, die sich problemloser in die Cloud verlagern lassen können.

Bayer Business Services hat derzeit verschiedene Test-Cases laufen, um erste praktische Erfahrungen mit dem Cloud-Computing zu sammeln, denn diese Technologie wird zukünftig eine wichtigere Rolle spielen. Insbesondere zur Abdeckung von einmaligen Kapazitätsbedarfen und zur Erhöhung der Flexibilität ist das Cloud-Computing sinnvoll. In Bezug auf Umweltaspekte ist das Cloud-Computing ebenfalls attraktiv, da die Serverparks der großen Cloud-Anbieter sehr effizient arbeiten und somit sehr niedrige CO_2-Emissionswerte in Relation zur Rechenleistung aufweisen. Das Cloud-Konzept passt gut in das Supply-Chain-Verständnis von IT Operations, sodas in bestimmten Bereichen ein Fremdbezug von IT-Leistungen über den externen Markt sinnvoll erscheint.

4.3.3   Produktion

Rechenzentrum. Für die Abteilung Data Center stehen die kosteneffiziente Bereitstellung sowie die Qualität und Zuverlässigkeit der angebotenen IT-Services absolut im Vordergrund. Green IT wird eher als Nebenaspekt betrachtet, durch den die Nachhaltigkeitsstrategie des Konzerns unterstützt werden kann. Die Produktion der IT-Services in den Rechenzentren steht unter starkem Kostendruck, da die Abteilung einem intensiven externen Preiswettbewerb ausgesetzt ist. Dementsprechend erfolgt Green IT im Bereich IT Operations Data Center vor allem kostengetrieben. Im Rahmen der Initiative „Green Bayer Data Center" unterscheidet IT Operations im Wesentlichen fünf Handlungsfelder, um das Ziel einer 20%igen Effizienzsteigerung im Zeitraum von 2009–2012 zu erreichen: (a) Data Center Facilities, (b) Efficient Hardware Technologies, (c) Increased System Utilization, (d) Avoidance of Unnecessary Load und (e) Energy Measurement. Diese werden im Folgenden näher betrachtet:

(a) *Data Center Facilities*: Das Infrastrukturmanagement der Rechenzentren von IT Operations ist stark zentralisiert aufgestellt. Es gibt strikte Vorgaben zur Vermeidung von dezentralisiertem Management, um die Effizienz der Rechenzentren zu optimieren und gleichzeitig den Verwaltungs- und Administrationsaufwand zu minimieren. IT Operations hat seine Rechenzentren an lediglich drei Standorten (Leverkusen, Pittsburgh und Singapur) zusammengeführt. Zur Kühlung des Hauptrechenzentrums in Leverkusen wird eine NH3-Ammoniak-Kühlung verwendet, welche ein Kreislaufsystem darstellt und die Prozesskälte und den Verdampfer des benachbarten Bayer-Werks nutzen kann, um die Effizienz des Kühlsystems zu erhöhen.

Eine große Wirkung hat die Kaltgangeinhausung mit Polycarbonatscheiben aus Bayer Makrolon® gezeigt, da durch die Einhausung der Unterschied zwischen warmer und kalter Luft wesentlich erhöht werden kann und somit die Effizienz der Kühlsysteme deutlich ansteigt. Zudem lassen sich die Luftströme gezielter lenken und dadurch Energie beim Betrieb der entsprechenden Gebläse einsparen, da die mechanischen Verluste beim Lufttransport stark reduziert werden können. Generell wurde der gesamte Luftstrom analysiert und optimiert, um Luftverwirbelungen zu vermeiden und Widerstände zu verringern (Air Flow Management). Zudem wurde die Anzahl der aktiven Computer-Room-Air-Conditioning-(CRAC-)Systeme von vier auf acht erhöht, da der Betrieb von acht Systemen bei einem Luftdurchsatz von 55 % energetisch effizienter ist als der Betrieb von vier CRACs bei einem Maximaldurchsatz von 100 %. Zudem werden die CRACs nun autonom angesteuert und verfügen über Frequenzweichen, um die Drehzahl der Lüfter bedarfsabhängig zu regulieren. Diese Maßnahmen wurden 2009 in Leverkusen auf vier Serverräume mit 1.200 Serversystemen angewandt und erzielten eine Reduktion des Stromverbrauchs des Kühlsystems um 60 %. Im Laufe des Jahres 2010 wurde das Konzept in fünf weiteren Räumen implementiert.

Durch den Einsatz eines Schwungrades, das die USV durch kinetische Energie anstelle von ineffizienten Batterien sicherstellt, konnte der Stromverbrauch bereits seit Längerem gesenkt werden. Durch die Maßnahmen im Bereich Data Center Facilities konnte der PUE-Wert des RZ Leverkusen von 1,93 im Jahr 2008 auf 1,7 im Jahr 2010 abgesenkt werden.

(b) *Efficient Hardware Technologies*: Bei der Beschaffung von Hardware für die Rechenzentren in Form von Servern, Speichersystemen und Netzwerkkomponenten ist die Energieeffizienz eines der Bewertungskriterien (vgl. Abschnitt „Beschaffung"). Durch den Einsatz moderner, stromsparender Hardware konnte der Energieverbrauch bei ERP-Systemen innerhalb von zwei Jahren um 15 % gesenkt werden. Im Jahr 2010 konnte durch die Einführung von neuen Intel-Nehalem- und Westmere-Mikroprozessor-Systemen die Energieeffizienz gesteigert werden, da diese Prozessoren über diverse Stromsparmechanismen verfügen und die Energieeffizienz älterer Systeme deutlich übertreffen. Mit dieser neuen Servergeneration können durch die Auswechslung von knapp 300 Systemen insgesamt 450.000 kWh/a eingespart werden. Der Einsatz der optimierten Quad Core Nehalem-Prozessoren konnte beim Vergleich der betrachteten Systeme Stromeinsparungen im zweistelligen Prozentbereich bewirken. Zudem werden für den Betrieb der Server inzwischen hocheffiziente Netzteile eingesetzt.

Eine weitere Maßnahme ist die Migration der SAP-Systeme von Unix auf Linux. Diese Umstellung ermöglicht den Betrieb der SAP-Anwendungen auf Standard-Intel-Hardware anstelle von den für die Unix-Systeme benötigten RISC-Systemen, welche auf IBM-Power-Servern laufen. Durch die Migration von der RISC- zur x86-Plattform lässt sich die Energieeffizienz der Systeme deutlich erhöhen. Darüber hinaus lassen sich mit dieser Maßnahme beachtliche Kosteneinsparungen erzielen, da die Standard-x86-Server im Einkauf wesentlich preiswerter sind. Dies wird auch mit dem Begriff „Consumerization" bezeichnet, da hier kostengünstige

Hardwarekomponenten zum Einsatz kommen, die ähnlich auch für den privaten Massenmarkt in großen Stückzahlen produziert werden.

Generell wird in den Rechenzentren eine Total-Cost-of-Ownership-(TCO-) Betrachtung durchgeführt, weshalb der Energieverbrauch beim Kauf von Hardware eine Rolle spielt. Der Energieverbrauch hat insbesondere bei den Systemen im Rechenzentrum, welche im Dauerbetrieb laufen, sehr große Auswirkungen auf die Kosten. Die Green-IT-Maßnahmen im Bereich energieeffizienter Hardware zielen demnach gleichzeitig auf Emissions- und Kostensenkungen ab.

(c) *Increased System Utilization*: IT Operations konnte in diesem Bereich die größten Effizienzsteigerungen erreichen, insbesondere mithilfe von konsequenter Konsolidierung und Virtualisierung. IT Operations hat weltweit 90 % der gesamten IT-Rechenleistung in den drei großen Rechenzentren in Leverkusen, Pittsburgh und Singapur konsolidiert. Die Serversysteme an den unterschiedlichen Produktions-, Remote- und Verwaltungsstandorten des Konzerns waren aufgrund ihrer Heterogenität und wegen ihrer geringen Auslastung wenig effizient. Dezentrale Serverräume an den Produktions- und Verwaltungsstandorten wurden so weit wie möglich in eines der drei RZ integriert, wodurch die Auslastung der vorhandenen Systeme und ebenso die Energieeffizienz deutlich erhöht werden konnten.

Die verbleibenden dezentralen Systeme sind in der Regel Spezialsysteme für die chemisch-pharmazeutische Produktion, welche entweder physisch nicht verlegt werden können, eine extrem geringe Toleranz gegenüber Latenzzeiten haben oder wegen Risikoaspekten an den jeweiligen Standorten verbleiben müssen. Die Core Switches für die lokalen Netzwerke verbleiben ebenfalls an den lokalen Standorten.

Durch die strikte Konsolidierungspolitik von IT Operations laufen inzwischen nahezu alle Standardgeschäftsanwendungen des Bayer-Konzerns zentralisiert in den drei RZ. Sämtliche SAP-Systeme werden derzeit im RZ in Leverkusen konsolidiert. Die drei RZ sind untereinander vernetzt und können so Aufgaben verteilen, um die zur Verfügung stehende Leistung optimal zu nutzen. So können die Reservekapazitäten deutlich gesenkt werden und kann die Auslastung optimiert werden. Viele Anwendungen, wie beispielsweise die Datenbanken, laufen auf Shared Systems, welche bereits ohne Virtualisierung eine hohe Auslastung erreichen.

Neben der Konsolidierung der Serversysteme spielt die Virtualisierung bei IT Operations eine wichtige Rolle. Durch den Einsatz von Virtualisierungstechnologien von Citrix und VMware konnte die Auslastung der Serversysteme deutlich erhöht werden. Auch hier setzt IT Operations auf Standardisierung und substituiert dedizierte Server für spezifische Anwendungen durch standardisierte Serverfarmen für Shared Applications, auf welchen durch die Virtualisierung eine Abstrahierung von der Hardware stattfindet und somit die angeforderte Rechenleistung optimal auf die zur Verfügung stehenden Systeme verteilt werden kann, um dadurch die Ressourceneffizienz zu maximieren.

Durch die konsequente Virtualisierung der Serversysteme konnte IT Operations den Stromverbrauch in den Rechenzentren deutlich senken. Im Jahr 2006 lag der gesamte Virtualisierungsgrad bei 14 %, 2008 waren es bereits 32 % und inzwischen ist Bayers interne IT-Organisation bei knapp 50 % angelangt. 2010 lag die Virtualisierungsrate von RISC-Systemen im RZ Leverkusen bei 62 % und von x86-Systemen bei 44 %. 160 VMware ESX Host Server virtualisieren dabei 1.800 Systeme und tragen damit wesentlich zur angestrebten Effizienzsteigerung von 20 % bei.

Durch die konsequente Konsolidierung und Virtualisierung der Systeme konnte IT Operations auch die TCO deutlich senken, da durch die bessere Auslastung weniger Hardware benötigt und dementsprechend weniger Strom verbraucht wird. Dadurch wurden die CO_2-Emissionen stark reduziert. Ebenso konnten die Infrastruktur- und Kühlungskosten verringert und die Arbeitskosten durch den geringeren administrativen Aufwand gesenkt werden – bei gleichzeitiger Erhöhung der Flexibilität und Verfügbarkeit.

(d) *Avoidance of unnecessary load*: Die Serversysteme bei IT Operations werden schrittweise automatisiert, wodurch eine Abschaltung von gerade nicht benötigten Systemen ermöglicht wird. So kann in Kombination mit der zuvor beschriebenen Virtualisierung durch den gezielten Shut-down von Servern mit nicht benötigten Kapazitäten die bereitgestellte Rechenkapazität dynamisch angepasst und der Stromverbrauch gesenkt werden.

Weitere Optimierungen wurden im Softwarebereich umgesetzt, beispielsweise durch Defragmentierung von Speichersystemen und intelligente Programmierung von Applikationen, welche auf eine bessere Ressourceneffizienz abzielt und somit weniger Rechenkapazität benötigt.

(e) *Energy Measurement*: Zur Identifikation von Einsparpotenzialen und zur Überprüfung der Effizienz der implementierten Green-IT-Maßnahmen werden in den Rechenzentren verschiedene Kennzahlen getrackt (vgl. Tab. 4.2).

Die im Bereich Data Center umgesetzten und bis 2012 geplanten Maßnahmen, die zu einer Effizienzsteigerung von 20 % gegenüber dem Referenzjahr 2009 führen sollen, sind in Abb. 4.7 zusammenfassend dargestellt.

Büroumgebung. In der Büroumgebung wird die Green-IT-Initiative von Bayer Business Services als „Sustainable Office Output" bezeichnet. Bei den Client-Systemen setzt IT Operations vor allem auf standardisierte Systeme in Form von Laptops. Diese weisen gegenüber Thin Clients den Vorteil auf, dass die Mitarbeiter von Bayer unabhängig von ihrem Standort und auch offline mit ihnen arbeiten können. Laptops weisen bereits eine gute Energieeffizienz auf. Der Laptop-Anteil liegt bei den Client-Systemen von Bayer inzwischen bei über 60 %. Dies entspricht dem generellen Trend hin zu mobilen Endgeräten und einem standortunabhängigen Zugriff auf die benötigten Informationen.

Eine weitere Maßnahme in der Büroumgebung ist das Projekt „Green Screen Saver", die neuartige Konfiguration der Stromsparfunktion des Bildschirmschoners bei den Arbeitsplatzsystemen der Bayer-Mitarbeiter. Anstelle des Bayer-3D-Bildschirmschoners

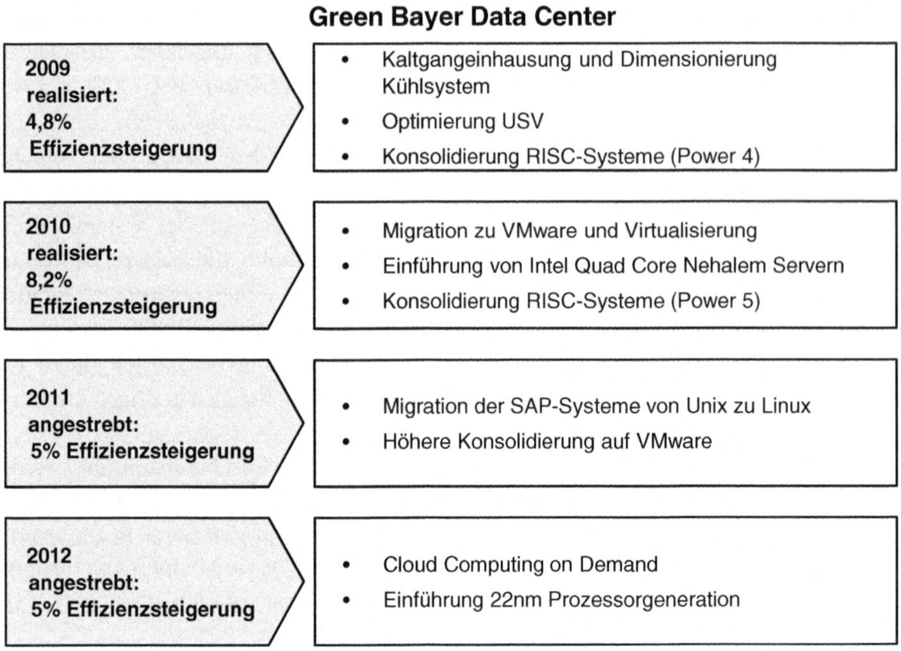

Green Bayer Data Center

| 2009 realisiert: 4,8% Effizienzsteigerung | • Kaltgangeinhausung und Dimensionierung Kühlsystem
• Optimierung USV
• Konsolidierung RISC-Systeme (Power 4) |

| 2010 realisiert: 8,2% Effizienzsteigerung | • Migration zu VMware und Virtualisierung
• Einführung von Intel Quad Core Nehalem Servern
• Konsolidierung RISC-Systeme (Power 5) |

| 2011 angestrebt: 5% Effizienzsteigerung | • Migration der SAP-Systeme von Unix zu Linux
• Höhere Konsolidierung auf VMware |

| 2012 angestrebt: 5% Effizienzsteigerung | • Cloud Computing on Demand
• Einführung 22nm Prozessorgeneration |

Abb. 4.7 Implementierte und geplante Green-IT-Maßnahmen BDC

wird nach zehnminütiger Benutzerinaktivität ein einminütiges Bayer-Video abgespielt, welches eine Nachricht zur Steigerung des Bewusstseins für Green-IT-Maßnahmen beinhaltet, bevor der Monitor automatisch in den Stand-by-Modus geschaltet wird. Durch das Ausschalten des Monitors und die verringerte Aktivität von CPU und Graphikchip kann bei Laptops der Stromverbrauch bei benutzungsfreien Phasen (z. B. während der Mittagspause oder bei Besprechungen) um 42 Watt gesenkt werden, bei den Desktop-PCs sind es sogar 53 Watt. Diese Maßnahme wurde bereits bei über 80 % der insgesamt ca. 100.000 Client-Systeme der Bayer AG umgesetzt. Auf Basis von typischen Nutzungsszenarien wurde das Stromeinsparpotenzial dieser Maßnahme berechnet: Ca. 2,7 Millionen kWh lassen sich demnach pro Jahr durch den „Green Screen Saver" bei Bayer einsparen.

Für das Projekt „Green Screen Saver" wurde ein Projektvorschlag in Kooperation mit der Fachabteilung erstellt und dieser dann dem obersten IT-Gremium, in dem alle Teilkonzerne und Servicegesellschaften von Bayer vertreten sind, präsentiert. Dabei konnte klargestellt werden, dass das Projekt zwar keinerlei Einsparungen für IT Operations mit sich bringen würde, aber bei Betrachtung aus der Perspektive des Bayer-Konzerns sowohl rentabel ist als auch einen positiven Beitrag für den Umweltschutz leisten kann.

Anstelle des Ausschaltens des Monitors können Client-Systeme bei Inaktivität natürlich auch in den Standy-by-Modus versetzt werden, wodurch sich der Stromverbrauch nochmals drastisch verringern lässt.

Im Bereich „Print" zielt das „Sustainable Office Output"-Programm auf eine 10%ige Reduktion des Druckvolumens im Bürobereich des Bayer-Konzerns ab. Dazu wurde parallel ein Monitoringsystem für den Bereich Netzwerkdruck implementiert, welches das Druckverhalten aufzeichnet und analysiert und somit Nutzungsprofile für die benötigte Dimensionierung der Netzwerk-Multifunktionsdrucker (MFP) ermöglicht. Dadurch konnte allein am Standort Leverkusen der Betrieb von 3.500 Druckern optimiert werden. In Abhängigkeit von den Vertragslaufzeiten der Geräte werden die Arbeitsplatzdrucker durch MFPs ersetzt, was bereits bei knapp 70 % der Geräte geschehen ist. Zudem werden die Anwender über die ökologischen Konsequenzen des Papierverbrauchs informiert. Darüber hinaus werden die Standardeinstellungen der Druckoptionen konzernweit auf beidseitigen Schwarz-Weiß-Druck (Duplex S/W) eingestellt, um den Ressourcenverbrauch zu vermindern.

Die Green-IT-Maßnahmen im Bereich der Office-Optimierung werden global in standardisierter Form implementiert. Durch die beschriebenen Maßnahmen sollen im Zeitraum von 2009–2012 eine Verringerung des Drucker-Ressourcenverbrauchs von 10 % sowie eine deutliche Reduktion des Stromverbrauchs, die einer Absenkung der Emissionen von 1.000 t CO_2 pro Jahr entspricht, erreicht werden.

4.3.4 Vertrieb und Kommunikation

IT Operations hat erkannt, dass Kommunikation eine Schlüsselfunktion für den Erfolg von Green IT einnimmt. Die Kommunikation zwischen der internen IT-Organisation IT Operations und ihren Kunden, also den unterschiedlichen Abteilungen und Fachbereichen des Bayer-Konzerns, wird für die Umsetzung des Nachhaltigkeitsmanagements bei Bayer als äußerst wichtig erachtet. Das Management verlangt eine klare Darstellung der Implementierungs- und Folgekosten von IT-Projekten und Transparenz bezüglich der Rentabilität. Dies ist besonders im Bereich Green IT eine Herausforderung, da zwar die benötigten Investitionen quantifizierbar sind, der Return hingegen oftmals eher weichen, qualitativen Faktoren entspricht. Deshalb ist die Verdeutlichung des Beitrags zur Erreichung der Nachhaltigkeitsziele des Konzerns besonders wichtig. Dies ist ebenso ein wichtiger Punkt für die Realisierung von Nachhaltigkeitsmaßnahmen, bei denen für die IT-Abteilung kein Business Case besteht, obwohl sich die Implementierung für den Gesamtkonzern sowohl finanziell als auch in Bezug auf Umweltaspekte lohnt (vgl. beispielsweise. „Green Screen Saver"). Darüber hinaus gibt es verschiedene Diskussionsgremien und auch Treffen zwischen dem internen Nachhaltigkeitsmanagement und den Mitarbeitern im Rahmen von sogenannten „Town Hall Meetings".

Insbesondere für die Initiative „Green Data Center" spielt die Kommunikation eine wichtige Rolle, da die vielen Aktivitäten im Data Center für die meisten Mitarbeiter unsichtbar erfolgen. Hier geht es darum, die Mitarbeiter über die Maßnahmen und das Engagement in diesem Bereich zu informieren und gleichzeitig eine Motivation für einen verantwortungsvollen Umgang mit der IT in der Büroumgebung zu geben. Für das Programm „Sustainable Office Output" ist die Unterrichtung der Mitarbeiter essenziell, um Akzeptanz für die Maßnahmen zu schaffen und wichtige Aspekte im täglichen Gebrauch zu erklären. Zudem kann durch die Schaffung eines umweltbewussten Verhaltens der Mitarbeiter in Bezug auf die IT eine große zusätzliche Verbesserung der Umweltbilanz bei geringem Aufwand erzielt werden. Als Informationskanäle werden Mitteilungen durch Vorstände und Geschäftsleitung, Intranet-News sowie firmeninterne Printmedien genutzt. Das Feedback der Mitarbeiter ist dabei sehr positiv und konstruktiv und führt zu einer kontinuierlichen Verbesserung der Green-IT-Maßnahmen.

Darüber hinaus gibt es spezielle Mitarbeiterschulungen, um die Nachhaltigkeit bei Bayer zu steigern. Ein weiteres Beispiel ist die Green-IT-Mitteilung, die im Rahmen des „Green Screen Saver"-Projektes eingebaut wurde, um das Bewusstsein der Mitarbeiter auf die Umweltrelevanz bei der Benutzung von IT-Systemen zu lenken.

Das Reporting der Nachhaltigkeitskennzahlen der IT-Organisation gegenüber dem Konzernvorstand erfolgt seit 2009 durch die Integration von Green IT in das Reporting des Bayer-Klimaschutzprogramms. Das Reporting-System für den Bayer-Nachhaltigkeitsbericht wiederum ist IT-gestützt und wurde von Bayer Business Services entwickelt. Die Kennzahlen werden weltweit erhoben und durch das System zusammengeführt. Das Reporting der Bayer Group wurde von der Global Reporting Initiative mit A + zertifiziert.

Neben dem Reporting von Green IT an das Klimaschutzprogramm gibt es eine zweite Berichtslinie, welche den CIO des Konzerns über die die neuesten Ergebnisse in Kenntnis setzt.

Der Beitrag von Bayer Business Services wird im jährlich erscheinenden Nachhaltigkeitsbericht der Bayer AG aufgezeigt. Wie bereits in Abb. 4.4 dargestellt, leistet Bayer Business Services vor allem durch seine unterstützenden Aktivitäten einen wichtigen Beitrag für den Klimaschutz. Neben dem Programm „Bayer Green IT" mit seinen Bestandteilen „Green Data Center" und „Sustainable Office Output" gehört dazu auch die Initiative „Bayer Business Travel", welche eine deutliche Reduktion von klimaschädlichen Geschäftsreisen durch die Nutzung von innovativen IT-Telepräsenz-Videokonferenzsystemen für virtuelle Meetings erreichen soll. Die Geschäftswagenflotte wird ebenfalls von Bayer Business Services verwaltet und das Programm „Eco Fleet" soll eine 20%ige Senkung der CO_2-Emissionen der Geschäftswagen des Bayer-Konzerns ermöglichen.

In der folgenden tabellarischen Übersicht ist eine Zusammenfassung der Nachhaltigkeitsmaßnahmen von Bayer Business Services dargestellt (Tab. 4.3):

4.4 Erkenntnisse

Der Bayer-Konzern ist aufgrund seines Produktportfolios einem hohen öffentlichen Interesse ausgesetzt und setzt sich sehr intensiv mit dem Thema Nachhaltigkeit auseinander. Zahlreiche Maßnahmen wurden zu diesem Zweck eingeleitet und umgesetzt. Nachhaltigkeit ist demnach bei der Bayer AG kein Hype, sondern eine Konzernphilosophie,

Tab. 4.3 Green-IT-Maßnahmen bei Bayer Business Services

Bereich	Programm	Jahr	Ergebnis	Maßnahme
Rechenzentrum	Green Bayer Data Center (Ziel: Erhöhung der elektrischen Effizienz um 20 % von 2009–2012 [entspricht Einsparungen von 1.400 t CO_2/a])	2009	Erhöhung der RZ-Energie-effizienz um 4,8 %; Einsparung 1,7 GWh/a	– Kaltgangeinhausung – Optimierung Kühlsystem (Ammoniak, Dimensionierung, Kaltwasserversorgung) – Optimierung der USV im RZ Pittsburgh – Luftstromoptimierung (Rack Design & Air Flow Management) – Virtualisierung von 300 Servern (x86)
		2010	Erhöhung der RZ-Energie-effizienz um 8,2 %	– Kaltgangeinhausung (weitere Räume) – Konsolidierung RISC-Server (Power 4/5) – Einführung Intel-Nehalem-EP/EX-Plattform – Virtualisierung (VMware vSphere high density) – Virtualisierung von 600 Servern (x86) – SAP-Migration von Unix (RISC) zu Linux (x86)
Büro-umgebung	Sustainable Office Output (Ziel: 10 % Ressourcenreduktion im Printbereich, Reduktion Stromverbrauch Client-Systeme von 2009–2012 [1.000 t CO_2/a])	2009	Reduktion des Stromverbrauchs um 2,7 GWh/a	– Energiesparende Bildschirmschonereinstellungen (Green Screen Saver) – Druckereinstellungen (Netzwerk-MFPs, Duplex, S/W) – Schaffung von Bewusstsein bei den Mitarbeitern (webbasiertes Sustainability Training Concept) – Nachhaltige Papierbeschaffung (FSC-zertifiziert) bei der Bayer Business Services
		2010	n.a.	– Windows 7 Power Management (Stand-by bei Inaktivität des Benutzers) – Monitoring Netzwerk-MFPs – Einführung einer ganzheitlichen Lebenszyklusanalyse für die Beschaffung von Hardware und Verbrauchsmaterialen

Bereich	Programm	Jahr	Ergebnis	Maßnahme
Netzwerk und Kommunikation	Bayer Business Travel und Bayer Green IT	2009	Nutzungsdauer der Systeme über 3.000 h	– Substitution von Geschäftsreisen durch Video-Telepräsenz-Systeme (Entwicklung Business Travel Telepresence)
		2010		– Stromspar-Potenzialanalyse Netzwerk – Ermittlung Energy Footprint Telefonie – Effizienzvergleich Telefonie vs. VoIP – Pilotierung und Rollout von Business Travel Telepresence

die bereits seit mehreren Jahren zielstrebig verfolgt wird. Das Nachhaltigkeitsmanagement ist hierbei in der Organisationsstruktur von Bayer fest verankert. Eine zentrale Rolle spielen die Transparenz und Interaktion mit unterschiedlichen Stakeholdern. Der Konzern veröffentlicht seine Fortschritte im Bereich Nachhaltigkeit regelmäßig in einem umfangreichen Nachhaltigkeitsbericht. Sämtliche Teilkonzerne und Servicegesellschaften tragen ihren Teil zur Erreichung der Nachhaltigkeitsziele des Konzerns bei, so auch Bayer Business Services.

Bayer Business Services engagiert sich und unterstützt aktiv verschiedene Nachhaltigkeitsinitiativen des Konzerns. Die Bemühungen der IT Operations im Bereich Green IT weisen in diesem Zusammenhang folgende Besonderheiten auf:

- **Auszeichnung.** Die Bemühungen von Bayer Business Services im Bereich Green IT haben dazu geführt, dass die IT-Organisation durch das Uptime Institute als „Global 100 Green IT Company" ausgezeichnet wurde.
- **Ausrichtung an der Konzern-Nachhaltigkeitsstrategie.** Bayer Business Services initiiert Nachhaltigkeitsprogramme in den Bereichen Rechenzentrum (Green Bayer Data Center) und Büroumgebung (Sustainable Office Output) und entwickelt IT-basierte Lösungen, um weitere Nachhaltigkeitsinitiativen zu unterstützen (Energiemanagementsystem STRUCTese® für den Bayer Climate Check; Telepräsenzsysteme für die Initiative Bayer Business Travel). Der Green-IT-Beauftragte treibt die Nachhaltigkeitsinitiativen bei Bayer Business Services voran und wird dabei durch die Geschäftsleitung und den Konzern unterstützt. Es findet eine enge Abstimmung mit dem Nachhaltigkeitsmanagement der Konzernleitung und mit den Fachbereichsleitern der anderen Teilkonzerne und Servicegesellschaften statt. Durch die gute Vernetzung tragen die implementierten Maßnahmen zur Erreichung der anvisierten Ziele bei und es werden neue Impulse für Innovationen zur Steigerung der Nachhaltigkeit gegeben.
- **Hohe Transparenz der Aktivitäten.** Die Umsetzung der Green-IT-Maßnahmen wird sowohl internen als auch externen Stakeholdern kommuniziert. Dadurch wird die Akzeptanz für die Durchsetzung der Green-IT-Initiativen gefördert und es wird ein Bewusstsein für die mit IT verbundenen Umweltaspekte geschaffen. Dieses Bewusstsein beeinflusst nachhaltig das Verhalten der Anwender und führt zu einem verantwortungsvolleren Umgang mit wertvollen Ressourcen.

Die klare Darstellung von Kosten und Nutzen für den Gesamtkonzern und die Unterstützung durch die Konzernführung spielen bei Bayer Business Services eine wichtige Rolle, um Green-IT-Projekten das notwendige Gewicht zu verleihen und trotz Kosten- und Wettbewerbsdrucks eine Implementierung zu ermöglichen. Auch in Zukunft wird Bayer Business Services Maßnahmen im Bereich Green IT und vor allem Nachhaltigkeit vorantreiben. Das hohe Engagement und die Erkenntnis, dass die IT einen Beitrag zur Nachhaltigkeitsausrichtung des Konzerns leisten kann, bezeugen die Intention, ein langfristiges nachhaltiges IT-Management im Unternehmen zu verankern.

Koray Erek, Nils-Holger Schmidt und Thomas Glau

5.1 Unternehmen

Das IT-Dienstleistungszentrum (ITDZ) Berlin ist eine Anstalt des öffentlichen Rechts (AöR) und der zentrale IT-Dienstleister für die Berliner Verwaltung. Es unterstützt die öffentlichen Institutionen des Landes Berlin mit moderner Informations- und Kommunikationstechnik (IKT) und stellt hierfür umfassende IT-Dienstleistungen bereit (Tab. 5.1).

Herausforderungen im Wettbewerb. Das ITDZ Berlin finanziert sich aus seiner eigenen Leistungserbringung. Zu den zentralen Kunden zählen die Senatsverwaltungen, die Bezirksämter und die nachgeordneten (öffentlichen) Einrichtungen und Institutionen des Landes Berlin (vgl. Abb. 5.1). Zusätzlich bedient das ITDZ Berlin in geringem Umfang Kunden aus anderen Bundesländern sowie die Behörden des Bundes. Darüber hinaus bestehen Partnerschaften mit der Wirtschaft und Wissenschaft. Unternehmen der freien Wirtschaft werden lediglich in Ausnahmefällen bedient.

Eine Abgrenzung gegenüber der Privatwirtschaft erfolgt durch das Alleinstellungsmerkmal als Anstalt des öffentlichen Rechts, wodurch das ITDZ Berlin laut Gründungsgesetz ohne Ausschreibung von den Einrichtungen des Landes Berlin beauftragt werden kann.

Die Herausforderungen für das ITDZ Berlin resultieren aus den knapper werdenden öffentlichen Finanzierungsmitteln des Landes Berlin sowie den Vorgaben der Politik zur kosteneffizienten Leistungserstellung. Dabei steht das öffentliche Unternehmen in seiner Leistungserbringung sowohl in Konkurrenz zur Privatwirtschaft als auch gegenüber jenen Kunden aus der Verwaltung, die ihre IT-Leistungen noch selbst erbringen.

Rolle der Nachhaltigkeit. Das Thema Umweltschutz – insbesondere Green IT – nimmt beim ITDZ Berlin eine strategisch wichtige Rolle ein. Diesem Umstand trug auch der Berliner Senat mit seiner erklärten Klimaschutzstrategie Rechnung. So beschloss das Abgeordnetenhaus des Landes Berlin im Jahr 2009, dass zukünftig die Beschaffung von

R. Zarnekow und L. Kolbe, *Green IT*, DOI: 10.1007/978-3-642-36152-4_5,
© Springer-Verlag Berlin Heidelberg 2013

Tab. 5.1 Kurzportrait des ITDZ Berlin

IT-Dienstleistungszentrum Berlin	
Rechtsform	Anstalt des öffentlichen Rechts (AöR)
Historie	1969: Gründung des Landesamtes für Elektronische Datenverarbeitung (LED)
	1991: Zusammenschluss des LED mit dem Magistratsrechenzentrum zum Landesamt für Informationstechnik (LIT)
	1994: Landesamt erarbeitet Telekommunikationskonzept zur ISDN-Vernetzung des Landes Berlin
	1995: Landesamt nimmt Hochsicherheitsrechen- zentrum in Betrieb; Rechenzentren der Berliner Verwaltung werden hier zentralisiert
	1998: Umwandlung in den Landesbetrieb für Informationstechnik (LIT)
	2005: Überführung in die Anstalt des öffentlichen Rechts ITDZ Berlin
Firmensitz	Berlin
Branche	IKT-Dienstleistungen für die kommunale öffentliche Verwaltung (Informations- und Kommunikationstechnik – IKT)
Produkte und Dienstleistungen	IKT-Dienstleistungen für die öffentliche Verwaltung
Firmenstruktur	Der Vorstand und der Verwaltungsrat bilden die Organe des ITDZ Berlin. Der Vorsitzende des Verwaltungsrates ist der Vertreter der für Grundsatzangelegenheiten der IT zuständigen Senatsverwaltung. Er wird durch das von der Senatsverwaltung für Finanzen benannte Mitglied vertreten. Der Vorstand ist der gesetzliche Vertreter und führt die Geschäfte.
Umsatz (2009)	101,28 Mio. Euro
Investitionen (2009)	17,6 Mio. Euro (17 % vom Umsatz)
Mitarbeiter (2009)	463 (davon 34 Beamte)
Anzahl betreuter Telekommunikations-anlagen	276
Anzahl Rechenzentren	1 (Fläche 1.143 m^2): Betrieb eines Hochsicherheitsrechenzentrums mit 643 Servern (inkl. Großrechner)
Anzahl PC-Arbeitsplätze in der Berliner Verwaltung	70.000
Anzahl gedruckter Papierseiten (2009)	57 Mio.

IT-Dienstleistungszentrum Berlin	
Gesamtenergieverbrauch (2008)	ca. 7.500 MWh, davon:
	• 21 % Fernwärme = 1.575 MWh
	• 79 % elektr. Strom = 5.925 MWh (davon 76 % RZ)
CO_2-Emissionen durch Stromverbrauch	3.550 t
Website	www.itdz-berlin.de

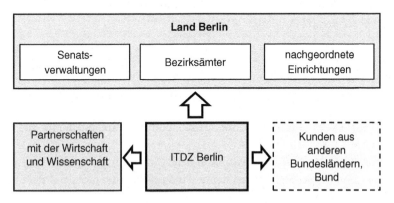

Abb. 5.1 Kundenstruktur des ITDZ Berlin

IT-Hardware unter dem Gesichtspunkt der Energieeffizienz und Umweltverträglichkeit (Green IT) zu erfolgen hat und dieses bereits in den Ausschreibungen zu berücksichtigen ist. Weiterhin soll der Betrieb der Server und IT-Arbeitsplätze ebenfalls ressourcenschonend erfolgen. Zudem ist der Energieverbrauch pro Arbeitsplatz von jeder Behörde offenzulegen (Plenarprotokoll 16/56 vom 10. Dez. 2009, 5421). Darüber hinaus wurde den Verwaltungen und den Unternehmen des Landes Berlin im Jahr 2009 empfohlen, eine quantifizierte Klimaschutzvereinbarung zu unterzeichnen. Die Landesdienstleister – so auch das ITDZ Berlin – wurden somit aufgefordert, einen Beitrag zur erklärten Klimaschutzstrategie des Landes Berlin zu leisten. Insofern besteht für das ITDZ Berlin auch ein öffentlicher Druck, sich des Themas Umweltschutz und damit Green IT anzunehmen.

5.2 Ausgangssituation

Die IT-Organisation. Als Landesdienstleister unterstützt das ITDZ Berlin die öffentliche Verwaltung des Landes Berlin mit IKT-Lösungen. Zu den zentralen Kompetenzen zählen die Sprach- und Datenkommunikation. Neben dem Berliner Landesnetz (Hochgeschwindigkeitsdatennetz) stellt das ITDZ Berlin das Druckzentrum sowie

Dienstleistungen für die Beschaffung, Beratung und Projektierung von IT- und Telekommunikationsdiensten zur Verfügung. Den Kern der IT-Infrastruktur stellen ein eigenes Landesnetz sowie ein leistungsstarkes Rechenzentrum (Hochsicherheitsrechenzentrum) dar, welches das ITDZ Berlin selbst betreibt. Der Berliner Verwaltung wird hiermit eine zentralisierte Serverlösung angeboten, die den oft redundanten Betrieb von Servern in den einzelnen Behörden verringert und gleichzeitig den kostenintensiven Ausbau weiterer Serverkapazitäten sowie deren Pflege und Wartung in den einzelnen Behörden vermeidet. Das Produkt- und Leistungsportfolio ist speziell auf die Anforderungen einer öffentlichen Verwaltung zugeschnitten und umfasst Lösungen aus folgenden Bereichen (ITDZ Berlin 2011):

- eGovernment-Suite: Dokumentenmanagement-/Vorgangsbearbeitungssystem, Outputmanagement, Massendigitalisierung, Formularmanagementsystem, eAkte, eArchivierung, Virtuelle Poststelle, eBPF, digitale Signatur etc.
- Application Service Providing (ASP).
- IT-Selling: ITDZ Berlin Onlineshop (Hard- und Softwarebestellung), elektronisches Bestellsystem für IT-Hardware.
- IT-Secure und Portaldienste: zentrale E-Mail-Sicherheit, Systemanalyse, Authentifizierungs- und Verschlüsselungssysteme, Firewall-Dienste, mobiler Inter- und Intranetzugang, eTeamwork etc.
- Basis- und Auskunftsdienste: Bereitstellung von grundlegendem IKT-Equipment (unter anderem TK-Anlagen, Intranet-/Internetzugang), Berlin DSL, Netzdienstleistungen, Berlin – Service Center (Pilotregion zur bundesweiten Behördennummer 115) Mobile Dienste.
- IT-Infrastrukturservice: PC-Arbeitsplatz (mobil und stationär) mit einheitlichen Systemversionen, Open-Source-Lösung, nach Green-IT-Richtlinien, Thin Clients.
- Zentrale IT-und Druckdienste: Private Cloud für regionale Verwaltung, Datenhandling, Druck, Weiterverarbeitung und Versand, Datensicherung, SAN und professionelle Druckdienste.
- IT-Consulting: Planung, Projektmanagement und Fachberatung.

Dienstleistungen wie die Arbeitsplatzausstattung und die Beschaffung von IT-Komponenten (Hard- und Software) aus Rahmenverträgen komplettieren das Angebot.

Der Vorstand und der Verwaltungsrat bilden gemeinsam die Organe des ITDZ Berlin. Der Verwaltungsrat übt eine Kontroll- sowie Lenkungsfunktion aus und besteht aus fünf Mitgliedern. Davon bestellt der Berliner Senat einen Vertreter der für die Grundsatzangelegenheiten der IT zuständigen Senatsverwaltung, einen Vertreter der Senatsverwaltung für Finanzen sowie einen Vertreter der für Wirtschaft zuständigen Senatsverwaltung. Der Rat der Bürgermeister bestimmt die weiteren zwei Mitglieder. Der Vorsitzende des Verwaltungsrates ist der Vertreter der für Grundsatzangelegenheiten der IT zuständigen Senatsverwaltung. Er wird durch das von der Senatsverwaltung für Finanzen benannte Mitglied vertreten (ITDZ Berlin 2010a). Der Vorstand ist der

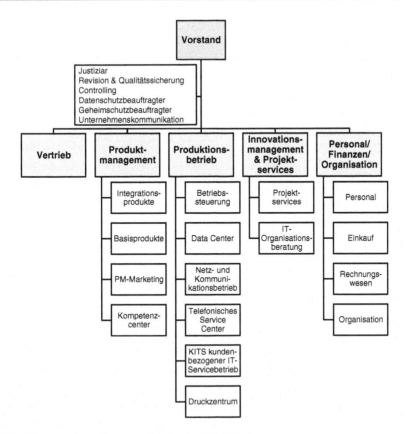

Abb. 5.2 Schematische Aufbauorganisation des ITDZ Berlin

gesetzliche Vertreter und führt die Geschäfte. Er wird für fünf Jahre bestellt. Abbildung 5.2 zeigt die Organisationsstruktur des ITDZ Berlin:

Die strategische Ausrichtung des Unternehmens orientiert sich am Projekt „ServiceStadt Berlin", einer Initiative des Berliner Senats zur umfassenden Verwaltungsmodernisierung. Oberste Priorität stellt laut Aussage des ITDZ Berlin die Funktionalität dar. Ein störungsfreier (reibungsloser) Betrieb und höchste Datensicherheit bei gleichzeitiger Kosteneffizienz zählen zu den Eckpfeilern seines unternehmerischen Wirtschaftens.

Handlungsdruck. Das ITDZ Berlin hat bereits frühzeitig – noch vor Bekanntgabe der öffentlichen Vorgaben – begonnen, das Thema Green IT im Unternehmen umzusetzen. Neben der gesellschaftlichen Verpflichtung waren es nicht zuletzt auch die betriebswirtschaftlichen Motive (Kosteneinsparung), die zur Ökologieorientierung im Unternehmen geführt haben: Der Gesamtenergieverbrauch (Strom- und Wärmeenergie) des ITDZ Berlin betrug im Jahr 2008 rund 7.690 MWh, wobei sich der Stromanteil auf 79 % belief (KSV 2009). Davon entfielen wiederum 76 % auf das Rechenzentrum (Betrieb und Kühlung der Server). Internen Prognosen zufolge wird die Zahl der Server, die das

ITDZ Berlin im Rechenzentrum betreibt, von 531 Servern im Jahr 2008 auf ca. 1.430 Server im Jahr 2015 ansteigen, sodass bereits frühzeitig damit begonnen wurde, durch Effizienzmaßnahmen den Stromverbrauch und damit auch die Kosten zu senken.

Das ITDZ Berlin ist sich weiterhin bewusst, dass sich das Unternehmen der Green-IT-Thematik annehmen muss, um im Markt wettbewerbsorientiert und kompetent agieren zu können. Immer mehr Kunden werden auf das Thema aufmerksam und fordern entsprechendes Handeln. Der Auf- und Ausbau von Kompetenzen sowie das nachhaltige Engagement in diesem Themenbereich scheinen daher zwingend erforderlich zu sein. Trotzdem ist beim ITDZ Berlin ebenfalls eine intrinsische Motivation zur Durchführung von Green-IT-Maßnahmen erkennbar, die auf den Grundgedanken der nachhaltigen Entwicklung – das Prinzip der Generationengerechtigkeit – zurückzuführen ist. Nicht nur Kostenfaktoren und jähes Interesse an stromsparenden Lösungen, sondern auch Effekte wie Imagebildung und nachhaltiges Engagement innerhalb und außerhalb des Unternehmens sollen hierbei ein Bewusstsein schaffen.

Trotz der bereits proaktiven Herangehensweise des ITDZ Berlin entsteht ein zunehmender öffentlicher Druck zur Intensivierung der Green-IT-Initiativen (vgl. Abb. 5.3).

Anders als in privatwirtschaftlichen Unternehmen bestimmt das Land Berlin als Eigentümer des ITDZ Berlin mitunter die Richtung und in welcher Form man sich dem Sujet nähert. Die Forderung zur nachhaltigen Senkung des Energieverbrauchs der öffentlichen Hand im IT-Bereich resultiert unter anderem aus der Umwelt- und Energiepolitik des Senats von Berlin. Einen wesentlichen Schwerpunkt stellt hierbei die Klimaschutzstrategie des Landes dar. Mit der im Juli 2008 beschlossenen Klimaschutzstrategie strebt der Berliner Senat eine Reduzierung der CO_2-Emissionen um mehr als 40 % bis zum Jahr 2020 an. Gerade öffentliche Institutionen – somit auch IT-Dienstleister der öffentlichen Hand – rücken daher im Zusammenhang mit Themen wie

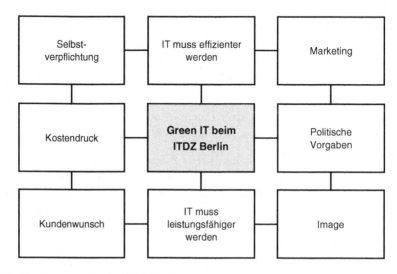

Abb. 5.3 Handlungsmotive des ITDZ Berlin

dem reduzierten Energieverbrauch und verminderten CO_2-Ausstoß der IT-Infrastruktur in den Fokus. Das ITDZ Berlin steht deshalb nicht nur in der aktuellen Debatte um Green IT vor einer besonderen Herausforderung: Es muss mit den Steuergeldern und den von ihm verwalteten IT-Infrastrukturen haushalten und neben den Umweltressourcen gleichzeitig auch die öffentlichen Mittel schonen (ITDZ Berlin 2009a).

Das ITDZ Berlin trägt durch den Abschluss einer Klimaschutzvereinbarung (KSV) dazu bei, die ehrgeizigen Klimaschutzziele des Landes Berlin zu verwirklichen. Es wird dabei vom Land Berlin bei der Zielerreichung unterstützt. Ein zentraler Punkt der KSV ist die Verpflichtung des ITDZ Berlin zur jährlichen Stromeinsparung in Höhe von 2.070 MWh im Zeitraum von 2010–2015. Dies entspricht 27 % des Energieverbrauchs gegenüber dem Referenzjahr 2008. Im Referenzjahr 2008 betrugen die CO_2-Emissionen für den Stromverbrauch des ITDZ Berlin 3.550 Tonnen (entsprechend 584 g CO_2/kWh Strom; Energiebilanz Land Berlin 2006). Bezogen auf den Betrachtungszeitraum 2010–2015 ergibt sich dadurch eine Gesamteinsparung von 12.420 MWh. Dabei liegt ein besonderes Augenmerk auf der Entkoppelung des Stromverbrauchs vom wirtschaftlichen Wachstum. Demzufolge soll der Energieverbrauch reduziert werden, während die Leistungsfähigkeit der IT weiterhin steigen soll.

Zur Realisierung dieses Gesamtziels werden in den nachfolgenden Abschnitten die Green-IT-Ansätze des ITDZ Berlin vorgestellt.

5.3 Umsetzung

Das ITDZ Berlin hat bereits frühzeitig das Thema Green IT auf die eigene Agenda gesetzt und richtet das Unternehmen konsequent an dieser Strategie aus. Energiesparende Maßnahmen, wie z. B. die Virtualisierung von Servern, erfolgten bereits lange (im Jahr 2006) bevor Green IT in den Unternehmen zum Thema wurde. Diese Handlungsweise bezeugt, dass der IT-Energieverbrauch bereits seit Längerem in die Geschäftsentscheidungen einbezogen wurde (ITDZ Berlin 2009b, 17). Das Klimaschutz-Engagement wurde jedoch vor dem Hintergrund der im vorigen Abschnitt aufgezeigten Herausforderungen – insbesondere auf der Grundlage der Klimaschutzvereinbarung – weiter verstärkt. Das oberste Ziel einer ökologischen Unternehmensführung muss laut ITDZ Berlin in der konsequenten Einsparung natürlicher Ressourcen liegen. Dementsprechend setzt das Unternehmen weiterhin auf die Reduzierung des Energieverbrauchs.

Gemeinsam mit Partnern aus Verwaltung, Wirtschaft und Wissenschaft wurde ein Projekt zur CO_2-Reduzierung aufgesetzt (ITDZ Berlin 2009b). Ziele des Projektes waren unter anderem die Senkung des Energieverbrauchs und damit die Reduzierung der CO_2-Bilanz für das ITDZ Berlin und die Verwaltung, der Einsatz von Ökostrom bzw. regenerativen Energiequellen sowie nachhaltigen Konzepten und Systemen, der bewusste Umgang der Mitarbeiter mit Verbrauchsmaterialien, die Verwendung von ökologischen Bauprodukten und die Installation energieeffizienter technischer Konzepte.

Für die unternehmensinterne Umsetzung von Green IT wurde eine bereichsübergreifende „Arbeitsgruppe Green IT" gegründet mit dem Ziel, sämtliche Green-IT-Ansätze im Unternehmen zu bündeln. Die AG analysiert und erarbeitet hierbei Vorschläge, Maßnahmen und Handlungsempfehlungen, die unter anderem zur Steigerung der Energieeffizienz und des Umweltbewusstseins führen sollen. Sie besteht aus insgesamt acht Mitgliedern mit einem verantwortlichen Leiter, wobei jedes AG-Mitglied einen Bereich der Organisation repräsentiert, der zur Optimierung von Umweltfreundlichkeit und Energieeffizienz im Unternehmen maßgeblich beitragen kann. Die Mitglieder setzen sich aus jeweils einem Vertreter aus den Bereichen Einkauf, Rechenzentrum, Büroumgebung, Facility Management, Produktmanagement, Organisation und Sicherheit zusammen. Diese Konstellation soll einen ganzheitlichen, umfassenden und bereichsübergreifenden Ansatz sicherstellen, der verschiedene Bereiche des Unternehmens in die Untersuchung einschließt. Zudem können Interdependenzen zwischen den verschiedenen Fachbereichen berücksichtigt werden. Eine regelmäßige Tagung ist nur halbjährlich vorgesehen.

Die AG Green IT ist als langfristiges Projekt angelegt und verfügt darüber hinaus über kein eigenes Budget. Sie nimmt lediglich eine Kompetenz- und Beratungsfunktion ein. Aufgabe der AG ist es, neue Angebote und Möglichkeiten hinsichtlich Green IT zu prüfen, die im Unternehmen durchgeführt werden könnten. Thomas Glau, bis Herbst 2010 Leiter der Arbeitsgruppe Green IT, führt hierzu aus: „Das Bewusstsein, dass auch IT seinen Anteil an der CO_2-Verschmutzung hat, ist mittlerweile gewachsen und die Angebote richten sich danach aus. Der Markt wird jetzt immer wieder neue Lösungen und Konzepte bringen. Deswegen ist auch die AG als solche langfristig angelegt. Sie soll die neuen Angebote und Möglichkeiten prüfen und in die einzelnen Unternehmensbereiche integrieren" (ITDZ Berlin 2009b).

Den Green-IT-Bemühungen des ITDZ Berlin wird hierbei folgende Definition zugrunde gelegt: „Green IT beschreibt die Aktivitäten, um die Nutzung von IT über deren Lebenszyklus (von der Produktion über die Verwendung bis zur Entsorgung) hinweg umwelt- und ressourcenschonend zu gestalten" (ITDZ Berlin 2009b). Es wird betont, dass das Green-IT-Konzept beim ITDZ Berlin über den Energieverbrauch der IT-Infrastruktur und das Angebot energieeffizienter Arbeitsplätze hinausgeht. Berücksichtigt werden auch Aspekte wie Reststoffverwertung, Mülltrennung und die Wärmedämmung im Gebäude. Dabei werden die alltäglichen Verhaltensweisen und Arbeitsmethoden im ITDZ Berlin hinsichtlich ihres CO_2-Ausstoßes geprüft und gegebenenfalls Korrekturvorschläge erarbeitet. Aus diesem Grund sind in die AG Green IT verschiedene Fachbereiche eingebunden.

Dennoch wird der Hauptfokus hier auf die Energieeffizienz im Betrieb und in der Produktion von IT-Systemen über den gesamten Lebenszyklus hinweg gesetzt. Soziale Aspekte, wie z. B. das Unterbinden von Zwangsarbeit entlang der Wertschöpfungskette, werden hier nicht unter dem Green-IT-Verständnis subsumiert. Allerdings sind diese Aspekte in den IT-Nachhaltigkeitsbemühungen der Organisation wiederzufinden (vgl. hierzu die Ausführungen im Beschaffungsbereich).

In den folgenden Abschnitten werden das Vorgehen der Green-IT-Umsetzung, die wesentlichen Handlungsfelder sowie konkrete Beispiele und Maßnahmen vorgestellt.

5.3.1 Governance

Die strategische Ausrichtung als ökologisch orientiertes Unternehmen und innovativer Dienstleister zeigte sich bereits bei der frühzeitig positiven Grundhaltung des ITDZ Berlin gegenüber dem Thema Green IT. Die Interviewpartner betonten, dass Green IT eine hohe „Management Attention" besitzt und damit zur „Chefsache" erklärt wurde. Zudem ist das ITDZ Berlin Solidarmitglied der internationalen Initiative „Climate Savers Computing" und beteiligt sich seit 2010 am Arbeitskreis der Energiebeauftragten der öffentlichen Betriebe.

Die AG-Mitglieder standen zunächst vor der Fragestellung, wie das Thema Green IT effizient angegangen werden kann und welche Bereiche in die Untersuchung einbezogen werden sollten. Zudem wurde der Mehrwert bzw. der Nutzen einer Green-IT-Ausrichtung für das ITDZ Berlin in den Mittelpunkt aller Bemühungen gestellt. Infolgedessen wurden Leitsätze erarbeitet, die die strategische Ausrichtung der Organisation in Bezug auf Green IT festlegen sollen: Demnach soll in erster Linie die eigene Geschäftssituation durch Nutzung des Green-IT-Potenzials verbessert und die Wahrnehmung der Green-IT-Aktivitäten bei den Kunden und der Öffentlichkeit gesteigert werden.

Auf Basis dieser Leitsätze wurden im nächsten Schritt Ziele für die operative Umsetzung im Unternehmen definiert, die eng mit der getroffenen KSV zusammenhängen. Folgende Green-IT-Ziele wurden in diesem Zusammenhang für das ITDZ Berlin festgehalten:

- Reduktion des Energieverbrauchs und Verringerung von Reststoffen und Abfall
- Verbesserung des Klimaschutzes durch Reduktion von schädlichem Kohlendioxid-Ausstoß
- Überdenken und erforderlichenfalls Korrigieren von Verhaltensweisen, Arbeitsmethoden und Produktionstechnik
- Überprüfen der ITDZ-Berlin-Handlungsfelder auf Potenziale und operative/strategische Umsetzungsvarianten
- Erstellung eines ITDZ-Berlin-spezifischen Green-IT-Konzepts
- Vermarktung der ITDZ-Berlin-Aktivitäten

Auf die Strategie- und Zieldefinition erfolgte die Identifikation von Handlungsfeldern und Maßnahmen, welche insbesondere über externe Berichte und Studien erfasst und auf das ITDZ Berlin transferiert wurden.

Bereits frühzeitig hat man begonnen, alle bis dato ergriffenen Maßnahmen zu sammeln und zu katalogisieren, die eine Steigerung der Energieeffizienz zum Ziel hatten und somit mit dem Thema Green IT verknüpft werden konnten. Auf Basis einer ersten Evaluierung wurde ein Maßnahmenkatalog zur Verbesserung der CO_2-Bilanz des ITDZ Berlin erarbeitet. Im Rahmen dessen konnten acht zentrale Handlungsfelder identifiziert werden, die gleichzeitig den Umsetzungsrahmen für die Green-IT-Aktivitäten bildeten. Ziel war es, die Handlungsfelder auf mögliche (Green-IT-) Potenziale für das Unternehmen hin zu überprüfen und die operativen sowie strategischen Umsetzungsvarianten zu bestimmen, um daraus gezielt Maßnahmen ableiten zu können. Diese Vorgehensweise ermöglichte es dem ITDZ Berlin einen initialen Zustand zu ermitteln, der als Grundlage für die weiteren Analysen und Untersuchungen genutzt werden konnte.

Die nachfolgende tabellarische Übersicht zeigt die Handlungsfelder und die in diesem Zusammenhang dokumentierten Potenziale und Maßnahmen für das ITDZ Berlin (Tab. 5.2).

Zusätzlich zu den genannten Handlungsfeldern wurde festgelegt, dass es einen Verantwortlichen für die konsequente konzeptionelle Umsetzung geben muss (Maßnahme 9.1). Weiterhin wurde eine quantifizierte operative/strategische Zielsetzung als erforderlich erkannt (Maßnahme 9.2) und die Entwicklung von Green-IT-Umweltleitlinien auf Basis der ISO-Normen (ISO 14001) angestrebt. Diese übergreifenden Maßnahmen sind keinem Handlungsfeld zugeordnet. Darüber hinaus hat sich das ITDZ Berlin zum Ziel gesetzt, über den Rahmenvertrag des Landes Berlin ab 2010 Ökostrom zu beziehen, der mit einem Emissionsfaktor von null bilanziert wird, sodass der Stromverbrauch des ITDZ Berlin theoretisch keine CO_2-Emissionen verursacht. Um die im Rahmen der KSV festgesetzte Gesamtenergieeinsparung in Höhe von 12.420 MWh zu erreichen, wurden zudem die Energieeinsparpotenziale quantifiziert (KSV 2009): Folglich sollen durch energieeffiziente Maßnahmen und Techniken im Rechenzentrum jährliche Einsparungen von ca. 1.400 MWh Strom generiert, durch die Umsetzung eines energieeffizienten Konzepts für das Druckzentrum 100 MWh/ Jahr erzielt, durch Beschaffung energieeffizienter IT-Geräte 10 MWh/Jahr und durch Wärmedämmmaßnahmen an den bestehenden Gebäuden und den Umbau des Hofgebäudes unter energieeffizienten Gesichtspunkten eine Einsparung bis zu 560 MWh pro Jahr erreicht werden.

Auf Basis der definierten Handlungsfelder sowie der Dokumentation und Zuordnung von Maßnahmen wurde im nächsten Schritt die strategische Umsetzungszuordnung der Green-IT-Potenziale des ITDZ Berlin vorgenommen. Dabei wurde jede Maßnahme in einer zweidimensionalen Übersicht hinsichtlich ihres Beitrags zur strategischen Green-IT-Ausrichtung des ITDZ Berlin sowie der Ressourcenintensität der umzusetzenden Maßnahme bewertet. Das Ergebnis veranschaulicht Abb. 5.4.

Diese Vorgehensweise erlaubte es den Mitgliedern der AG die Maßnahmen zu bestimmen, die mit nur geringem Aufwand kurzfristig positive Ergebnisse/Effekte auslösen (sogenannte Quick Wins) und daher unverzüglich im Unternehmen und am Markt zu realisieren sind. Wie aus der Abbildung ersichtlich ist, sind die in der Ellipse mit durchgezogenem Rahmen erfassten Maßnahmen mit einer niedrigen Ressourcenintensität

Tab. 5.2 Green-IT-Handlungsfelder und Maßnahmen für das ITDZ Berlin

Nr.	Handlungsfeld	Potenziale/Maßnahmen
1	Rechenzentrum	**1. RZ Server**
		1.1 Virtualisierung
		1.2 Konsolidierung
		1.3 Standardisierung
		1.4 Nutzung von Optionen zur Energieeinsparung
		1.5 Beschaffung energieeffizienter Hardware
2	Rechenzentrum	**2. RZ Storage**
		2.1 Virtualisierung
		2.2 Beschaffung (Bandsysteme werden ersetzt; in der Ausschreibung werden die Verbrauchswerte berücksichtigt)
		2.3 Konsolidierung
3	Netz	**3.1** Optimierung der Dimensionierung
		3.2 Optimierung der Netzwerkschränke
		3.3 Raum- und Schrankklimatisierung
		3.4 Optimierung des Einsatzes von USV
		3.5 Virtualisierung von Funktionen in einer HW-Komponente
4	Endgeräte	**4.1** Umweltschutzfördernde Kriterien bei Ausschreibung fordern
		4.2 Prozessorauswahl und 2,5-Zoll-Festplatte (leise, klein, stromsparend)
		4.3 Einsatz von Thin Clients
		4.4 Energiereduzierung durch lastabhängige Steuerung der Terminalserver
5	Druck	**5.1** Einsatz von Recyclingpapier
		5.2 Prüfung Zwei-Seiten-Druck
6	Facility Management	**6.1** Heizkostensenkung
		6.1.1 Energiesparende Geräte
		6.1.2 Mitarbeitermotivation
		6.2 Klimatisierung
		6.2.1 Nutzung natürlicher Klimatisierung für alle Gebäude durch Tag-/Nachtlüftung
		6.2.2 Erneuerung der überalterten Klimaanlagen im Bereich Druck- und Nachverarbeitung gegen moderne, energiesparende Anlagen
		6.3 Energieeffizienz durch Überprüfung alternativer Klimatisierung und Umstellung der Stromversorgung
7	Beschaffung	**7.1** Grundsätzlich Betrachtung der Lebenszykluskosten
		7.2 Markterkundungen vor Beschaffung
		7.3 Formulierung umweltorientierter Titel (Vermittlung der Politik, Transparenz)
		7.4 Zwingende Berücksichtigung von Umweltaspekten in der Beschaffung
		7.5 Ressourcensparende Beschaffungsprozesse

Nr.	Handlungsfeld	Potenziale/Maßnahmen
8	Kommunikation, Verwaltung und Organisation	**8.1** Berücksichtigung der Bedeutung des Themas Green IT bei Ausschreibungen
		8.2 Kommunikation in Richtung Kunden über bereits eingesetzte Green IT
		8.3 Werbung für Green IT zu Gunsten unserer Umwelt, auch wenn Kosten steigen
		8.4 Themenportal für gemessene, handfeste Ergebnisse einrichten
		8.5 Gegebenenfalls Beratungsforum etablieren

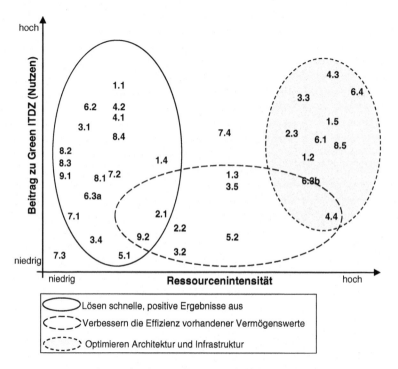

Abb. 5.4 Umsetzungszuordnung der Green-IT-Potenziale (ITDZ Berlin 2008)

verbunden. Diese Maßnahmen lösen demnach schnelle und positive Ergebnisse aus. Zu diesen Maßnahmen zählen die Virtualisierung von Servern und weiterer Komponenten im Rechenzentrum, die Optimierung des Einsatzes von unterbrechungsfreier Stromversorgungen (USV; Maßnahme 3.4) sowie die Forderung umweltschutzfördernder Kriterien bei der Ausschreibung (Maßnahme 4.1). Demgegenüber verbessern Maßnahmen innerhalb der gestrichelten Ellipse die Effizienz vorhandener Vermögenswerte, wohingegen die Maßnahmen im grau hinterlegten Bereich die Architektur und Infrastruktur optimieren. Diese als mittel- und langfristig angelegten Maßnahmen sollen im Rahmen eines für das ITDZ Berlin geltenden Green-IT-Konzepts ausgeschöpft werden. Nach Angaben des ITDZ Berlin werden die Konsolidierung aller geeigneten Server im Rechenzentrum und der weitgehende Ersatz von Arbeitsplatz-PCs durch Thin Clients etwas mehr Zeit in Anspruch nehmen (ITDZ Berlin 2009b). Jede Maßnahme wird zudem einer Wirtschaftlichkeitsprüfung unterzogen.

Für die Sicherstellung der Zielerreichung wurde im Jahr 2009 ein Energiecontrolling eingeführt, welches die ITDZ Berlin (im Rahmen der KLV) zu einem regelmäßigen Report ihrer Energieverbräuche befähigt. Verbräuche werden dabei mit speziellen Energiemanagementfunktionen (inklusive separater Strom- und Kältezähler) zentral ausgewertet und dokumentiert. Nach Aussage der Interviewpartner wird dazu auch der PUE herangezogen. Als langfristiges Projekt angelegt wird in Kooperation mit der Berliner Energieagentur die Erstellung einer CO_2-Bilanz für das ITDZ Berlin vorangetrieben. Veränderungen im Leistungsumfang, die Auswirkungen auf den Energieverbrauch haben, werden dabei berücksichtigt. Die Erfolge des ITDZ Berlin für den Klimaschutz werden gegenüber der Öffentlichkeit kommuniziert.

Ein unternehmensweites Performance-Measurement-System (PMS) existiert bislang nicht. Es werden nur lokale Ansätze, wie bereichsbezogene Scorecards, eingesetzt. Begründet wird das Fehlen eines solchen Systems durch das Fehlen aussagekräftiger Kenngrößen zum effektiven Vergleich von IT-Leistungen (z. B. IT-Hardware), auch über Unternehmensgrenzen hinweg. Weiterhin wird eine Kennzeichnung gefordert, welche die Geräte und Systeme mit entsprechenden Labels bestimmten Kategorien einheitlich zuordnet. Geplant ist die Ableitung passender Kennzahlen über die identifizierten Maßnahmen. Die Implementierung eines unternehmensweiten Reportings wird noch geprüft. Die Berücksichtigung von Green-IT-Kenngrößen wird dabei von den Interviewpartnern als wichtig erachtet.

Diese übergeordneten Ansätze sollen nun für die Bereiche Beschaffung, Produktion sowie Vertrieb und Kommunikation vertieft werden.

5.3.2 Beschaffung

Das ITDZ Berlin ist der IT-Beschaffungsdienstleister für das Land Berlin. Es werden nicht nur Bestellungen für den Eigenbedarf getätigt, sondern vor allem auch für die Kunden. Jährlich werden ca. 5.300 Beschaffungen durch das ITDZ Berlin durchgeführt (Stand 2008), wovon 55 % aus Rahmenverträgen stammen, die alle zwei bis vier Jahre aktualisiert werden. Das Einkaufsvolumen betrug im Jahr 2008 ca. 84 Mio. Euro und verteilte sich auf folgende Leistungen: Hardware (40 %), Software (15 %), Non-IT (15 %) und Dienstleistungen (30 %). Die Anzahl der Vertragspartner beläuft sich auf ca. 550. Den Kunden mit ihren insgesamt ca. 50.000 Büroarbeitsplätzen in den Berliner Verwaltungen werden Bürogeräte über einen Onlineshop zur Verfügung gestellt. Zum Leistungsangebot zählen PCs, Monitore, Notebooks, Drucker und kleine Multifunktionsgeräte. Die Beschaffung der Toner erfolgt ebenfalls über das

ITDZ Berlin, wenn der Drucker beim ITDZ Berlin gekauft wurde. Hierbei werden immer neue Patronen beschafft, ein Refill der Patronen wird nicht durchgeführt. Die Rücknahme der Patronen erfolgt durch das ITDZ Berlin. Seit April 2010 werden den Kunden auch große Etagenkopierer, die bislang über das Landesverwaltungsamt beschafft wurden, angeboten. Server werden ebenfalls verkauft, jedoch wird ausdrücklich darauf hingewiesen, dass es am effizientesten ist den Serverbetrieb im Rechenzentrum des ITDZ Berlin zu nutzen.

Die Detailprozesse des zentralen Einkaufs und hausübergreifende Arbeitsanweisungen sind in einer „Handakte Einkauf" festgelegt. Über Inhalte und Neuerungen werden die Mitarbeiter im Beschaffungswesen regelmäßig informiert. Vorgaben für Umwelt- und Nachhaltigkeitskriterien erstellt die AG Green IT. Der Bereich Einkauf integriert diese Vorgaben in seine Ausschreibungsunterlagen.

Die AG Green IT hat erkannt, dass eine Ausrichtung der Beschaffungsrichtlinien an Green IT durchaus wirkungsvoll sein kann, und in diesem Zusammenhang den Einkaufsprozess im Rahmen des Green-IT-Konzepts für das ITDZ Berlin auf mögliche CO_2-Einsparpotenziale und umweltschutzfördernde Kriterien hin überprüft. Folgende Green-IT-Potenziale wurden für die Beschaffung identifiziert:

- Grundsätzliche Betrachtung der Lebenszykluskosten
- Markterkundungen vor der Beschaffung
- Formulierung umweltorientierter Titel
- Zwingende Berücksichtigung von Umweltaspekten, wie z. B. Rohstoffnutzung, Produktionsmethoden, Energieeffizienz, Emissionen, Abfall, Recyclingfähigkeit und Chemikalien, als Zuschlagskriterium oder Vertragsklausel
- Ressourcensparende Beschaffungsprozesse

Das ITDZ Berlin orientiert sich bei der Beschaffung von IT-Komponenten an Umweltstandards, wie z. B. dem Blauen Engel und dem Energy Star. Die bereits entwickelten Leitlinien für die Ausschreibung energieeffizienter, umweltverträglicher und dennoch leistungsgerechter IT-Infrastrukturen, wie z. B. für den aktuell ausgeschriebenen „Green-PC", gehören zu den ersten Erfolgen der AG (ITDZ 2009b). Darüber hinaus existieren im Land Berlin „Ausführungsvorschriften für eine umweltfreundliche Beschaffung und Auftragsvergabe", die seit 2005 in Kraft sind und aktuell überarbeitet werden. Darin werden Beschaffungskriterien definiert, die die Bevorzugung von Produkten vorschreiben, welche die „Umwelt bei Herstellung, Gebrauch als auch der Entsorgung so wenig wie möglich belasten". Zertifizierungen (z. B. ISO 14001) dürfen allerdings nicht explizit gefordert werden, damit auch gleich leistungsfähige Anbieter ohne Zertifikat ausgewählt werden können.

Die Berücksichtigung von Green-IT-Kriterien im Einkaufsprozess ist in der folgenden Abb. 5.5 dargestellt.

Im April 2009 wurden Rahmenverträge ausgeschrieben, welche für das Land Berlin Energieeinsparungen von ca. 630 MWh – in erster Linie durch den Einkauf

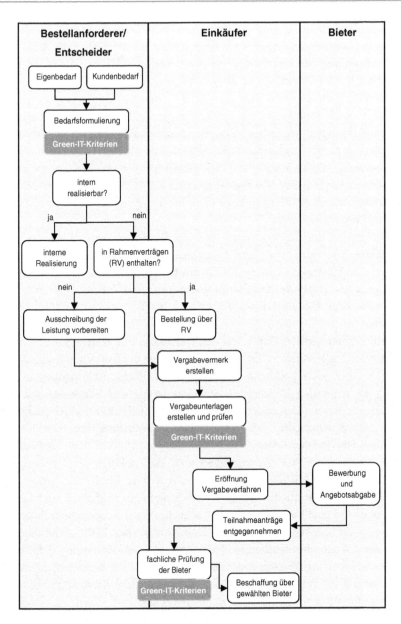

Abb. 5.5 Green-IT-Kriterien im Einkaufsprozess des ITDZ Berlin

umweltfreundlicher PCs, Monitore und Drucker – pro Jahr ermöglichen. Für die
Beschaffung von Hardware erstellt das ITDZ Berlin Anforderungskataloge, die eine
detaillierte Darstellung der notwendigen Kriterien für das betreffende Ausschrei-
bungsverfahren enthalten. Insbesondere werden darin Zusicherungen des Lieferanten
bezüglich des Nachweises der Umweltfreundlichkeit und der Möglichkeit von

Nachbestellung, Aufrüstung und Recycling gefordert. Garantieansprüche werden über den geplanten Lebenszyklus der Geräte, beim APC z. B. fünf Jahre, festgelegt. Eine fachgerechte Entsorgung defekter Geräte auf der Grundlage des Kreislaufwirtschafts- und Abfallgesetzes wird verlangt, wobei diese Forderung durch das ITDZ Berlin direkt an die Lieferanten weitergegeben wird. Es werden ausschließlich neue Geräte beschafft, ausgesonderte noch funktionsfähige Geräte werden an Berliner Schulen oder gemeinnützige Einrichtungen abgegeben. Die Hardwarerahmenverträge beinhalten grundsätzlich die Pflicht zur Rücknahme der Altgeräte durch den Lieferanten. Gemäß der Arbeitsanweisung „Entsorgung" des ITDZ Berlin ist aber der Weiterverwendung von ausgesonderten Geräten der Vorzug zu gewähren. Für erforderliche Verschrottungen von Altgeräten wurde ein Vertrag mit einem lokalen Anbieter mit sozialökologischem Entsorgungskonzept vergeben.

Zur Umsetzung der Leitsätze einer sozialökologischen Beschaffung hat das ITDZ Berlin konkrete Strategien formuliert. Zum einen wurde erkannt, dass eine systematische und langfristige Marktbeobachtung den Grundstein erfolgreicher Ausschreibungen legt. Demzufolge sind aktuelle technische Entwicklungen und Trends sowie nationale und internationale Zertifikate und deren Verbreitung im Rahmen des Einkaufsprozesses zu beobachten.

Weiterhin ist ein gezielter Dialog mit den Herstellern und dem regionalen Mittelstand sowie anderen Vergabestellen zu führen. Anforderungen der Kunden in Bezug auf Technik und Service, aber auch politische und haushaltsrechtliche Anforderungen, wie z. B. Förderung des regionalen Mittelstands, Standardisierung und Bündelung von Bedarfen, sind hierbei zu erfassen. Zum anderen hat sich das ITDZ Berlin zum Ziel gesetzt, umweltorientierte Ausschreibungstitel, wie beispielsweise „Beschaffung von 5.000 Green-PCs", „Beschaffung von Briefumschlägen aus Recyclingpapier" oder die „Beschaffung von 1.000 fair produzierten PCs" zu formulieren, da dies politisch sehr wirkungsvoll sein kann. Innerhalb der Leistungsbeschreibung werden demnach Mindeststandards für Energieeffizienz, Schadstoffreduzierung, Recyclebarkeit, Aufrüstbarkeit und Lebensdauer festgelegt und wird eine Verpflichtung zur Rücknahme und fachgerechten Entsorgung der Verpackungen und der Altgeräte gefordert. Dabei können laut ITDZ Berlin die genannten Kriterien der Leistungsbeschreibung entweder als Mindestanforderung definiert werden oder in die Bewertung einfließen. Zusätzlich erwägt das ITDZ Berlin soziale und ethische Kriterien wie z. B. die Transparenz der Lieferkette und die Einhaltung von Arbeitsstandards als Zuschlagskriterium bei der nächsten Rahmenvertragsausschreibung zu berücksichtigen. In diesem Zusammenhang ist das ITDZ Berlin seit Sommer 2010 per Gesetz dazu verpflichtet, soziale Kriterien, wie z. B. die Einhaltung der Vorgaben der ILO (International Labour Organization), zu beachten.

Zur Berücksichtigung sozialökologischer Ansätze in der Vergabepolitik arbeitet das ITDZ Berlin eng mit dem WEED (World Economy, Ecology & Development) zusammen, einem gemeinnützigen Verein, der sich für eine sozial gerechte und ökologisch nachhaltige Globalisierung einsetzt und Unternehmen unter anderem bei der Umsetzung sozialökologischer Ausschreibungen unterstützt. Hierzu hat der WEED

mit fachlicher Unterstützung des ITDZ Berlin einen Leitfaden mit dem Titel „BUY
IT FAIR" zur Beschaffung von Computern nach sozialen und ökologischen Kriterien
herausgegeben (WEED 2009), der aufzeigt, wie öffentliche Ausschreibungen unter
Beachtung von Arbeitsrechten und Umweltstandards erfolgen können bzw. sollten.
Neben einem Überblick über Arbeitsrechtsverletzungen und Umweltprobleme in der
IT-Branche enthält der Leitfaden konkrete Formulierungsvorschläge zur Aufnahme
von Umweltsiegeln in der Leistungsbeschreibung, anerkannte Zertifikate als Orientier-
ungshilfe und Tipps für die rechtskonforme, nachhaltige öffentliche Ausschreibung von
Computern. Ziel ist es, die Führungskräfte und Einkäufer, aber auch die Kunden und
die Politik für das Thema zu sensibilisieren. In diesem Zusammenhang hat das ITDZ
Berlin eine Machbarkeitsstudie im Rahmen einer wissenschaftlichen Arbeit in Auftrag
gegeben, um das Umsetzungspotenzial unter politischen, wirtschaftlichen und mittel-
standsfreundlichen Aspekten zu analysieren. Zudem ist eine Umfrage bei den relevanten
Herstellern, Distributoren und mittelständischen Partner des ITDZ Berlin geplant. Über
die Befragung sollen Machbarkeit und Preis der Beschaffung von fair produzierten PCs,
Monitoren und Druckern ermittelt werden. Der hierfür aufgesetzte Fragebogen wurde
auf der Grundlage des Musters aus dem BUY-IT-FAIR-Leitfaden erstellt.

5.3.3 Produktion

Rechenzentrum. Als Betreiber eines eigenen hochsicheren Rechenzentrums hat das ITDZ
Berlin das Potenzial einer Green-IT-Ausrichtung im Rechenzentrum bereits frühzeitig
erkannt und Maßnahmen zur grundlegenden Modernisierung diesbezüglich eingeleitet.
Das Ergebnis einer internen Analyse ergab, dass die Zahl der Server, die das ITDZ Berlin
im Rechenzentrum betreibt, aufgrund von Konsolidierungsmaßnahmen im Land Berlin
weiter zunehmen wird. Es wird mit einem Anstieg von 531 Servern im Jahr 2008 auf
rund 1.430 Server im Jahr 2015 gerechnet (KSV 2009). Um diesem Trend und insbesondere dem wachstumsbedingten Stromanstieg entgegenzuwirken, setzt das ITDZ Berlin
konsequent auf energieeffiziente Maßnahmen und Techniken, wie z. B. Konsolidierung,
Virtualisierung von Servern, Optimierung der Kühlung und die Verwendung von Blade-
Servern (ITDZ Berlin 2009b). Durch gezielte Effizienzmaßnahmen erhofft sich das ITDZ
Berlin hierdurch Stromeinsparungen in Höhe von 1.400 MWh pro Jahr im Zeitraum
von 2010–2015. Im Folgenden werden die Green-IT-Maßnahmen des ITDZ Berlin im
Rechenzentrum und die damit einhergehenden Effizienzzuwächse vorgestellt.

Das ITDZ Berlin betreibt 434 Server.[1] Die Server verbrauchen etwa 200–250 kWh,
wobei zur Kühlung der Serverleistung ca. 40 kWh zusätzlich zur Erzeugung der notwendigen Kühlleistung erforderlich sind. Hinzu kommt der Effekt, dass jeder Kunde dedizierte Server mit unterschiedlichen Softwareständen hat. Das ITDZ Berlin setzt hier auf

---

[1] Davon 162 Individualserver und 272 Standardserver (ca. 70 virtuelle Systeme).

die Nutzung gemeinsamer und vereinheitlichter Systeme. Bereits im Jahr 2006 hat man damit begonnen, Systeme, bei denen absehbar war, dass sie den Standardserver nicht ausnutzen würden, virtuell anzulegen. Im Jahr 2009 liefen 114 virtuelle Maschinen auf 5 Host-Servern. Damit wurden stündlich mehr als 15 kWh eingespart, wie das folgende einfache Rechenbeispiel für das ITDZ Berlin verdeutlicht[2]:

> Ein System auf einem Standardserver verbraucht 200 Watt pro Stunde. Entsprechend verbrauchen 114 Systeme auf 114 Standardservern 22.800 Watt. Durch Virtualisierung laufen 114 Systeme auf 5 Host-Servern, die nunmehr einen Stromverbrauch von 1.700 Watt haben. Die Stromersparnis beläuft sich somit auf 21.100 Watt (15,4 kWh). Die Systeme im Rechenzentrum des ITDZ Berlin laufen 24 Stunden am Tag und 365 Tage im Jahr. Für 114 virtualisierte Systeme bedeutet dies eine Energieersparnis von 184.836 kWh/Jahr, eine jährliche CO_2-Ersparnis von 116 Tonnen und damit eine Kostenersparnis in Höhe von 27.725 Euro pro Jahr.

Da weniger Energie für die Server benötigt wird, reduzieren sich auch die Abwärme und der Aufwand für die Klimatechnik. Darüber hinaus erwies sich die Virtualisierung für das ITDZ Berlin nicht nur als energieeffizient, sondern auch als platzsparend. Datenspeicher wurden ebenfalls virtualisiert. Die eingesetzten Plattensubsysteme sind virtuelle Systeme. Bandsysteme und Klasse-A-Speicher werden weitestgehend ersetzt. In der Ausschreibung werden nunmehr die Verbrauchswerte berücksichtigt.

Bei Neuanschaffungen setzt das ITDZ Berlin auf energieeffiziente Technologien wie z. B. Blade-Server. Sie zeichnen sich dadurch aus, dass mehrere Server neben- oder übereinander in einem Baugruppenträger angeordnet sind. Die Bauform wirkt sich positiv auf den Energieverbrauch aus, da die Belüftung an der Rückseite des Gehäuses eingebaut ist und nicht jedes Blade über einen gesonderten Lüfter verfügt. Der Austausch konventioneller Server durch Blades führt (unter optimalen Bedingungen) laut Aussage des ITDZ Berlin zu einer Energieersparnis von bis zu 50 % und einer erheblichen Platzersparnis. Das ITDZ Berlin betreibt aktuell rund 160 Server-Blades in vier Schränken.

Die Modernisierung der Kühlung bzw. Klimatisierung des Rechenzentrums wurde im Jahr 2009 abgeschlossen. Im Rahmen einer Diplomarbeit ermittelten zwei Studentinnen der Technischen Universität Berlin für das ITDZ Berlin die Energieeinsparpotenziale bei der Kühlung des Rechenzentrums (ITDZ Berlin 2009b). Basierend auf den Ergebnissen der wissenschaftlichen Untersuchung erfolgten der Einbau einer energieeffizienten Kühlanlage und die Planung für die Umstrukturierung der Serverräume.

Das neue Kühlsystem im Rechenzentrum arbeitet weitestgehend mit freier Kühlung und ermöglicht eine Abschaltung der stromintensiven Verdichter bis zu einer Außentemperatur von 12 °C. Dies entspricht ca. 4.000 Stunden im Jahr. Die vorhandenen Kolbenverdichter

---

[2] Der Berechnung liegt ein Strompreis von 0,15 Cent pro kWh und 0,63 kg CO_2 für die Produktion von 1 kWh Strom zugrunde.

zur Kälteerzeugung wurden durch stufenlos regelbare Schraubenverdichter ersetzt. Der Stromverbrauch des Kühlsystems konnte so um rund 35 % gegenüber der bisher verwendeten konventionellen Klimaanlage gesenkt werden.

Weiterhin wurde die Anordnung des Serverbestands und der Bodenbelüftungsplatten untersucht. Bei der Ausweitung der Serverkapazitäten setzte das ITDZ Berlin auf „eingehauste Warmgänge", die eine ungünstige Aufstellung der Serverracks in den Serverräumen und die daraus resultierende Durchmischung von Warm- und Kaltluft verhindern sollen. In den Serverräumen wird nunmehr die warme Abluft in einen geschlossenen Kubus geleitet und dort zentral gekühlt. Neue Umluftgeräte sind durchgängig mit stufenlos regelbaren Motoren ausgestattet. Zudem wurden die USV-Anlage und die Transformatoren erneuert.

Das ITDZ Berlin besitzt seit 2009 ein Energiecontrolling für sein Rechenzentrum. Dazu wurden separate Strom- und Kältezähler installiert. Die Verbräuche werden zusammen mit speziellen Energiemanagementfunktionen analysiert und ausgewertet. Das Energiecontrolling dient auch der vorgesehenen Evaluierung dieser Klimaschutzvereinbarung.

Beim Umbau des Rechenzentrums sind dem ITDZ Berlin jedoch Grenzen gesetzt: „Die über Jahre organisch gewachsene Serverstruktur mit einer Vermischung aus Alt- und Neubestand sowie die notwendige Hochverfügbarkeit der Systeme für unsere Kunden verbieten radikale Lösungen. Wir gehen die Modernisierung bei der Serveranordnung deshalb Schritt für Schritt an und denken prozessorientiert", beschreibt Konrad Kandziora (Vorstand des ITDZ Berlin) die weiteren Pläne (ITDZ Berlin 2009b).

Durch die Optimierung der Serverkonfiguration und der Infrastruktur konnten im Jahr 2008 gegenüber einem konventionell betriebenen Rechenzentrum 890 MWh Strom eingespart werden. Die Effizienzgewinne haben einen direkten Einfluss auf den PUE-Wert, der beim ITDZ Berlin gemessen wird. Mit einem PUE-Wert von 1,9 im Jahr 2006 hat sich dieser derzeit auf 1,5 (2011) verbessert. Das ITDZ Berlin strebt einen Wert von 1,4 für das Jahr 2015 an.

Büroumgebung. In den festgelegten Green-IT-Handlungsfeldern „Endgeräte" und „Druck" werden die Bemühungen des ITDZ Berlin im Bereich der Büroumgebung dokumentiert. Betrachtet werden in diesem Rahmen PCs, Drucker, Monitore, Notebooks sowie die Technik des Server Based Computing (SBC), wie z. B. Thin Clients. Die Drucker sind bereits mit Energiesparmodus ausgerüstet und die Toner werden unter Berücksichtigung umweltfreundlicher Kriterien vom Hersteller bezogen. Während bislang nur ca. 5–6 % des Druckvolumens auf Recyclingpapier gedruckt werden, soll zukünftig vermehrt Recyclingpapier zum Einsatz kommen. Zudem wird der Zwei-Seiten-Druck im Unternehmen geprüft. Derzeit werden ca. ein Drittel simplex und zwei Drittel duplex gedruckt. In diesem Zusammenhang werden die Prüfung eines vermehrten Einsatzes von Multifunktionsdruckern und die Zentralisierung durch Massendruck vorgenommen. Im Druckzentrum des ITDZ Berlin wurden im Jahr 2008 ca. 45 Mio. Blatt Papier bedruckt und etwa 14 Mio. Kuvertierungen vorgenommen. Rund 300 MWh Strom wurden dabei für den Betrieb der leistungsstarken Digitaldruck- und Kuvertiermaschinen sowie zum größeren Teil für die Klimatisierung der Räume benötigt. Neben Ausdrucken auf chlorfrei gebleichtem Papier wird auch die Verwendung von zu 100 % recyceltem Papier mit dem Gütesiegel Blauer Engel angeboten. Es ist vorgesehen, dass das Druckzentrum nach erfolgtem Umbau ebenfalls eine energieeffizientere Klimatisierung erhält. Dadurch sind Einsparungen von jährlich rund 100 MWh Strom realisierbar (KSV 2009). Darüber hinaus wird durch das ITDZ Berlin die Verwendung von CO_2-neutralem Papier geprüft.

Im Rahmen der Green-IT-Potenzialdokumentation wurden insbesondere folgende Ansätze für die Büroumgebung als relevant erachtet:

- Forderung umweltschutzfördernder Kriterien bei Ausschreibungen von Bürogeräten, wie z. B. das Zertifikat Blauer Engel
- Green-IT-Richtlinie beachten bei der Prozessorauswahl und Beschaffung von 2,5-Zoll-Festplatten (leise, klein und stromsparend)
- Einsatz von Thin Clients mit z. B. 3,5 Watt statt 50 Watt für einen normalen APC
- Energiereduzierung durch lastabhängige Steuerung der Terminalserver: Umsetzung der lastabhängigen Steuerung im laufenden Betrieb, Abschaltung der Server zu betriebsarmen Zeiten, Einsatz von 64-Bit-Betriebssystemen zur optimalen Auslastung der Hardware, Konsolidierung der Server nach Aufgaben bzw. Anwendungen, um eine höhere Auslastung zu erzielen, Einsatz von Provisionierung, um zeitgesteuert verschiedene Aufgaben zuzuweisen (Tag TS, Nacht Batchlauf) und um die lokalen Festplatten nicht mehr nutzen zu müssen.

Netzwerke. Weiterhin ist die Optimierung von Netzwerken ein zentraler Bestandteil der Realisierungspläne. Hierzu zählt die Optimierung von Netzwerken durch Identifizierung und Entsorgung veralteter Komponenten bzw. Geräte. Moderne Switches können Energieeinsparungen durch weniger Abwärme erzielen. Durch Zusammenlegung von Netzwerk-Edge und Distribution-Area einer klassischen 3-Tier-Architektur wird durch Einsparung diverser Switches eine höhere Portdichte erzielt. Intelligente Technologien können Switches als Energiemanager nutzbar machen. Außerdem ermöglicht eine Bandbreitenerhöhung weitere Einsparungen, wenn die Möglichkeit besteht, Kabelverbindungen zu reduzieren. Ein weiterer Diskussionsfaktor ist die Migration auf Glasfaser, die nicht nur störungssicherer sind, sondern pro Netzwerk-Port rund 7 Watt weniger Strom als klassische Kupferkabel verbrauchen. Energieeffiziente Netzteile, temperaturgesteuerte Lüfter oder Geräte und künftiges Energy Efficient Ethernet wurden von der AG für einen nachhaltigen Umgang in der Netzwerktechnologie als erforderlich erachtet.

Gebäudemanagement. Das ITDZ Berlin hat bereits in der Vergangenheit Maßnahmen durchgeführt, um den Ressourceneinsatz für den Betrieb und die Bewirtschaftung der vom Unternehmen genutzten Immobilien zu verringern. So wurde beispielsweise die Fassade des Hauptsitzes im Jahr 2003 wärmegedämmt. Die alten Fenster wurden durch neue, energetisch optimierte Fenster ersetzt. Für weitere Bauteile der Gebäude aus den späten 70er-Jahren ist eine Modernisierung kurz- bis mittelfristig geplant.

Die derzeit vom ITDZ Berlin genutzten Liegenschaften sind über eine gemeinsame Zuleitung an das Fernwärmenetz angeschlossen. An den versorgungstechnisch angebundenen Bestandsgebäuden sind weitere Wärmeschutzmaßnahmen geplant. Der Betrieb des hauseigenen Heizungssystems wird ebenfalls optimiert und nach Umsetzung der Wärmeschutzmaßnahmen angepasst. Dadurch wird eine Einsparung von Wärmeenergie in Höhe von 350 MWh pro Jahr erwartet (KSV 2009). Zudem wird die Installation einer Fotovoltaikanlage geprüft, wodurch jährlich mindestens 40 MWh des Stromverbrauchs lokal regenerativ erzeugt werden könnten.

5.3.4 Vertrieb und Kommunikation

Das ITDZ Berlin hat es sich zum Ziel gesetzt, das Thema Green IT Externen gegenüber aktiv zu kommunizieren und zu vermarkten. Die Kommunikation in Richtung Kunden über bereits eingesetzte und umgesetzte Green IT, die aktive Werbung für Green IT sowie die Einrichtung eines Themenportals für gemessene und somit handfeste Ergebnisse sind Bestandteile dieser Vermarktungsstrategie.

Das ITDZ Berlin hat frühzeitig erkannt, dass Green-IT-Lösungen die Berliner Verwaltung bei deren ökologischer Ausrichtung und gleichzeitig bei der Entlastung ihrer Haushalte unterstützen können. Erfahrungen wurden unter anderem bei europaweiten Ausschreibungen von Rahmenverträgen für die IT-Infrastruktur des Landes Berlin gesammelt (ITDZ 2010b). Das ITDZ Berlin hat spezielle Angebote zum Thema Green IT erarbeitet. Seit Jahren werden der Berliner Verwaltung über Rahmenverträge energieeffiziente IT-Komponenten angeboten.

Im Arbeitsplatzbereich offeriert das ITDZ Berlin seinen Kunden mit dem sogenannten Green-PC neuerdings einen noch energieeffizienteren und damit umweltbewussteren PC-Arbeitsplatz als den bisherigen Standard-APC, den Flex-PC. Der Green-PC arbeitet trotz seiner hohen Performance besonders energiesparend und erfüllt dennoch die Kriterien des Blauen Engel und genügt den Anforderungen des Energy Star V4.0.

Hierbei handelt es sich um einen Hewlett-Packard dc7900 in einem Small-Form-Factor-Gehäuse. Die Netzteile haben einen Wirkungsgrad von jeweils mindestens 80 % bei einer Last von 20 %, 50 % und 100 %. Die Geräte unterstützen ein ACPI-konformes Betriebssystem und verfügen über einen Ein- und Ausschalter (ITDZ 2010c). Mit einem 2,5-GHz-Dual-Core-Intel-Prozessor, 2 GB RAM und einer 80-GB-Festplatte ist er für die allermeisten Arbeitsplätze der Berliner Verwaltung gut gerüstet. Zudem ist durch die recyclinggerechte Konstruktion eine umweltgerechte Entsorgung der Geräte gewährleistet. Der Green-PC wird als Basismodell ohne Aufpreis angeboten und verbraucht rund 26 % weniger Strom als ein durchschnittlicher APC. Das ITDZ Berlin ist sich darüber hinaus bewusst, das zur Bereitstellung eines umweltfreundlichen IT-Arbeitsplatzes auch die Belastung der Nutzer durch Geräusche, Strahlung und Herstellungsmaterial so weit wie möglich eingeschränkt werden sollte. Die im Green-PC verwendeten Lüfter und Komponenten arbeiten fast 10 % leiser als die eines Standardrechners. Mit unter 52 dB(A) bei Betrieb und unter 26 dB(A) im Stand-by-Modus liegen die Geräuschemissionen des Druckers unterhalb des Durchschnitts.

Ergänzt wird das Angebot durch einen energieeffizienten TFT-Monitor und Drucker, die ebenfalls mit Energiesiegeln als energiesparend eingestuft sind: Der Monitor trägt den Energy Star, der Drucker ist mit dem Blauen Engel ausgezeichnet. Ein papiersparender Duplex-Modus (beidseitige Druckfunktion) und eine Tonerspartaste ergänzen hier das Angebot. Mit der Sleep-Funktion verfügt der Drucker über eine Funktion, die erheblich weniger Strom verbraucht als der handelsübliche Stand-by-Modus. Zukünftig soll – so erhofft sich das ITDZ Berlin – die Berliner Verwaltung mit diesem Green-IT-Angebot den durchschnittlichen Stromverbrauch pro Arbeitsplatz um rund ein Drittel senken können.

Das mit dem Angebot ressourcenschonender IT-Lösungen einhergehende Einsparpotenzial ist in seiner Gesamtheit noch nicht erfasst. Dass sich jedoch Green-IT-Investitionen rentieren, konnte das ITDZ Berlin an einer einfachen Berechnung am Beispiel der Bereitstellung von TFT-Bildschirmen für die Behörden des Landes Berlin ermitteln (ITDZ Berlin 2009b)[3]:

> Das ITDZ Berlin verkaufte an seine Kunden in der Berliner Verwaltung in den Jahren 2007/2008 insgesamt 12.019 TFT-Bildschirme. Ein 19-Zoll-Röhrenmonitor verbraucht im Durchschnitt 125 Watt in der Stunde, ein 19-Zoll-TFT-Bildschirm im Vergleich dazu lediglich 45 Watt. Ausgehend von 230 Arbeitstagen mit jeweils 8 Arbeitsstunden pro Tag ergaben sich bei 12.019 TFT-Bildschirmen eine Energieersparnis von 1.769.196 kW/h, eine CO_2-Ersparnis in Höhe von 1.114 Tonnen/Jahr und schließlich eine Kostenersparnis von 265.379 Euro/Jahr (geschätzt) für die Berliner Verwaltung.

Eine Alternative zum energieeffizienten APC bietet die vom ITDZ Berlin angebotene Terminal-Server-Lösung, sogenannte Thin Clients. Hierbei stellt ein zentraler Terminal-Server alle relevanten Daten und die Software für jeden Arbeitsplatz bereit (ITDZ 2010c). Thin Clients können die CO_2-Emissionen eines Arbeitsplatzsystems um über 54 % senken. Zudem verursachen Thin Clients im Vergleich zum PC nur rund ein Zehntel der Abfallmenge. Die angebotene Terminal-Lösung wird zurzeit von rund 3.500 Mitarbeitern in der Berliner Justiz und der Senatsverwaltung für Inneres und Sport genutzt. Thin Clients verbrauchen durchschnittlich 25 Watt und somit ungefähr 60 Watt weniger Strom als ein durchschnittlicher APC. Die so entstandene CO_2-Ersparnis von 243 Tonnen und die Kostenersparnis von 58.000 Euro im Jahr sind dabei noch vergleichsweise gering.[4] Mit dem vom ITDZ Berlin für den Sommer 2009 angestrebten Rahmenvertrag für Thin Clients mit einem Verbrauch unter 8 Watt rechnet sich diese Investition bereits mittelfristig. Die

---

[3] Der Berechnung liegen ein Strompreis von 0,15 Cent pro kWh und 0,63 kg CO_2 für die Produktion von 1 kWh Strom zugrunde.

[4] Das Rechenbeispiel geht ebenfalls von einer Nutzungsdauer von 8 Stunden am Tag und 230 Tagen im Jahr aus.

Senatsverwaltung für Inneres und Sport rüstete mit dem ITDZ Berlin bereits 380 Arbeitsplätze auf Thin Clients mit einem Verbrauch von 5 Watt um.

Den Verantwortlichen im ITDZ Berlin ist hierbei bewusst, dass sich Investitionen in umweltfreundliche und energieeffiziente IT häufig erst mittel- oder längerfristig rechnen. Der Kostenersparnis stehen schließlich auch Anschaffungskosten gegenüber. Wenn jedoch die Energiekosten weiterhin steigen – so die Argumentation der AG Green IT –, ist eine Ausrichtung der IT-Infrastruktur auf energieeffiziente Geräte unumgänglich. Im Produktmanagement wird somit Green IT zum festen Bestandteil. Ein neuer Hardwarekatalog des ITDZ Berlin mit dem Schwerpunkt Green IT wird demnächst herausgegeben.

Das ITDZ Berlin wird seine Green-IT-Aktivitäten konsequent ausbauen und kommunizieren. Über Erfolge werden interne und externe Stakeholder regelmäßig informiert. In diesem Zusammenhang wurde bereits ein Leitfaden Green IT veröffentlicht sowie ein Green-IT-Portal im Intranet errichtet und in diversen Fachzeitschriften publiziert.

5.4 Erkenntnisse

Als Anstalt des öffentlichen Rechts ist es dem ITDZ Berlin gelungen, die öffentlichen Vorgaben zum Klimaschutz (KSV) mit den bereits intern frühzeitig vorangetriebenen Bemühungen im Rahmen einer Green IT zu verknüpfen.

Eine zentrale Herausforderung stellt nach wie vor die Messung von Energieverbräuchen dar, um eine verlässliche Datenbasis für tiefer gehende Analysen zu erhalten. Kennzahlen zur Messung der Green-IT-Performance sind vereinzelt, vor allem im Rechenzentrum, vorhanden (z. B. PUE). Ein einheitliches Performance Measurement, das sämtliche Bereiche und Kenngrößen zur Nachhaltigkeit integriert, existiert jedoch nicht. Eine quantifizierte Messung der Maßnahmen über alle Handlungsfelder hinweg kann daher bislang nicht durchgeführt werden. Die Angaben zu Einsparpotenzialen durch Green IT beruhen daher häufig auf theoretischen Berechnungen. Das ITDZ Berlin plant jedoch Messkriterien zur Bewertung der Ergebnisse der umgesetzten Green-IT-Aktivitäten festzulegen. Während der Realisierung der angestrebten Einsparziele sowie zum Nachweis wird hierbei ein Monitoring angestrebt, das Veränderungen im Leistungsumfang und Auswirkungen auf den Energieverbrauch berücksichtigen soll.

Der Fall ITDZ Berlin weist folgende Besonderheiten auf:

- **Holistischer Green-IT-Ansatz.** Die Gründung einer bereichsübergreifenden AG stellt sicher, dass das Thema Green IT und Klimaschutz im gesamten Unternehmen entlang der Wertschöpfungskette adressiert wird.
- **Green IT Business Case.** Durch Gegenüberstellung von Potenzialen und Maßnahmen wird ersichtlich, dass Green IT nicht losgelöst von unternehmerischen Entscheidungen betrachtet wird. Im Mittelpunkt der Projektinitiierung steht der für das Unternehmen erkennbare, quantifizierte Nutzen.

- **Integration der Kunden und Öffentlichkeit.** Das ITDZ Berlin spricht seinen
  Kundenkreis mit speziellen Green-IT-Angeboten gezielt an. Damit ist Green IT integraler Bestandteil im Produktmanagement. Zudem werden die Erfolge den internen
  und externen Stakeholdern regelmäßig kommuniziert.

Ein ganzheitliches Nachhaltigkeitsmanagement, das die drei Säulen der Nachhaltigkeit
sinnvoll integriert, ist nicht gegeben. Obwohl Green IT bereichsübergreifend verankert wurde, konzentrieren sich die Maßnahmen im Rechenzentrum. Das ITDZ Berlin
befürwortet jedoch die stärkere Integration von Nachhaltigkeitsaspekten, insbesondere im Beschaffungsbereich. Nach Meinung der Experten des ITDZ Berlin sind jedoch
Nachhaltigkeitsansätze vor allem durch Einbeziehung vorgelagerter Wertschöpfungs-
stufen möglich.

In diesem Zusammenhang sind eine Anpassung der Sichtweisen auf Green IT und
Nachhaltigkeit und deren Integration zu einem nachhaltigen holistischen Ansatz (nachhaltiges Informationsmanagement) notwendig und sinnvoll. Die Errichtung einer internen
Arbeitsgruppe Green IT verdeutlicht jedoch das nachhaltige Engagement sowie den Willen
des ITDZ Berlin zu einer konzeptionellen Umsetzung entsprechender Maßnahmen.

Fallstudie 3
Green IT bei der SAP AG

Nils-Holger Schmidt, Koray Erek, Katja Kusiak und Timo Stelzer

6.1   Unternehmen

Die SAP AG (im Folgenden SAP) ist ein unabhängiger Softwarehersteller und unterstützt mit einem breit gefächerten Dienstleistungsspektrum insbesondere Anforderungen für kleine und mittelständische Unternehmen sowie für Konzerne. Der Begriff SAP selbst steht für Systeme, Anwendungen, Produkte in der Datenverarbeitung. Als weltweit führender Anbieter von Unternehmenssoftware stattet SAP mehr als 170.000 Kunden mit Anwendungen für das Enterprise Resource Planning (ERP) und angrenzende Bereiche aus (Tab. 6.1).

Mit 120 Tochtergesellschaften ist das Unternehmen weltweit präsent und war 2010 mit einem Marktanteil von 23 % auf Platz eins im Segment der Business-Intelligence-Lösungen (Hicron 2011).

Die Wachstumsstrategie von SAP zielt darauf ab, dessen Profitabilität und Erlöse aus Software und softwarebezogenen Dienstleistungen weiter zu steigern. Die Erlöse werden aus Software, Wartung und Subskriptionen generiert, wobei Subskriptionen Erlöse aus Vorab-Verkäufen, wie z. B. die Lizenz für die Vollversion einer Software mit späteren Upgrades, sind. Die über 170.000 Bestandskunden von SAP bieten großes Potenzial für den Vertrieb von neuen und innovativen Produkten. Neueste Entwicklungen in den Bereichen Analyse, Mobilität und Unternehmenssteuerung in Echtzeit stehen bei SAP zurzeit im Mittelpunkt, um das strategische Ziel der Verdoppelung des Marktpotenzials verfolgen zu können. Die Reserven zum Ausbau seiner Führungsposition sollen auf der einen Seite durch organisatorisches Wachstum erschlossen werden, welches auf Innovationen beruht. Zu diesem Zweck wurden 2010 global rund 1,7 Mrd. Euro in Forschung und Entwicklung (F&E) investiert.[1] Andererseits sollen durch den Ausbau des Partnernetzwerks weitere Vertriebs- und Produktionswege eröffnet werden. Mithilfe der Vertriebspartner können unterschiedliche

---

[1] Im Vergleich dazu wurden 2009 in der gesamten deutschen Wirtschaft 45 Mrd. Euro für Forschung und Entwicklung ausgegeben (Statistisches Bundesamt Deutschland 2010).

R. Zarnekow und L. Kolbe, *Green IT*, DOI: 10.1007/978-3-642-36152-4_6,
© Springer-Verlag Berlin Heidelberg 2013

Tab. 6.1 Kurzportrait von SAP

SAP AG	
Gründung	1972
Firmensitz	Walldorf
Branche	Software
Produkte und Dienstleistungen	Branchenlösungen für Groß-, mittelständische und Kleinunternehmen
Firmenstruktur	SAP vermarktet und vertreibt Produkte und Dienstleistungen primär über ein weltweites Netz von Tochtergesellschaften. Durch Lizenzvereinbarungen mit der Muttergesellschaft SAP sind diese Tochterunternehmen berechtigt, Kunden eines bestimmten Territoriums Nutzungsrechte an SAP-Produkten zu gewähren, und verpflichtet, gegenüber diesen Kunden grundlegende Supportleistungen zu erbringen.
Website	www.sap.de
Umsatz	2011: 14,2 Mrd. Euro
Mitarbeiter	2011: 55.765
Mitarbeiter in der Software-entwicklung	15.800
Rechenzentren	1 globales Rechenzentrum in St. Leon-Rot, 10 regionale und 15 lokale Rechenzentren

Markt- und Kundensegmente erschlossen werden. Weiterhin wird die Wachstumsstrategie durch die Übernahme von Unternehmen unterstützt. Die erworbenen Technologien und Anwendungen ergänzen die Produktpalette von SAP und bieten dem Unternehmen einen zusätzlichen Nutzen.

SAP gliedert seine Geschäftstätigkeit nach den folgenden drei Regionen:

- Europa, Naher Osten und Afrika (EMEA)
- Amerika, bestehend aus Nord- und Lateinamerika
- Asien-Pazifik-Japan (APJ), wozu Japan, Australien und andere Länder Asiens gehören

Im Jahr 2010 fielen 50 % der Umsatzerlöse auf die Region EMEA, wobei 35 % davon auf Umsatzerlöse in Deutschland zurückzuführen sind. In der Region Amerika konnten 36 % des Gesamtumsatzes erzielt werden, während die Region APJ mit 14 % zu den globalen Umsatzerlösen beitrug (Statista 2011).

Herausforderungen im Wettbewerb. Die Softwarebranche befindet sich in einer nachhaltigen Umbruchphase (PwC 2011, 1). Die rasante Verbreitung von Smartphones und die zunehmende Kundenorientierung der IT zwingen Branchen dazu ihre

Geschäftsmodelle zu überarbeiten. Die anhaltende Beliebtheit von Apps – kleinen Softwareprogrammen, die auf Handys und Smartphones geladen werden können und eine einfache Nutzung von Anwendungen unterschiedlichster Art ermöglichen – bringt neue Herausforderungen mit sich. Auch der Trend, Daten im Internet zu lagern (Cloud-Computing) und unternehmensinterne IT in externe Rechenzentren auszulagern, prägt SAP. Durch die zunehmende Konsolidierung privater und geschäftlicher Nutzung mobiler Endgeräte und anderer Anwendungen verändern sich die Anforderungen an das Softwaredesign, an die Vertriebswege und an die Lizenzierung ständig (PwC 2012). Gleichzeitig bietet der dynamische Wandel enorme Chancen für SAP sich noch stärker am Markt zu positionieren.

Nachdem SAP 2009 seine Emissionen erheblich reduzieren konnte, stand das Unternehmen im Zuge des wirtschaftlichen Aufschwungs vor der neuen Herausforderung, seine CO_2-Emissionen aus ökologischen Gründen trotz steigender Umsätze weiter zu verringern. Die bereits begonnene Umsetzung der Nachhaltigkeitsstrategie in der IT-Umgebung lässt weiterhin Bereiche mit Potenzial für Emissionsreduzierung offen. Vor allem der Kraftstoff-verbrauch, der durch die Nutzung von Firmenwagen und Flugreisen entsteht, enthält Reduzierungsbedarf.

Der Erfolg von SAP basiert auf den Mitarbeitern sowie den durch sie generierten Innovationen. Qualifizierte Mitarbeiter sind die größte Ressource für SAP, ihr Management stellt aber auch gleichzeitig die größte Herausforderung dar. SAP steht im Kampf um qualifizierte Mitarbeiter in Konkurrenz zu zahlreichen, weltweit operierenden Softwareherstellern. Deshalb betreibt SAP neben dem Entwicklungszentrum im Unternehmenssitz Walldorf Softwareentwicklung in Entwicklungszentren in den USA, Frankreich, Kanada, Israel, Indien, Australien, Japan, der Volksrepublik China, Bulgarien, der Slowakei, Ungarn und Polen. Durch die globale Verteilung der sogenannten Labs verfolgt SAP das Ziel, qualifizierte Mitarbeiter weltweit zu rekrutieren. Ist es gelungen qualifizierte Mitarbeiter in das Unternehmen zu holen, so ist die größte Herausforderung, diese langfristig an das Unternehmen zu binden. Insbesondere müssen dazu Anreize für Mitarbeiter geschaffen werden. Das geschieht zum einen über finanzielle Anreize, zum anderen durch eine gute Reputation und eine starke Unternehmenskultur (SAP 2010a).

Mit der Gründung der Tochtergesellschaft SAP Research gliederte SAP einen wichtigen Geschäftsbereich aus dem Mutterunternehmen aus, um mehr Flexibilität und Entscheidungsfreiheit zu schaffen. Die Einbindung im Unternehmen beschränkt die Forschung auf standardisierte Themengebiete. Diese globale Forschungsorganisation ist mit 19 Forschungszentren weltweit tätig und oftmals in unmittelbarer Nähe der Softwareentwicklung oder der kooperierenden Universitäten angesiedelt. Ihr Hauptaugenmerk liegt nicht auf Software- und Produktentwicklung, sondern auf der Erforschung von neuen und zukunftsweisenden Themengebieten für SAP.

Eine weitere Initiative, um auf Bedrohungen durch das Wettbewerbsumfeld schnell reagieren und neue Geschäftspotenziale am Markt erschließen zu können, ist der Global Business Incubator. Der Global Business Incubator besteht jeweils aus einem Inkubationsteam, welches in Zusammenarbeit mit Kunden, Anwendern, Unternehmern,

Beteiligungskapitalfonds, Hochschulen und Partnerunternehmen die Erschließung neuer Geschäftsfelder, wie z. B. Smartphones, ermöglicht. Dieser deckt die ganze Bandbreite von der Konzeption bis zur Vermarktung neuer Lösungen ab. Um Innovationspotenziale schon im Kern zu erfassen, hält SAP eine Beteiligungskapitalgesellschaft mit dem Namen SAP Venture, die in junge, aussichtsreiche Unternehmen investiert. Ihr Schwerpunkt liegt dabei auf Unternehmen der Informationstechnik, die sich auf Produkte und Service für Unternehmen spezialisieren. Außerdem stützt sich SAP auf ein Partnernetzwerk bestehend aus Softwareentwicklern, Technologie- und Servicepartnern sowie Lieferanten- und Vertriebspartnern. Da man davon ausgeht, dass ein Netzwerk eine wettbewerbsvorteilgenerierende Organisationsform darstellt, werden idealerweise die Vorteile beider Organisationsformen miteinander verknüpft (Sydow 1992).

Rolle der Nachhaltigkeit. Mit dem Willen, sich intensiv im Klimaschutz zu engagieren, hat SAP 2008 begonnen sich intensiv mit dem Thema Nachhaltigkeit auseinanderzusetzen. Resultierend hat SAP im Jahr 2009 die Stelle des Chief Sustainability Officers (CSO) eingeführt. Diese Position soll dazu beitragen eine nachhaltige Unternehmensstrategie wettbewerbsvorteilbringend einzusetzen. Um eine „grüne" Strategie in allen Unternehmensebenen zu verankern, erfordert es einerseits, dass die gesamte Chefetage in diese Thematik eingebunden wird, und andererseits, dass ein neues Verantwortungsbewusstsein des Unternehmens gegenüber seinen Stakeholdern geschaffen wird. Sind diese Voraussetzungen erfüllt, reduziert eine grüne Strategie Kosten und Emissionen durch Effizienz innerhalb von Ressourcen und Energie (Samuels 2010).

Das Ziel der Nachhaltigkeitsstrategie ist es, Abläufe im Unternehmen und in der gesamten Wirtschaft zu verbessern. Dazu wurde bei SAP das sogenannte Sustainability Council gegründet, ein Gremium, das drei Mal im Jahr zum Thema Nachhaltigkeit tagt. Es setzt sich aus Vorstandssprechern, Teilen des Vorstands und ihren Vertretern zusammen, sodass alle Vorstandsbereiche repräsentiert sind. Kernelemente dieses Treffens sind der Austausch über Fortschritte und strategische Kernentscheidungen bezüglich der Nachhaltigkeitsstrategie.

Unternehmensweit werden neben den Hauptverantwortlichen für Nachhaltigkeit zusätzlich Mitarbeiter aus allen Bereichen ernannt, um als Sustainability Champions tätig zu werden. Dieses weltweite Netzwerk von Mitarbeitern widmet 10 % der Arbeitszeit dem Thema Nachhaltigkeit und kommuniziert es an den verschiedenen Standorten. So werden Best Practices zu Nachhaltigkeit ausgesucht und von den Sustainability Champions an lokale Gegebenheiten angepasst und implementiert. Sie versuchen andere Mitarbeiter durch vorbildliches Verhalten zu beeinflussen und können als Sprachrohr für nachhaltiges Handeln aufgefasst werden.

Langfristig hat sich SAP das Ziel gesetzt, seine Emissionen bei steigender Effizienz bis 2020 auf das Niveau des Jahres 2000 zu senken. SAP selbst will dabei als Vorbild für externe Stakeholder fungieren und eigene Erfahrungswerte in die Entwicklung von Nachhaltigkeitslösungen einbringen. Um eine Nachhaltigkeitsstrategie erfolgreich umzusetzen, müssen laut dem CSO folgende Punkte erfüllt werden (Abb. 6.1).

Abb. 6.1 Umsetzung der Nachhaltigkeitsstrategie

1. **Transparenz vermitteln:** Zuerst wird ermittelt, wie nachhaltig das Unternehmen aktuell wirtschaftet. Mithilfe einer Ist-Analyse wird Transparenz geschaffen.
2. **Handlungsanalyse durchführen:** Im nächsten Schritt wird geklärt, in welchen Bereichen Handlungsmöglichkeiten bestehen. In dieser Phase wird auf die Meinung von Kunden, Mitarbeitern, der Öffentlichkeit und Investoren Wert gelegt.
3. **Strategie entwickeln:** Auf Grundlage der Ergebnisse der Materialanalyse wird in dieser Phase eine passende Strategie entwickelt. Sie soll die konkrete Umsetzung der Handlungsmöglichkeiten darstellen. Es werden Nachhaltigkeitskennzahlen definiert und Einsparpotenziale gemessen.
4. **Ergebnisse extern prüfen:** Von einem unabhängigen Dritten werden die Maßnahmen objektiv bewertet.
5. **Meinung von Anspruchsgruppen einholen:** Zuletzt erfolgt eine Abschlussbewertung der Stakeholder. Wurden die Einsparziele erreicht, ist die Strategie erfolgreich implementiert. Bestehen weitere Einwände, muss der Zyklus wiederholt werden.

SAP unterscheidet drei Arten nachhaltigen Handelns: ökonomisches, ökologisches und soziales Handeln. Laut dem CSO erhöht Nachhaltigkeit die Ertragskraft eines Unternehmens, wenn die ökonomischen, ökologischen und sozialen Chancen ganzheitlich genutzt und den Risiken entgegengewirkt wird. Dies gewährleistet SAP durch eine zweigeteilte Nachhaltigkeitsstrategie, die in der gesamten Unternehmensstrategie eingebettet ist. Den Anfang dieser Strategie bildet die Vision „SAP helps to make the world run better", die sich auch in den Unternehmenswerten widerspiegelt (SAP 2011b). Mit der moralischen Verpflichtung, sich selbst zum Vorreiter für ein nachhaltiges Softwareunternehmen zu entwickeln und für die Kunden eine Vorbildfunktion darzustellen, erklärt sich der daraus abgeleitete Business Case, der besagt, dass Nachhaltigkeit im eigenen Unternehmen implementiert werden soll. Diese Aufgabe übernimmt Daniel Schmied. Er ist als Head of Sustainability Operations intern für die Nachhaltigkeitsstrategie verantwortlich. SAP veröffentlicht eine Sustainability Map, die Nachhaltigkeitsvorhaben aus einer Prozesssicht darstellt. Sie ist entlang der Linienorganisation im Unternehmen aufgeschlüsselt und liefert einen Überblick über die Anforderungen und die entsprechenden SAP-Lösungen (Abb. 6.2).

Andererseits will SAP Nachhaltigkeit global in allen Unternehmen verbreiten, da dort ein riesiges Potenzial für Emissionsreduzierung vorhanden ist. Der CO_2-Ausstoß aller Kunden beträgt 5 Gigatonnen (GT), welches das 10.000-Fache des eigenen Ausstoßes ist. Indem SAP Anwendungen anbietet, die Cashflows optimiert, Ineffizienzen aufdeckt, Risiken beherrschbar macht oder Compliance-Prozesse automatisiert, will das Unternehmen Einfluss auf das Emissionsreduzierungspotenzial seiner Kunden nehmen. Um Kunden von der Nutzung von Nachhaltigkeitslösungen zu überzeugen, müssen Umweltschutzmaßnahmen sichtbar

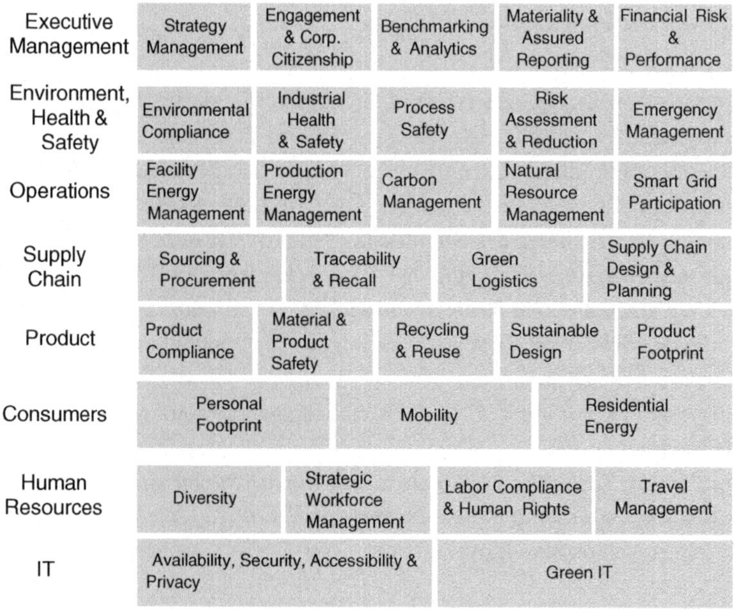

Abb. 6.2 SAP Sustainability Map

gemacht werden. Dies kann erreicht werden, indem ein eigener Nachhaltigkeitsbericht über Kennzahlen der Emissionen für die Öffentlichkeit zugänglich gemacht wird. Auf diesem Wege nimmt SAP die in seinem Leitbild verankerte Verantwortung für Nachhaltigkeit innerhalb der IT-Branche wahr. Mittels dieser Strategie will SAP langfristig Marktführer im Bereich Nachhaltigkeitslösungen werden. Bereits seit drei Jahren wird SAP im Dow Jones Sustainability Index als das nachhaltigste Unternehmen in der Softwarebranche geführt.

SAP möchte allerdings seine nachhaltige Marktstellung weiterhin verbessern. Der Nachhaltigkeitsbericht von SAP wird daher jährlich neu verfasst und auf Basis von G3-Richtlinien zur Nachhaltigkeitsberichterstattung der Global Reporting Initiative (GRI) erstellt. Die Organisation GRI entwickelt weltweite Richtlinien für die Transparenz in der Nachhaltigkeitsberichterstattung und hat für den Nachhaltigkeitsbericht von SAP für das Jahr 2010 das höchste Anwendungslevel „A+" bestätigt. Weiterhin stimmt der Bericht mit den AA1000 Accountability Principles Standards überein, einem Modul, welches von der gemeinnützigen Organisation AccountAbility zur Standardisierung für soziale und nachhaltige Berichterstattung gegründet wurde. Die Berechnung der Treibhausgasemissionen erfolgt nach SAP-eigenen Kriterien auf Basis des Greenhouse Gas Protocol. Es gilt als der international am weitesten verbreitete freiwillige Standard für die Erhebung und Berechnung betrieblicher Treibhausgasemissionen und bildet die Basis für den Corporate Carbon Footprint (CCF) (Co2ncept 2009). Mit einer Nachhaltigkeitsbilanz überwacht SAP die Nachhaltigkeit von Abläufen im Unternehmen. In der folgenden Tabelle sind die elf Kennzahlen der Nachhaltigkeitsbilanz von SAP aus den Bereichen Ökologie, Soziales und Ökonomie dargestellt (SAP 2010b) (Tab. 6.2).

Um die Nachhaltigkeitsbilanz zu überwachen, misst SAP die Auswirkungen seiner Geschäftstätigkeit und vergleicht seine Nachhaltigkeitsleistungen jährlich. Im Jahr 2010 konnten beispielsweise die globalen Treibhausgasemissionen trotz zweistelligen Umsatzwachstums um 6 % von 509 Kilotonnen (kT) auf 484 kT verringert werden. SAP bemüht sich seinen CO_2-Ausstoß weiter zu reduzieren, mit dem Ziel, bis 2020 nur 294 kT Treibhausgasemissionen zu produzieren, was dem Niveau des Jahres 2000 entspricht (als Vergleichswert 562 kT CO_2-Emissionen 2007).

Im Jahr 2010 hat SAP erstmals seine Treibhausgasemissionen auf Quartalsbasis gemessen und veröffentlicht. Seitdem ist es möglich, Maßnahmen systematischer zu kontrollieren und Jahresziele umzusetzen. Mitarbeiter konnten wiederholt auf ihre Verantwortung aufmerksam

Tab. 6.2 Kennzahlen von SAP im Bereich Nachhaltigkeit

Nachhaltigkeitskennzahlen		
• Ökologie	• Soziales	• Ökonomie
• Treibhausgasemissionen	• Mitarbeiterfluktuation	• Software- und softwarebezogene Serviceerlöse
• Energieverbrauch	• Anteil der Frauen im Topmanagement	
• Erneuerbare Energien	• Mitarbeitergesundheit	• Operative Marge
• Energieverbrauch in Rechenzentren	• Mitarbeiterengagement	• Kundenzufriedenheit

gemacht werden und wurden angehalten bei Flugreisen oder Pendlerverhalten besonders nachhaltig zu handeln, um so den operativen Jahreszielen Rechnung zu tragen.

Unter Energieverbrauch versteht SAP den globalen Energieverbrauch aller Niederlassungen, der für direkte und indirekte Emissionen nach Scope 1 und 2 verantwortlich ist. Er setzt sich aus Strom für Gebäude, Rechenzentren und Kraftstoff für Firmenwagen zusammen und ist für rund die Hälfte aller Treibhausgasemissionen verantwortlich (Abb. 6.3).

Im Vergleich zum Vorjahr verringerte SAP im Jahr 2010 den Energieverbrauch von 808 Gigawattstunden (GWh) auf 791 GWh um mehr als 8 %. Dieses Ergebnis wurde durch eine Vielzahl von Projekten erreicht, unter anderem durch die Senkung des Stromverbrauchs innerhalb der Rechenzentren, die Verbesserung von Beleuchtungssystemen und -steuerung, die Optimierung des Betriebs von Klimaanlagen und Heizsystemen sowie durch den Einsatz von Elektrofahrzeugen (SAP 2011a).

Im Jahr 2010 hat SAP seinen Anteil an Strom aus erneuerbaren Energien von 16 % auf 48 % gesteigert. Darin enthalten sind Energieträger wie Solarenergie, eingekaufter Strom aus Biomasse sowie Wind- und Wasserkraft. Durch die stärkere Nutzung erneuerbarer Energien erreichte SAP 2010 eine Einsparung von 48 kT CO_2-Emissionen. Mit der eigenen Reputation will SAP auch bei seinen Kunden und Partnern für ihre Nutzung werben. SAP ist überzeugt, dass durch eine erhöhte Nachfrage nach erneuerbarer Energie auch deren Preise zunehmend fallen werden. Der Kauf von Ökostrom stellt eine weitere Methode dar, mit der SAP seine CO_2-Emissionen mit einer leichten Stromkostenerhöhung erheblich reduziert.

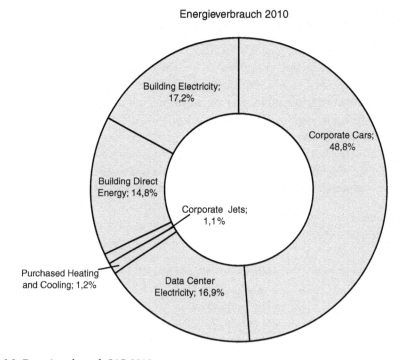

Abb. 6.3 Energieverbrauch SAP 2010

Auch die Rechenzentren konnten zur Reduzierung des Stromverbrauchs beitragen. Durch Investitionen in die Effizienzverbesserung konnte der Energieverbrauch in Rechenzentren im Jahr 2010 von 147 GWh auf 134 GWh verringert werden.

SAP arbeitet branchenweit in verschiedenen Nachhaltigkeitsplattformen mit, um den Wissensaustausch mit anderen Unternehmen und Ländern zu fördern, die Anforderungen verständlicher zu machen und bei Definitionen von Standards mitzuwirken.

6.2 Ausgangssituation

Die IT-Organisation. SAP ist in seiner IT-Abteilung, dem ganzheitlichen Geschäftsmodell entsprechend, breit aufgestellt. Innerhalb der IT herrschen klare organisatorische Zuständigkeiten. Die IT-Abteilung setzt sich zusammen aus den Bereichen Rechenzentren, IT-Distribution sowie Beschaffung/Entsorgung. Die Unternehmensstruktur ist gekennzeichnet durch eine Matrixorganisation. Der ganze Betrieb ist funktionell miteinander verbunden, sodass die Zusammenarbeit verschiedener Bereiche gefördert werden kann. Mitarbeiter aus dem Solution-Management, der IT und den Rechenzentren sind in ihrer Doppelfunktion auch im Sustainability-Bereich tätig. Daraus resultiert auch eine „Double Reporting Line", wobei die Frage der Zuständigkeiten nicht immer transparent ist. Das bedeutet, dass die IT-Bereichsleiter sowohl an den CSO, Peter Graf, als auch an den CIO berichten. CSO Peter Graf berichtet direkt an den Vorstand. Ihm untergeordnet ist der Bereich Nachhaltigkeit. Ein Teilbereich davon ist Green IT. Dort wird ein Ideenmanagement für neue wertgenerierende Green-IT-Maßnahmen gefördert, die eine effiziente IT-Infrastruktur schaffen sollen. Bereichsspezifisch werden Maßnahmen implementiert wie die Virtualisierung, die Powersavingsoftware sowie die Verringerung der Druckeranzahl. Rückwirkend sollen diese Maßnahmen später die anderen Unternehmensbereiche unterstützen und Ressourcen stärken. Nach einer Gartner-Studie sind 2 % des weltweiten CO_2-Ausstoßes auf IT und Telekommunikation zurückzuführen (Gartner 2007). Das Thema „Green in der IT" beschäftigt sich genau mit diesen 2 %, die SAP wiederum in drei Unterbereiche aufteilt:

- Energiereduktion im Rechenzentrum
- Energiereduktion in der Distributed IT
- E-Waste und Dematerialisierung

Der Bereich Energiereduktion bezieht sich einerseits auf Rechenzentren, andererseits aber auch auf Büroumgebung, Notebooks oder etwa Telefonie. Der Bereich E-Waste dagegen beschäftigt sich mit der fachgerechten und nachhaltigen Entsorgung von Elektronikgeräten mit immer kürzer werdenden Produktlebenszyklen (Worthington 2009). In der Dematerialisierung wird versucht, die durch Menschen verursachten Stoffströme zu reduzieren. Es wird analysiert, welchen Beitrag die IT zur Reduzierung von CO_2-intensiven Aktivitäten leisten kann. So werden etwa Arbeitsplatzdrucker durch Multifunktionsgeräte ersetzt.

Die restlichen CO_2-Emissionen sind dem gesamten Unternehmen zuzuordnen. Hier sollen Green-IT-Maßnahmen implementiert werden, die das gesamte Unternehmen betreffen (Green durch IT), z. B. Businessflüge durch Videokonferenzen zu ersetzen. Diese Maßnahme steigert zwar die IT-spezifischen Emissionen, holistisch gesehen werden aber die CO_2-Emissionen gesenkt.

Hohe CO_2-Emissionen sind ein Indikator für Ineffizienz. Das haben auch die Kunden von SAP gemerkt. Aus deren vielfältigem Input und Rückmeldungen konnte die Nachhaltigkeitsstrategie erst abgeleitet werden, denn Nachhaltigkeit wird von den Kunden heutzutage sehr stark nachgefragt.

SAP hat neben seinen IT-beinhaltenden Kernprodukten auch eine IT-Abteilung, die SAP mit IT versorgt. Sie stellt ein Cost Center im Unternehmen dar, welches jährliche Kostenziele erreichen muss. Prozentuale Anteile an virtuellen Servern und die Anzahl ausgelieferter Server sind Key-Performance-Indikatoren (KPIs), an denen die IT-Abteilung gemessen wird. KPIs aus dem Bereich Green IT werden dem Management als Global Reporting zur Verfügung gestellt.

Arbeitsgruppen wie Applikations- und End-User-Teams sowie Sustainability-Teams treffen sich mindestens einmal im Monat, um Entwicklungen und Fortschritte zu kommunizieren und die Wahrnehmung für Nachhaltigkeit im Unternehmen zu schärfen.

Handlungsdruck. Energiekonsum ist eine signifikante und steigende Belastung für SAP. Laut SAP ist davon auszugehen, dass der Energiekonsum bis zu 25 % des IT-Budgets ausmacht. Auch der Druck seitens der SAP-Anwenderunternehmen, IT-Kosten einzusparen, ist groß. Je nach konjunktureller Lage werden IT-Budgets angepasst. IT-Investitionen und Projekte werden nach Wertbeitrag bzw. Rentabilität gemessen. SAP steht also unter dem Druck, seinen Kunden die Vorteile seiner Produkte auch in wirtschaftlich schwachen Zeiten verständlich zu machen. Dazu benötigt es Kennzahlen, die in der Lage sind, den Wertbeitrag der Produkte aufzuzeigen. Auch intern stellt sich SAP der Herausforderung, für viele Vorgänge Kennzahlen zu generieren, um eine reale Basis für die Sustainability Reports zu haben.

Im Jahr 2011 sollten laut einer Umfrage (BITKOM 2011) die weltweiten IT-Ausgaben um 4,3 % auf über 960 Mrd. Euro wachsen. Vor allem in Ländern wie Indien und Russland wird dies in Zukunft besonders spürbar sein. Trotz dieser guten Perspektive ist ein Handlungsdruck in Richtung CO_2-Reduzierung in der IT zu erkennen.

Das größte Potenzial zur Kostenreduzierung innerhalb der IT-Abteilung steckt in der Optimierung der Infrastruktur. Die Gestaltung der Infrastruktur erweist sich jedoch als zunehmend schwierig. Durch die Zurverfügungstellung von Kapazitäten in variabler Art und Weise, die man Cloud nennt, wird eine Kontrolle über die Servernutzung immer schwieriger. Durch die einfache und flexible Beschaffung von Servern neigen Mitarbeiter dazu, Server ineffektiv zu nutzen, ohne sich dessen bewusst zu sein. Beispielsweise ist es für einen SAP-Entwickler leicht, mit dem Selbstservice virtuelle Systeme zu erzeugen. Eine Anforderung an die IT-Abteilung ist es dagegen, diese individualisierten Prozesse zu kontrollieren. Es ist schwer zu erkennen, ob ein installierter Server im großen Umfang genutzt wird und damit ein exponenzielles Serverwachstum rechtfertigt. Die

Schwierigkeit liegt dabei in der Identifikation des sogenannten „Usuable Walk", einer Kennzahl, die die tatsächliche Nutzung misst. Es stellt sich deshalb die Frage, ob die einfache Nutzung und Bereitstellung von Virtualisierung und Clouds nicht einen steigenden Stromverbrauch zur Konsequenz hat.

6.3 Umsetzung

6.3.1 Governance

SAP versucht seine Ziele umzusetzen, indem in verschiedenen Unternehmensbereichen Maßnahmen ergriffen werden. Vor allem die IT-Abteilung leistet dabei einen großen Beitrag zur Erreichung der unternehmensinternen Umweltziele. Dazu investiert sie in die Entwicklung von neuen Techniken und Maßnahmen innerhalb von Rechenzentrum und Büroumgebung, aber auch in der Beschaffung und der Entsorgung. Den Fokus legt SAP allerdings auf die Entwicklung neuer Kennzahlensysteme zur genauen Darstellung der Wirkung von Green IT. Metriken helfen Zielvorgaben aufzustellen und überwachen ihren Erfolg (Schmidt 2011). Viele dieser Investitionen steigern zwar die CO_2-Emissionen innerhalb der IT-Abteilung, tragen aber durch die Verringerung der Emissionen erheblich zur Verbesserung der CO_2-Bilanz des gesamten Unternehmens bei.

Zur Erreichung unternehmensexterner Umweltziele, wie z. B. Nachhaltigkeit bei seinen Kunden zu verbreiten, investiert SAP in seine Produkte und Dienstleistungen. Zudem findet sich SAP regelmäßig mit anderen namhaften Software- und Hardwareherstellern in einer Green Community zusammen. Ziel dieser Community ist es, ein „Thought Leadership"-Konzept im Interesse der Kunden zu entwickeln. Bestenfalls endet der Zyklus des Thought Leadership mit einer Produktentwicklung. Eine Herausforderung besteht darin, die Nachhaltigkeit von Produkten für die Kunden nachvollziehbar zu machen, denn erst wenn ein klarer Nutzen für den Kunden erkennbar wird, entschließt sich dieser zu einem Kauf.

Mit Unternehmenssoftware als Kernprodukt sitzt SAP selber an der Quelle für Green-IT-Maßnahmen, denn dadurch kann es Nachhaltigkeitsaspekte in seine Software mit einfließen lassen. Bevor die Weitergabe an Kunden erfolgt, implementiert und testet man sie im eigenen Unternehmen. Durch die Einführung von Richtlinien in der IT-Architektur und in der Entwicklung werden energieeffiziente Softwarelösungen in der Zukunft sichergestellt. Weiterhin lässt sich SAP seine Lösungen durch Technologiepartner zertifizieren und versucht damit den Stromverbrauch zu reduzieren.

Mit Eigenentwicklungen, wie z. B. dem Sustainability Performance Management, einer Software, die über 400 vordefinierte KPIs verfügt, kann SAP seine CO_2-Ausstöße verfolgen. Außerdem kann es mit dem SAP Carbon Impact, einem anderen On-Demand-Tool, den CO_2-Ausstoß genau berechnen. SAP Carbon Impact umfasst Werkzeuge für die Lebenszyklusanalyse, mit denen der ökologische Fußabdruck eines Produkts auf der Grundlage von CO_2-Emissionen und anderer Umweltfaktoren berechnet werden kann. Diese Transparenz ermöglicht die Erstellung eines genauen Nachhaltigkeitsmaßnahmenplans. Mit dieser Exemplarstrategie zeigt SAP seine Eigeninitiativen zum Thema Nachhaltigkeit. Einen noch größeren Einfluss auf die globale Nachhaltigkeit kann SAP jedoch durch seine Enabler-Strategie ausüben. Je mehr multinationale Konzerne eine Nachhaltigkeitsstrategie verfolgen, desto mehr Zulieferer müssen sich auch dieser Entwicklung beugen. Um Umweltdaten nachzuvollziehen, braucht es Software, wie beispielsweise das Sustainability Performance Management oder SAP Carbon Impact. Mit dem SAP Carbon Impact sollen Unternehmen Forderungen von Verbrauchern und Brancheninitiativen nach der Offenlegung ihrer Nachhaltigkeitsdaten effizient nachkommen. Auch im Bereich Umwelt, Gesundheit und Sicherheit will SAP durch seinen Partner TechniData Lösungen bereitstellen. Zudem soll das SAP Environment, Health, and Safety Management Unternehmen bei der Einhaltung von Vorschriften für die Inhaltsstoffe von Produkten unterstützen.

Im Hinblick auf langfristige Investoren sieht SAP die Entwicklung von Green IT als zukunftsweisend. Die dadurch erlangte Reputation ist eine wertgenerierende Ressource. SAP führt eine innovative Zusammenarbeit mit Kunden und Partnern durch, um neue Green-IT-Lösungen und -Services zu finden, die Nachhaltigkeit fördern und den IT-bezogenen Stromverbrauch reduzieren. Die internen Forschungen und Ergebnisse macht sich SAP zu Nutze, indem es seinen Kunden die Vorteile von Green-IT-Maßnahmen wie Virtualisierung vorstellt. Eine weitere Maßnahme ist das sogenannte Hosten von Servern, welches zum Dienstleistungsbereich von SAP gehört. Dabei wird die benötigte Hardware zum Betrieb eines Servers von SAP bereitgestellt. Der Kunde kann diese Hardware als Speicherplatz oder für andere Dienstleistungen mieten. Diese Dienstleistung kann auch auf virtuellen Servern im Internet erfolgen (Speichert 2007).

6.3.2   Beschaffung

SAP hat bestimmte Nachhaltigkeitskriterien für den Einkauf sämtlicher Materialien, Produkte und Dienstleistungen aufgestellt. Von jedem potenziellen Lieferanten werden zunächst Nachhaltigkeitsberichte erfragt. Kriterien wie die Höhe des CO_2-Ausstoßes bei der Herstellung, der Stromverbrauch, die Umweltverträglichkeit des Toners, die Verbrauchsmaterialien bei der Herstellung sowie die Art der Entsorgung der Altgeräte werden entsprechend gewichtet und spielen neben technischen Anforderungen beim Entscheidungsprozess eine Rolle. Im „SAP Supplier Code of Conduct" bringt SAP gegenüber allen Vertragsfirmen, Beratern, Lieferanten, Verkäufern und allen anderen, die in seiner Wertschöpfungskette einbezogen sind, seine Erwartungen zum Ausdruck, sich mit Gesetzen, Regularien und Umweltstandards im Einklang befinden zu müssen. Zusätzlich wird erwartet, dass sie mit dem „SAP Sustainability Supplier Questionnaire" einen achtseitigen Fragenkatalog bezüglich ihres Unternehmens, ihrer Umweltstandards, ihrer Lieferbeziehungen, ihres Managementsystems, ihres Reporting, ihrer Gesundheits- und Sicherheitspolitik und ihrer Arbeits- und Menschenrechtspolitik beantworten. Weiterhin sollen sie eine eigene ökologische Selbsteinschätzung ihres Unternehmens abgeben. Bei der Lieferung von Materialien und Produkten werden die Herstellungsart und die Energieeffizienz geprüft.

Mit einem jährlichen Beschaffungsvolumen von 25 % der Gesamtserveranzahl wird durch den Einkauf von virtuellen Servern die Virtualisierung stark vorangetrieben. Durch ihren Einsatz fallen die typischen Lebenszyklusphasen physischer Maschinen wie z. B. Beschaffung, Backup und Entsorgung komplett weg.

Die Beschaffung von Servern erfolgt alle vier bis fünf Jahre und geht mit einer quartalsweisen Beschaffungsanalyse einher. Auf Basis der Anforderungen des Servermanagements, wie z. B. Strombedarf und Leistung, werden gewisse Modelle ausgesucht, die für das nächste Quartal festgelegt werden. Außerdem wird eine Total-Cost-of-Ownership-Analyse durchgeführt. Werden Produkte aufgrund guter Angaben des Herstellers beschafft, prüft SAP selbst noch einmal die Glaubwürdigkeit dieser Angaben durch Strommessungen unter Last. Mit dieser Maßnahme will sich SAP absichern und Anbieter identifizieren, die bei den Verbrauchsangaben mehr versprechen, als sie letztlich einhalten, und nicht umgekehrt.

SAP verfolgt die Entsorgung von IT-Geräten, um sicherzustellen, dass diese fachgerecht stattfindet. In Deutschland arbeitet SAP dabei mit zertifizierten Hardwareabnehmern. Bei funktionstüchtigen Geräten findet eine Wiederverwendung von 90 % statt. Der Rest wird vorschriftsmäßig entsorgt. Künftig soll ein globaler Prozess implementiert werden, der es ermöglicht, Hardware in allen Standorten an einen Partner zu übergeben, der Rückmeldung über die Art und Weise der Entsorgung gibt. Außerdem stattet SAP den Entsorgungsunternehmen unangemeldete Besuche zur Kontrolle ab.

6.3.3 Produktion

Die Produkt- und Servicestrategie von SAP sieht vor, Kunden jederzeit und an jedem Ort Zugang zur Unternehmenssoftware zu ermöglichen, unabhängig davon, ob sie fest installierte Lösungen einsetzen (On Premise), die Software bei Bedarf über das Internet nutzen (On Demand) oder ob auf mobilen Endgeräten gearbeitet wird (On Device) (SAP 2010b).

Um Softwareprodukte umweltgerechter zu gestalten, prüft SAP den Einsatz von Architekturrichtlinien. Produkte werden so gestaltet, dass eine Anwendung nicht durch mehrere Funktionen gleichzeitig unterstützt wird. Somit versucht SAP unnötige Doppelbelastungen zu vermeiden.

Seit 1998 hat SAP Performancerichtlinien für seine Entwickler eingeführt, die technische Vorgaben und Begrenzungen bezüglich der zu entwickelnden Softwarearchitektur beinhalten. Inzwischen gibt es seit 2009 eine Erweiterung dieser Vorgaben um den Energieverbrauch. Die Aufgabe einer Technical-Innovation-Plattform (TIP) ist die Integration von Produktlinien und deren Gestaltung hinsichtlich der Architektur. Es soll aufgezeigt werden, wie viel Strom und wie viel CO_2 sich durch Veränderungen der Architektur einsparen lassen.

Mit der Festlegung von Richtlinien für die Entwickler gestaltet SAP die Softwareprogramme effizienter. Durch die Veränderung der Architektur soll das ganze Unternehmen als solches schlanker werden. Zuletzt sollen auch die Hardwarehersteller dazu gebracht werden, die Stromverbräuche (sogenannte SAPS) zu begrenzen. Mit diesen drei Maßnahmen beabsichtigt SAP seine Scope-3-Emissionen zu reduzieren.

Rechenzentrum. Die Rechenzentren von SAP sind zusammengesetzt aus einem globalen Rechenzentrum im Standort Walldorf-Roth, in welchem Produktivsysteme mit einem Hauptserver stehen, und zehn weiteren regionalen Rechenzentren. Darüber hinaus bestehen zwölf bis fünfzehn lokale Rechenzentren an Entwicklungsstandorten weltweit, die in der Regel von vergleichsweise kleinen X-86-Servern oder Blades betrieben werden. 65 % des Stromverbrauchs der IT sind auf die Rechenzentren zurückzuführen. Die Serveranzahl liegt bei 40.000, wobei sowohl physische als auch virtuelle Server gezählt werden. Die Zahl der virtuellen Server ist stark ansteigend, da sie ein hohes Energieeinsparpotenzial bieten. Daher betreibt SAP nur noch ca. 25.000 physische Server mit einem jährlichen Rückgang von 4–5 %. Die Virtualisierung ist ein Verfahren, das durch die Simulation von unabhängig arbeitenden virtuellen Servern zur besseren Serverauslastung und somit zur Reduzierung der gesamten Serveranzahl im Rechenzentrum beiträgt (Krcmar 2010). Seit mehr als drei Jahren werden 80–85 % der Server als virtuelle Server ausgeliefert. Im Jahr 2000 konnte SAP ein starkes Serverwachstum verzeichnen. Dies hatte zur Folge, dass ständig neue Rechenzentren gebaut werden mussten. Schnell wurde klar, dass die ständige Vergrößerung der Rechenzentreninfrastruktur erschreckende Auswirkungen auf den CO_2-Fußabdruck der IT hatte. SAP begann eine Nachhaltigkeitsstrategie zu entwickeln, die nicht das Wachstum von Rechenzentren fördert, sondern vielmehr die optimale Ausnutzung der Ressource Rechenzentrum ermöglicht. In den weltweiten Rechenzentren von SAP wurde in Energieeffizienzmaßnahmen investiert. Mithilfe von Virtualisierungstechnologien verringerte SAP die Serveranzahl. Die Anzahl an virtuellen Servern wurde von 37 % auf 49 % gesteigert. Die Virtualisierungsrate neuer Server weitete sich auf 83 % aus, wodurch die Rechnerkapazität erhöht wurde. Virtualisierungsmaßnahmen setzt SAP nicht nur auf Servern ein, sondern versucht auch mithilfe der Netzwerk- und Storage-Virtualisierung sowie Backups den Verbrauch zu reduzieren. Ferner optimiert SAP seine Kühlsysteme, denn durch das Entstehen einer hohen Abwärme in den Serverräumen fließen mehr als 50 % des gesamten Energieverbrauchs in die Klimatisierung (Zeißler 2011). Dadurch soll verhindert werden, dass die Server überhitzen.

Einige Rechenzentren der SAP sind veraltet. Für jede verbrauchte Kilowattstunde Strom muss bei diesen Rechenzentren ein Kilowatt-Peak (kWp) für die Kühlung aufgewendet werden. Hier wird das Einsparpotenzial besonders deutlich. Zur Optimierung der Kühlsysteme in den Rechenzentren hat SAP innovative Strategien zur Senkung des Energieverbrauchs eingeführt:

- Im globalen Rechenzentrum in Walldorf-Roth implementierte SAP die Warm-/altgang-Kühlanlage, bei der jeder Gang zwischen den Rackreihen von Heißluftauslässen und Kaltlufteinlässen umgeben ist. Die Luft wird von der Unterseite in den kalten Gang eingeführt und von den heißen Gängen an der Oberseite ausgeführt, was zu einer ständigen Luftumwälzung führt (Hofmann 2011).
- In vielen Rechenzentren von SAP wird versucht die freie Kühlung zu optimieren. Mit dieser Alternative kann in selbstbetriebenen Rechenzentren durch die Nutzung niedriger Außentemperaturen der Energieverbrauch komplexer Klimatisierungssysteme heruntergefahren werden (Zeißler 2011).

- In vier Rechenzentren (Bangalore, Schanghai, Brüssel, Regensdorf) hat SAP die Kaltgangeinhausung eingeführt, bei der anstelle des gesamten Serverraums nur einzelne Gänge mit Serverracks gekühlt werden.
- Im Rechenzentrum in Schanghai verbesserte SAP die passive Kühlung durch die Verringerung direkter Sonneneinstrahlung auf das Gebäude.
- Die Umstellung auf direkten Gleichstrom im Co-Innovation Lab in Palo Alto machte den Stromverbrauch effizienter, da keine Energie durch die Umwandlung in Wechselstrom verloren ging.
- Im Rechenzentrum in Vancouver führte SAP als Pilotprojekt eine Software zur Auswertung von Wärmebildern und Energieverbrauchsdaten ein.

Der von SAP zur Klimatisierung genutzte Systemkreislauf der indirekten freien Kühlung nutzt die Außenluft nicht direkt. Über ein Leitungssystem, das mit einem Wasser-Glykol-Gemisch gefüllt ist, wird die kalte Luft zuerst in kaltes Wasser übertragen, um die Server herunterzukühlen. Diese besonders energiesparende Kühlungsmethode funktioniert bei einer Temperatur von bis zu 17 °C ohne stromhungrige Kompressoren. Ab einer Zulufttemperatur von 17 °C schalten die Kältekompressoren wieder automatisch ein, da sonst die Innentemperatur im Rechenzentrum deutlich über 40,5 °C ansteigt und erste Server abschalten.

Der Standort Walldorf-Roth erreichte durch die eingeführten Virtualisierungsmaßnahmen, die Warm-/Kaltgang-Kühlanlage sowie durch die kontinuierliche Verbesserung der unterbrechungsfreien Stromversorgung einen PUE-Wert von 1,47. Aufgrund dieses transparenten, ganzheitlichen Ansatzes wurde der Standort vom TÜV Rheinland mit der Bestnote zertifiziert.

Global konnte der Stromverbrauch aller Rechenzentren im Jahr 2010 um 9 % gesenkt werden, obwohl die Anzahl der Mitarbeiter um 1800 anstieg. Als Ziel bis 2012 möchte SAP die Virtualisierungsrate seiner gesamten IT-Landschaft um 80 % steigern (SAP 2011a).

SAP beabsichtigt die effizienten Rechenzentren in der ganzen Welt zu verbreiten. Dies soll durch folgende Maßnahmen erreicht werden:

- Anbieten von Beratungsservices, die helfen den CO_2-Fußabdruck von Produkten zu reduzieren. Vom Total Cost of Ownership bis hin zu Restrukturierungsmaßnahmen und zur Veränderung der IT-Architektur deckt SAP alle Bereiche ab.
- Auswahl von Technologiepartnern, die eine energieeffiziente Infrastruktur haben. SAP arbeitet an der Optimierung von Hardware, um SAP-Lösungen in effizienter Weise zu nutzen. Dazu leitet das Unternehmen zusammen mit Technologiepartnern eine Benchmarking-Initiative, um eine einheitliche Methode zur Messung von Stromverbrauch festzulegen.
- Entwerfen von Software, die energieeffizient ist. SAP bemüht sich, Software, die innovative Optimierungstechnologien beinhaltet, wirksam einzusetzen. Das Unternehmen arbeitet daran, die größten Energiekonsumenten von SAP-Software zu determinieren, um speziell für diese Zielgruppe Vorgaben zum Programmieren von Software und zur IT-Architektur zu geben.

Mit diesen Lösungen und Services werden Unternehmensprozesse für Kunden auf möglichst energieeffiziente Art und Weise entworfen und übermittelt.

Büroumgebung. Die Verringerung des Stromverbrauchs in der Büroumgebung ist Schwerpunkt vieler Projekte von SAP. Die erste globale Green-IT-Maßnahme von SAP war die Umstellung des gesamten Druckerumfeldes. Seit der Einführung von Multifunktionsgeräten anstelle von Arbeitsplatzdruckern werden größere Einheiten zentral gemanagt und spezifisch pro Kostenstelle abgerechnet. Das Druckvolumen und der entsprechende Strom- und Papierverbrauch konnten deutlich gesenkt werden. Weiterhin wurden weltweit technologische Standardeinstellungen verändert. Wurde früher mit der Standardeinstellung einseitig und farbig ausgedruckt, ist die Standardeinstellung heute zweiseitig und schwarz-weiß. Will ein Mitarbeiter einen anderen Ausdruck erhalten, ist das möglich, jedoch mit einem höheren Zeitaufwand verbunden. Solche technischen Maßnahmen innerhalb der Büroumgebung zielen auf eine Verhaltensänderung seitens der Mitarbeiter ab.

Ein weiteres Vorgehen, das zu mehr Nachhaltigkeit innerhalb der Büroumgebung beiträgt, ist die Einführung eines zentralisierten Power Managements. Dieses System schaltet PCs ab, die über einen längeren Zeitraum nicht benutzt werden. Dadurch sollen Leerlaufzeiten von PCs weitestgehend beseitigt werden. Dies gilt sowohl für PCs als auch für Laptops, solange sie sich im Netzwerk von SAP befinden. Diese Maßnahme befindet sich noch in der Implementierungsphase und wird getestet. SAP rechnet bei den Desktop-PCs mit Energieeinsparungen von 40–60 %. Nutzer sollen aber am Abschaltvorgang mitwirken können. Vor allem in der Entwicklungsumgebung haben sie die Möglichkeit das Abschalten, wenn nötig, zu verzögern.

Thin-Client-Lösungen setzt SAP bislang nur in der Büroumgebung in Form des Remote Desktop Protocols ein, eines Netzwerkprotokolls zum Darstellen und Steuern von Desktops auf fernen Computern. Aufgrund seiner Kernkompetenz in der Entwicklung, die sehr mobil ausgelegt ist, würde ein Aufstellen von Thin Clients dort eine Einschränkung bezüglich der Mobilität und eine wahrgenommene Herabstufung in der Funktionalität mit sich bringen.

Des Weiteren läuft zurzeit eine Versuchsreihe, IP-Telefonie im Unternehmen einzuführen. Es handelt sich um eine intern hergestellte IP-Telefonie-Software, die zu großen Teilen die herkömmlichen Telefone ersetzen soll. Diese Investition steigert zwar die CO_2-Emissionen innerhalb der IT-Abteilung, trägt aber durch die Verringerung der Dienstreisen erheblich zur Verbesserung der CO_2-Bilanz bei. Leider besteht bei vielen Mitarbeitern Skepsis bezüglich Verständigung und Qualität der IP-Telefonie. Weiterhin fördert SAP das Ersetzen reeller Meetings durch virtuelle Meetings. Dazu ist z. B. das Tool SAP-Connect im Einsatz, welches eine direkte PC-PC-Kommunikation ermöglicht. Für größere Events organisiert SAP teilweise bereits virtuelle Messen und Ausstellungen.

Messung und Steuerung. Der von SAP eingeführte Index SAP Application Performance Standard (SAPS) gibt an, wie viele Aufträge ein SAP-System pro Zeit verarbeiten kann. Dieser Index gewährleistet die Leistungsfähigkeit einer SAP-Installation plattformunabhängig festzustellen. Er dient zum einen dazu, sich einen Überblick über die Performance einer bestehenden Installation zu verschaffen. Zum anderen ist er auch Grundlage für die grobe Abschätzung, das sogenannte Sizing, einer zu planenden Infrastruktur für den SAP-Betrieb. SAP will SAPS auch als normierendes Kriterium für seine Hardwarehersteller einführen. Deshalb hat SAP auf der eigenen Internetseite eine Powerbenchmark veröffentlicht, in der Hersteller gebeten werden mit Watt per Kilo SAPS zu rechnen. Das Ziel dieser festen Methode ist es, künftig den Verbrauch einer Durchschnittsinstallation bei einem Kunden in SAPS anzugeben.

Im Standort Walldorf-Roth sind genaue Tools zur Messung des Stromverbrauchs im Rechenzentrum installiert. Es gibt Messwerte für den Storage-, Backup- und Virtualisierungsbereich. Im Rechenzentrum Walldorf-Roth werden 80 % der Gesamtrechenfläche gebraucht, was ca. 10 Mio. kWh im Monat ausmacht. Ausgehend von diesem Wert findet eine Hochrechnung für die restlichen Standorte statt, da dort die Implementierung von Messinstrumenten noch nicht abgeschlossen ist.

Mit dem Power Consumption of usable Server (PCouS) wurde ein weiterer KPI eingeführt. Mit dieser Kennzahl wird der Gesamtstromverbrauch im Rechenzentrum inklusive Kühlung, Netzwerk, Backup und Storage in Relation zur Anzahl genutzter Server gemessen. Mit diesem Indikator kann durch den Einbezug aller Werte angegeben werden, wie viel Strom ein einzelner Server durchschnittlich verbraucht. Je niedriger der PCouS, desto kleiner der Stromverbrauch. Außerdem kann genau identifiziert werden, an welcher Stelle Potenzial besteht effizienter zu werden, z. B. durch eine höhere Virtualisierungsrate oder ein effektiveres Backup. Ziel ist es, zukünftig verschiedene Standorte mithilfe der PCouS-Kennzahl zu vergleichen, wobei man hier die unterschiedlichen Infrastrukturen und die verschiedenen Produkte der Standorte berücksichtigen muss.

Die Temperaturmessung in Gebäuden und Rechenzentren führt das integrierte Building-Management-System von Siemens automatisch durch. Mithilfe dieses Systems standardisiert SAP die Gebäudetemperaturmessung.

Die Zufriedenheit der Kunden ist eine der vier wichtigsten Kennzahlen, mit der SAP Leistung und Erfolg auf Unternehmensebene misst. Seit 2011 ermittelt es mit einem neuen System vierteljährlich die Kundenzufriedenheit, um die Stimmung der Kunden präzise zu erfassen und auf alle Anforderungen einzugehen. Mithilfe der Rückmeldungen können Maßnahmen für konkrete Probleme ergriffen werden. Eine spezielle Software gewährleistet, dass die Behebung genannter Kritikpunkte umgehend eingeleitet wird. Darüber hinaus werden systemübergreifende Problembereiche unter strategischen Gesichtspunkten bewertet und gelöst.

Weiterhin entwickelt SAP in Zusammenarbeit mit einem anderen Unternehmen zurzeit eine Software, die versucht, das Power Management auf Servern auszunutzen. Die IT setzt sich als Mittler indirekt für den Umweltschutz ein, indem sie umweltrelevante Kennzahlen erfasst und zur Verfügung stellt. Seit fünf Jahren hat SAP ein Reporting-System entwickelt, das heute auch als Business-Object-Software an Kunden vertrieben wird.

Probleme des Messens. Um eine gute Kennzahlenbasis für den Sustainability Report zu erzeugen, fehlt es an vielen Stellen noch an geeigneten Kennzahlen. In vielen Fällen ist SAP auf Einzelmessungen an Standorten angewiesen, die durch Hochrechnungen lediglich Abschätzungen über Verbrauchswerte zulassen. Vor allem wenn angemietete Gebäude als Standort dienen, ist es fast unmöglich den eigenen Stromverbrauch genau zu ermitteln. Es besteht die Herausforderung, mehr Zahlen zu generieren, um einen präzisen Stromverbrauch abbilden zu können.

Eine spezielle Schwierigkeit besteht darin, die CPU-Auslastung eines Entwicklers zu messen. Es kann nicht geschlussfolgert werden, dass ein Entwickler unproduktiv ist, wenn seine CPU-Auslastung niedrig ist. Gerade auf Nichtproduktivsystemen ist die CPU-Auslastung kein KPI für Sustainability.

6.3.4   Vertrieb und Kommunikation

SAP vertritt sein Bekenntnis zur Nachhaltigkeit, indem es jährlich einen Nachhaltigkeitsbericht für alle Stakeholder, Partner und Interessierte online zur Verfügung stellt. Er dient als Sammelwerk aller Nachhaltigkeitsmaßnahmen und soll allen Anspruchsgruppen gerecht werden. Er wird zu 40 % intern und zu 60 % extern genutzt. SAP beteiligt sich an einer Vielzahl von Initiativen, wie z. B. AccountAbility, Business for Social Responsibility, CSR Europe, Ecosense, Global Reporting Initiative, International Business Leaders Forum und Kofi Annans Initiative UN Global Compact. Durch all dieses Engagement wurde SAP kürzlich von mehreren Agenturen und Indizes, wie dem Dow Jones Sustainability Index, für seine nachhaltige Unternehmensführung ausgezeichnet. Weiterhin trägt SAP seine Strategie durch Kommunikationsmittel wie Presseansprachen, Publikationen und die Kundenzeitschrift „Spektrum" nach außen. Die Berichterstattung über Nachhaltigkeitsthemen hat eine sehr hohe Medienabdeckung.

Intern gibt es ein Intranet, auf das alle Mitarbeiter Zugriff haben. Hier können sich Mitarbeiter untereinander mit anderen rechtlichen Identitäten vergleichen. Beispielsweise sehen sie, wie das Druckverhalten an unterschiedlichen Standorten ist. Damit können die Anzahl gedruckter Seiten, der durchschnittliche Farbdruck pro Mitarbeiter, das Pendlerverhalten und Stromverbräuche verglichen werden. Diese Transparenz soll die Mitarbeiter dazu motivieren, nachhaltiger zu handeln. Mit der Mitarbeiter-Engagement-Initiative „100.000 Schritte" will SAP seine 50.000 Mitarbeiter dazu motivieren, im Schnitt zwei Verhaltensänderungen im Jahr auszuüben. Das können z. B. die Nutzung der Treppe statt des Aufzugs und das Pendeln in Gruppen sein. Alle zwei Wochen geben die Sustainability Champions den Mitarbeitern Ratschläge bezüglich nachhaltigen Handelns in der Mitarbeiterzeitschrift „SAP World" oder durch andere Kommunikationskanäle. Weiterhin versucht SAP durch Initiativen wie die „Fokuswoche Papier" bildlich auf Umweltprobleme aufmerksam zu machen und damit eine Verhaltensänderung bei den Mitarbeitern auszulösen. Beispielsweise wurde eine Pyramide aus Papier vor der Kantine aufgestellt, die das Druckvolumen von Deutschland an einem Tag darstellte. Diese Art von Initiative schafft Transparenz, die wiederum Engagement erzeugt. Engagement erzeugt Aufmerksamkeit und diese Aufmerksamkeit, so hofft SAP, führt zu einer

Verhaltensänderung. Fraglich ist, inwieweit Mitarbeiter diese angebotenen Initiativen wahrnehmen.

Die SAP-Produktunterstützung und viele andere Kundendienstleistungen werden in erster Linie über im Internet zugängliche Systeme abgewickelt, die unter dem Namen SAP Service Marketplace zusammengefasst werden. Dort können SAP-Anwender Problemmeldungen an SAP schicken und weiterverfolgen. SAP führt jährlich eine Zufriedenheitsanalyse seiner Kunden durch. Über die SAP-internen Netzwerke kommuniziert es die Ergebnisse seiner Zufriedenheitsanalysen. Bei einer Befragung im Jahr 2010 erreichte die Kundenzufriedenheit auf globaler Ebene einen stabilen Wert von 7,6 von 10 möglichen Punkten. Über einen offenen Dialog mit seinen Kunden bietet SAP neben den vierteljährlichen Ermittlungen der Kundenzufriedenheit die Möglichkeit, sich mit Problemen oder Wünschen an ihren Account Manager zu wenden. Mit dem Kunden im Mittelpunkt der Unternehmensstrategie hat sich SAP das Ziel gesetzt, im Jahr 2011 eine Gesamtzufriedenheit von 7,7 zu erreichen.

Für jeden Mitarbeiter hält SAP ein Performance-und-Reward-Dokument bereit, in welchem Zielvorgaben jedes Einzelnen festgehalten und dokumentiert werden. Ein gewisser Gehaltsanteil ist variabel und kann mit guter Performance gesteigert werden. Auch die Attraktivität als Arbeitgeber wird immer häufiger von der Aufstellung des Unternehmens im Bereich Nachhaltigkeit mitentschieden. Absolventen kommen immer umweltbewusster von der Universität. Deshalb spielt nachhaltiges Handeln bei dem sogenannten War for Talent, dem Kampf um die Talente, eine Rolle.

Dabei versucht SAP insbesondere jede Art von Greenwashing zu vermeiden und ist nicht daran interessiert Maßnahmen zu implementieren, um sie entsprechend vermarkten zu können. Außerdem überdenkt SAP auch getroffene Entscheidungen aus der Vergangenheit bezüglich der nachhaltigen Vermarktung und Glaubwürdigkeit.

6.4   Erkenntnisse

Das Thema Nachhaltigkeit und Green IT wurde seit 2008 vom Vorstand ausgehend in die Organisation getragen. Durch die Überzeugung und das Engagement auf Vorstandsebene motiviert SAP seine Mitarbeiter, deren Fähigkeiten bei der Entwicklung von Nachhaltigkeitsmaßnahmen optimal einzusetzen. Mittlerweile gibt es eine ganze Community, die sich mit dem Thema Sustainability beschäftigt und ihre Ideen bis zum Management weitergibt. Zusätzlich wurden neue Arbeitsplätze im Bereich Nachhaltigkeit/Green IT geschaffen, mit dem Ziel, eine nachhaltige Kultur im Unternehmen zu etablieren.

Mit vielen Maßnahmen hat SAP bereits Erfolg. Beispielsweise kann durch die Einführung des Index SAPS die Leistungsfähigkeit einer SAP-Installation für die Kunden transparent gemacht werden. Eine zentrale Herausforderung stellt nach wie vor die Messung von Energieverbräuchen dar, um verlässliche Daten für tiefergehende Analysen zu generieren. Kennzahlen zur Messung der Green-IT-Performance sind vereinzelt, vor allem im Rechenzentrum, vorhanden. Ein ganzheitliches Performance-Measurement-System, das sämtliche Kennzahlen integriert, befindet sich noch in der Aufbauphase.

Der Einsatz von Green IT in der Softwarebranche kann massiv dazu beitragen, die Emissionen aller Anwenderunternehmen zu senken. Dafür müssen die Erfolge der Produkte messbar und transparent sein. Gerade im Dienstleistungsbereich und bei der Einarbeitung von komplexen Technologiesystemen sind die einfache Handhabung der Systeme und eine enge Zusammenarbeit mit Kunden und Partnern obligatorisch. Nur so kann SAP seine Kernstrategie, Kunden jederzeit und überall Zugang zur Unternehmenssoftware zu ermöglichen, umsetzen. Die Fallstudie SAP weist folgende Besonderheiten auf:

- **Holistischer Nachhaltigkeitsansatz.** SAP integriert die drei Arten nachhaltigen Handelns sinnvoll im gesamten Unternehmen. Außerdem adressiert SAP das Thema Green IT und Klimaschutz entlang der Wertschöpfungskette.
- **Kompetenz durch Green IT.** Die eigenen Erfahrungen, die SAP beim Implementieren, Erfassen und Auswerten von Green-IT-Maßnahmen sammelt, werden wiederum in neue, erweiterte Produkte eingesetzt, um am Markt erfolgreich zu sein. Durch die Nutzung von Green IT als Produkt besteht das Potenzial, Green IT im Unternehmen wertbringend einzusetzen.
- **Zweigeteilte Nachhaltigkeitsstrategie.** Mit dem Business Case, Vorreiter im Bereich Nachhaltigkeit zu werden, und dem Ziel, Nachhaltigkeit global zu verbreiten, ist die Nachhaltigkeitsstrategie in der gesamten Unternehmensstrategie eingebettet.
- **Integration der Kunden und Öffentlichkeit.** SAP verfügt über einen sehr umfangreichen, internetbasierten und interaktiven Nachhaltigkeitsreport für ein Softwareunternehmen. Dieser gewährleistet präzise Informationen für alle Stakeholder.

SAP profitiert ganz klar von dem Trend zur Nachhaltigkeit in Unternehmen. Das Geschäftspotenzial für Nachhaltigkeit und die damit verknüpfte Nachhaltigkeitssoftware ist groß. SAP weiß, dass Nachhaltigkeit den Shareholder Value und damit den Aktienwert beeinflusst, und geht entsprechend auf die Nachfrage ein. Das Unternehmen erkennt dabei die Wichtigkeit im Umgang mit Ressourcen. Schon immer waren Entwickler für SAP die wichtigste Ressource, doch neben diesem Humankapital sind heute Ressourcen wie z. B. Energie, Wasser und Rohstoffe von hohem Wert. Mit dem Pflichtbewusstsein gegenüber der Umwelt auf der einen Seite und dem unternehmerischen Denken auf der anderen Seite versucht SAP Nachhaltigkeit in dem Bereich zu integrieren, wo sie tatsächlich ihren Wert generiert: in seiner Software.

Fallstudie 4
Green IT bei der Deutschen Bank AG

Nicky Opitz, Koray Erek, Jan Rekers und Markus Dahlem

7.1   Unternehmen

Die Deutsche Bank AG gehört zu den weltweit führenden Investmentbanken und ist das größte Kreditinstitut Deutschlands. Ihr Privatkundengeschäft bietet Produkte und Dienstleistungen für Endnutzer in 72 Ländern in rund 3.078 Niederlassungen an. Alleine in Deutschland ist sie mit 2.039 Niederlassungen und 47.323 Mitarbeitern als Anbieter von Finanzlösungen vertreten (Tab. 7.1).

Herausforderungen im Wettbewerb. Die Herausforderungen der Deutschen Bank AG resultieren unter anderem aus dem neuen Reformpaket zur Bankenregulierung, Basel III. Das von der Bank für Internationalen Zahlungsausgleich (BIZ) verfasste Programm soll 2013 schrittweise in der EU eingeführt werden. Basel III soll die offengelegten Schwächen der Bankenregulierung beseitigen, die mitverantwortlich für die weltweite Finanzkrise 2007 waren.

Rolle der Nachhaltigkeit. Die Deutsche Bank hat klar definierte Nachhaltigkeitsziele. „Der Wert unserer wirtschaftlichen Leistung wird dann noch gesteigert, wenn sie durch Aktivitäten erzielt wird, die hohe ökologische und soziale Anforderungen erfüllen. Nachhaltigkeit bedeutet für uns die Sicherung von Zukunftsfähigkeit auf der Grundlage eines stabilen wirtschaftlichen und sozialen Umfelds sowie einer intakten Umwelt".

Die Deutsche Bank identifiziert drei Kernbereiche nachhaltigen Handelns: Environment (Umwelt), Social (Soziales) und Governance (Unternehmenssteuerung) (Tab. 7.2).

Im Geschäftsalltag orientiert sich die Deutsche Bank an diesen sogenannten ESG-Bereichen, die fest in ihrem Leitbild zur Nachhaltigkeit integriert sind. „Nachhaltigkeit bedeutet für uns Zukunftsfähigkeit – mit dem Ziel, kommende Generationen eine gesunde Umwelt sowie stabile wirtschaftliche und soziale Verhältnisse zu übergeben", heißt es zu Beginn des Leitbilds. Darauf aufbauend hat die Deutsche Bank 1999 ein nach der internationalen Norm ISO 14001 zertifiziertes Nachhaltigkeitsmanagementsystem

R. Zarnekow und L. Kolbe, *Green IT*, DOI: 10.1007/978-3-642-36152-4_7,
© Springer-Verlag Berlin Heidelberg 2013

Tab. 7.1 Kurzportrait der Deutschen Bank

Deutsche Bank AG	
Gründung	1870
Firmensitz	Frankfurt am Main
Branche	Kreditinstitut
Produkte und Dienstleistungen	Privatkunden und Asset Management, Corporate und Investmentbanking
Firmenstruktur	Die Deutsche Bank AG gliedert sich in die Konzernbereiche Corporate & Investment Bank (CIB), Private Clients and Asset Management (PCAM) sowie Corporate Investments (CI). Sie ist, gemessen an der Bilanzsumme und der Mitarbeiterzahl, das größte Kreditinstitut Deutschlands.
Website	www.deutsche-bank.de
Umsatz	2011: 32,2 Mrd. Euro
Mitarbeiter	2011: 100.996
Mitarbeiter im IT-Bereich	ca. 6000
Rolle des IT-Bereichs	Cost Center
Rechenzentren	ca. 18 größere Standorte
PC-Arbeitsplätze	105.500

Tab. 7.2 Ansatz der Deutschen Bank im Bereich Nachhaltigkeit

Nachhaltigkeit = Zukunftsfähigkeit sichern		
Ökologische Aspekte = Zukunftsfähigkeit und Innovation	Soziale Aspekte = Beschäftigungsfähigkeit und Verantwortung	Governance-Aspekte = Transparenz und Rechenschaftspflicht
• Finanzintermediär	• Einsatz für Menschen- & Arbeitnehmerrechte	• Nachhaltigkeits-managementsystem
• Umwelteffizienzmanager	• Verantwortung als Arbeitgeber	• Corporate Governance
• Klimabotschafter	• Nachhaltigkeitstraining & -dialog	• Compliance & Risikomanagement

etabliert, welches Nachhaltigkeit als integralen Teil der Geschäftsstrategie sicherstellt und einen kontinuierlichen Verbesserungsprozess gewährleistet. Danach existieren kooperative Gremien, die die operative Umsetzung der Energie- und Klimastrategie planen und kontrollieren. Die abschließende Verantwortung wird vom Vorstand übernommen (Abb. 7.1).

Der Kernbereich Umweltschutz als ökologischer Aspekt setzt den Fokus primär auf Innovation und Zukunftsfähigkeit zum Schutz des Klimas. Dieser Bereich lässt sich in drei Aktionsfelder gliedern, denen jeweils passende Maßnahmen zugeordnet werden.

Abb. 7.1 Nachhaltigkeitsmanagementsystem

Im ersten Aktionsfeld sieht sich die Deutsche Bank als Finanzintermediär, der zwischen Umwelt und Kunden ein nachhaltiges Bankengeschäft bereitstellt. Durch die Investition in ökologisch einwandfreie Technologien und das Angebot von nachhaltigen Produkten können Investitionen in emissionsarme Unternehmen gelenkt werden. Im nächsten Aktionsfeld versucht die Deutsche Bank als Umwelteffizienzmanager durch Maßnahmen, wie z. B. eine umwelteffiziente IT, selbst etwas zum nachhaltigen Betriebsablauf im täglichen Geschäft beizutragen. Dieser Sektor ist in den letzten drei Jahren enorm gewachsen, da vermutet wird, dass in grundlegenden Strukturänderungen das größte Einsparpotenzial steckt. Durch ihre Reputation als Wissensunternehmen versucht die Deutsche Bank als Klimabotschafter mit ihren Kunden, Mitarbeitern und der Öffentlichkeit in einen Dialog zu treten und auf das Klimathema aufmerksam zu machen. Durch nachhaltiges Handeln möchte die Deutsche Bank langfristigen wirtschaftlichen Erfolg auf verantwortliche Weise sichern. Dazu investiert sie in die Verringerung ihrer CO_2-Emissionen mit dem Ziel, die CO_2-Emissionen jährlich um 20 % gegenüber dem Basisjahr 2007 zu verringern und bis 2013 klimaneutral zu sein. Die weltweiten Treibhausgasemissionen der Deutschen Bank betrugen 2007 rund 650.000 t CO_2. Durch eine Klimastrategie soll die Energieeffizienz gesteigert und der Verbrauch gesenkt werden. Außerdem soll durch die Umgestaltung von Gebäuden und die Umgestaltung der IT-Infrastruktur zur CO_2-Vermeidung beigetragen werden. Die Nutzung erneuerbarer Energien soll ausgebaut werden und unumgängliche CO_2-Emissionen sollen durch Emissionszertifikate neutralisiert werden. Bis 2012 stellt die Deutsche Bank für den Kauf von Emissionszertifikaten wie Certified Emission Reductions (CERs) oder Emission Reduction Units (ERUs) 22 Mio. Euro zur Verfügung. Mit dem Projekt der Sanierung der Deutschen-Bank-Türme im Firmensitz Frankfurt am Main leistet die Deutsche Bank einen dauerhaften Beitrag zum Klimaschutz. Mit der größten Gebäudesanierung Europas entstand eines der umweltfreundlichsten Hochhäuser der Welt. Der CO_2-Ausstoß sinkt um 89 % pro Jahr, zusammengesetzt aus 55 % Einsparung durch weniger Verbrauch und 34 % durch die Nutzung regenerativer Energien. Der Wasserverbrauch verringert sich um 74 %. Laut der Deutschen Bank würden sich die zusätzlichen Ökomaßnahmen der Green Towers bereits nach sieben Monaten amortisieren, da es sich lediglich um 10–15 % der Gesamtbausumme handelt.

Bereits im Juni 2009 machte die Deutsche Bank mit dem Carbon Counter auf den Klimawandel und seine Folgen aufmerksam. Es handelt sich dabei um eine 21 Meter hohe Anzeigetafel für Treibhausgase, die im Zentrum New Yorks aufgestellt ist. Sie soll ein stärkeres Bewusstsein für die schwerwiegenden Konsequenzen von CO_2-Emissionen in der Öffentlichkeit schaffen. Ferner unterstützt die Deutsche Bank zahlreiche nachhaltige Forschungsprojekte, wie das Projekt Solar Impulse, mit dem zwei Schweizer Pioniere 2014 das erste bemannte Solarflugzeug zur Weltumrundung schicken wollen. Auch dieses Projekt zeigt den großen Stellenwert für Innovation und Nachhaltigkeit auf. Des Weiteren engagiert sich die Deutsche Bank als einer von 13 Gründungsgesellschaftern am Wüstenstromprojekt Desertec, das unter anderem durch die deutsche Regierung unterstützt wird. Es handelt sich um ein Projekt, das künftig durch Wind- und Solaranlagen in Nordafrika zur Stromversorgung Europas beitragen soll. Schon jetzt bezieht die Deutsche Bank 69 % ihres eingekauften Stroms aus erneuerbaren Energiequellen (Habig und Hölz 2009).

Die Bereitschaft, den Klimawandel zu bekämpfen, findet sich in vielen Produkten wieder. Bis zum Ende des Jahres 2009 investierte sie 3,1 Mrd. Euro in nachhaltigkeitsorientierte Fonds wie DWS/DeAM Climate Change oder DWS New Resources. Die Deutsche Bank finanzierte zahlreiche Windanlagen in Deutschland oder Solaranlagen in Deutschland, Spanien und Italien.

Im Bereich Soziales zielt die Deutsche Bank auf Mitarbeiterzufriedenheit und die Attraktivität als Arbeitgeber ab. Diese Verantwortung soll durch den Einsatz für die Menschen- und Arbeitnehmerrechte sowie für die Gesundheit und Sicherheit der Mitarbeiter erreicht werden. Durch die Förderung und Motivation der Mitarbeiter, Nachhaltigkeitstrainings und den ständigen Dialog mit den verschiedenen Interessengruppen bemüht sie sich der sozialen Verantwortung gerecht zu werden. Beispielsweise investiert die Deutsche Bank in Gleichstellung und Diversität, indem zunehmend Frauen in Führungspositionen ausgebildet werden. Weiterhin wird durch eine Mitarbeiterzeitschrift versucht das Thema Nachhaltigkeit kommunikativ in alle Unternehmensbereiche zu transportieren.

Mit der Absicht, sich intensiv im Klimaschutz zu engagieren, hat die Deutsche Bank bereits 2007 ein konzernweites Gremium, das Environmental Steering Committee (ESC) ins Leben gerufen. Es besteht aus Führungskräften aller Konzernbereiche und steht unter der Leitung von Caio Koch-Weser, dem Vice Chairman der Deutschen Bank. Zugehörig zum ESC ist das Climate Change Advisory Board (CCAB), das aus zehn Experten aus

Wirtschaft, Politik und Wissenschaft besteht, unter anderem Professor Dr. Klaus
Töpfer, und entsprechend beratend tätig ist. 2008 wurde dann eine ganze Ökoeffizienz-
Organisation im Konzern etabliert. Abbildung 7.2 stellt die verantwortlichen Bereiche
der Ökoeffizienz-Organisation dar. Die Ökoeffizienz-Organisation soll helfen nachhaltige Aspekte des Geschäftsbetriebs zu optimieren.

Wie bereits oben beschrieben, ist das ESC im Topmanagement verankert. Es steu-
ert die Ökoeffizienz-Organisation und bestimmt Handlungsprioritäten auf Unternehmensebene. Das Eco Operations Committee (EOC) legt auf fachlicher Ebene Strategien
und Prioritäten für Geschäftsbereiche und Projekte fest. Dies erfolgt unter der
Berücksichtigung des nachhaltigen Nutzens und des geschäftlichen Erfolgs. In den Eco
Teams werden die Visionen und Strategien in den einzelnen Bereichen umgesetzt. Das
Eco Project Management Office (EPMO) stellt das Netzwerk für Wissenstransfer bereit
und gewährleistet die Überwachung und Optimierung des Ressourcenverbrauchs, den
Best-Practice-Austausch und die Zurverfügungstellung von Instrumenten zur Steigerung
der Ressourceneffizienz.

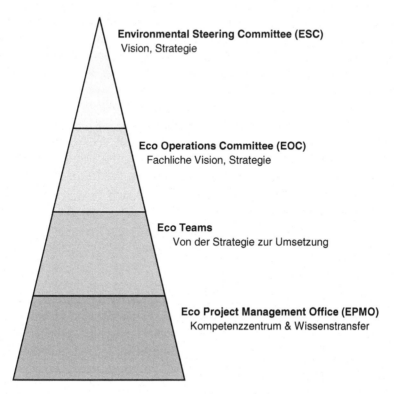

Abb. 7.2 Ökoeffizienz-Organisation

7.2   Ausgangssituation

Die IT-Organisation. Die Deutsche Bank ist entsprechend ihrem Geschäftsmodell breit aufgestellt. Innerhalb der IT gibt es eine klare organisatorische Zuständigkeit. Alle Geschäftsbereiche haben eine eigene IT-Organisation. In jedem Vorstand eines Geschäftsbereichs befindet sich ein IT-Verantwortlicher. Weiterhin hat die IT einen eigenen Geschäftsbereich, den Bereich „Group Technology and Operations". Der ganze Betrieb ist als Matrixorganisation strukturiert. Der IT-Bereich „Group Technology" stellt als Unterbereich der „Group Technology & Operations" die Infrastruktur und IT-Systeme zur Verfügung und managt die Arbeits- und Betriebsprozesse der Deutschen Bank. Außerdem bezieht das Unternehmen seit einigen Jahren einige IT-Standards wie Service und Support fremd. Dadurch kann sie sich auf das wesentliche Kerngeschäft fokussieren. Auch die Rechenzentren sollen so weit wie möglich variabilisiert werden, um Kosten volatil zu gestalten.

Primäres Ziel ist es, die vor einigen Jahren noch sehr regional aufgebaute IT der Deutschen Bank transnational zu gestalten, indem einheitliche Standards geschaffen werden. Diese Einheitlichkeit rechtfertigt sich durch das Argument, dass es im IT-Bereich keine regionalen Besonderheiten gibt, die einen Marktvorteil liefern könnten. Durch globalen Austausch werden Informationsasymmetrien und doppelter Arbeits- bzw. Forschungsaufwand vermieden. Mit dem Reengineering der Geschäftsprozesse möchte die Deutsche Bank den technischen Anforderungen auf den wettbewerbsintensiven Märkten von heute gerecht werden. Umfassend standardisierte Systeme und Richtlinien sollen zu einer flexibleren Infrastruktur und zu höherer Produktivität führen.

Handlungsdruck. Durch Finanzkrisen und eine dynamische, diskontinuierliche Wirtschaftsentwicklung (Börner 2000) muss die Deutsche Bank ihre gute wirtschaftliche Position durch neue wertgenerierende Maßnahmen weiter festigen. Dabei geht sie davon aus, dass die Strategie eines breiten Geschäftsmodells sie weiterhin stärkt.

In der gegenwärtigen durch wirtschaftlichen Druck und Unsicherheit gekennzeichneten Lage ist es nach Ansicht von ESC und dem Climate Change Advisory Board der Deutschen Bank ganz besonders wichtig, dass die Staaten ihre Klimaschutzmaßnahmen konsequent fortsetzen. Finanzielle Anreizprogramme für Infrastrukturinvestitionen, mit denen die Energieeffizienz von Gebäuden und Stromversorgungsnetzen sowie die Nutzung erneuerbarer Energien oder des öffentlichen Verkehrs verbessert werden, bergen enormes Emissionsvermeidungspotenzial und schaffen Arbeitsplätze.

In der IT-Organisation sorgen sowohl die kontinuierlich wachsende Nachfrage nach Energie und Kühlung als auch die steigenden Energiepreise für einen Handlungsdruck. Dieser rechtfertigt sich sowohl aus Kostengründen als auch durch die Unternehmensphilosophie, die in der Nachhaltigkeit die Zukunftssicherung des Unternehmens sieht.

7.3 Umsetzung

7.3.1 Governance

Es ist offensichtlich, dass eine grüne Unternehmensstrategie wie die der Deutschen Bank einen hohen Einsatz in fast allen Unternehmensbereichen erfordert. Dies gilt beispielsweise auch für IT-bezogene Umweltmaßnahmen, welche die Öffentlichkeit bisher nicht in Betrachtung gezogen hat. Wie man obiger Tab. 7.3 entnehmen kann, ist umwelteffiziente IT ein Kernbereich ökologischen Handelns innerhalb der Deutschen Bank. Neben der Nutzung erneuerbarer Energien und der Neutralisierung unvermeidbarer Emissionen nimmt der Faktor umwelteffiziente IT im Aktionsfeld Umwelteffizienzmanager eine bedeutende Rolle ein.

Mit Blick auf das Ziel, im unternehmensinternen Umweltschutz Vorreiter in der Bankenbranche zu werden, setzt die Deutsche Bank AG auf den Einsatz intelligenter IT-Systeme, die Ressourcenschonungen im ganzen Unternehmen hervorrufen. Außerdem muss innerhalb der IT-Umgebung ein Beitrag zur Erreichung der Umweltschutzziele geleistet werden. In diesem Zusammenhang wurde 2009 ein 8-Punkte-Programm für eine umweltfreundliche IT-Infrastruktur verabschiedet. Die Deutsche Bank verpflichtet sich,

- den CO_2-Fußabdruck der IT zu neutralisieren und damit einen wichtigen Beitrag zur Erreichung des Unternehmensziels zu leisten, bis 2013 klimaneutral zu sein
- ein ökologisches Bewertungsprogramm für Lieferanten zu schaffen, um den nachhaltigen Gesamteinfluss durch umweltfreundliche IT-Geräte bewerten zu können
- die Entsorgung von IT-Geräten nachzuverfolgen, um sicherzustellen, dass sie auf eine umweltbewusste Art und Weise stattfindet
- Technologie zu nutzen, um Reise- und Pendleremissionen zu reduzieren
- Technologie zu nutzen, um den Papierverbrauch in der Büroumgebung zu halbieren

Tab. 7.3 Aktionsfelder der Klimastrategie

Finanzintermediär	Umwelteffizienzmanager	Klimabotschafter
• Umwelttechnik/ Erneuerbare Energien	• Energieeffizienz von Gebäuden	• Information der Kunden und der Öffentlichkeit (Website „Banking on Green", DB Research, Mandate)
• Energieeffizienz von Gebäuden	• Umwelteffiziente IT	
• Emissionshandel	• Nutzung unvermeidbarer Emissionen	• Proaktiver Dialog mit Entscheidungsträgern und Regulatoren
• Infrastruktur für natürliche Ressourcen	• Neutralisierung unvermeidbarer Emissionen	
• Begleitung innovativer Projekte (z. B. Strom aus der Wüste)	• Klimaneutralität der weltweiten betrieblichen Aktivitäten ab 2013	• Sensibilisierung der Mitarbeiter (z. B. Intranetportal „A Passion fort he Planet")
• Principal Investments (z. B. Private Equity, Asset-Management-Aktivitäten)		• Unterstützung innovativer Projekte (z. B. Solar Impulse)

- die Rechenzentrenausnutzung durch neu beschaffte Hardware zu verdoppeln
- die Energieeffizienz in den größten Rechenzentren zu vervierfachen
- den IT-Energiekonsum pro Person in der Büroumgebung zu halbieren

Dabei zielen die Punkte 1–3 auf die ökologische Verantwortung ab. Ein Schwerpunkt liegt in der Minimierung der Treibhausgasemissionen der IT-Systeme. Durch neuste Technologien sollen CO_2-Emissionen konform zum Unternehmensziel, bis 2013 weltweit alle Geschäftsaktivitäten vollständig klimaneutral zu gestalten, reduziert werden. Zusätzlich soll auch die Verantwortung zur Wahrung von Nachhaltigkeitsprinzipien entlang der Supply Chain wahrgenommen werden. Beschaffungs- und Entsorgungskriterien sollen weiter ausgebaut werden und eine hohe Priorität im Entscheidungsprozess erhalten.

Die Punkte 4–6 heben das Potenzial für die effiziente Nutzung von Technologien hervor. Durch Prozessveränderungen soll der Papierkonsum halbiert werden. Die durch Dienst- und Pendlerreisen verursachten CO_2-Emissionen sollen durch den Einsatz von Technologien wie Videokonferenzen oder Instant Messaging erheblich verringert werden.

Die letzten beiden Verpflichtungen gehen auf die Energieeffizienz sowohl im Rechenzentrum als auch in der Büroumgebung der Deutschen Bank ein.

Die Deutsche Bank hat sich das Ziel gesetzt, in den Rechenzentren die Energieeffizienz zu vervierfachen und den IT-bedingten Energieverbrauch pro Person in der Büroumgebung bis Ende 2012 zu halbieren. Mit diesem 8-Punkte-Programm legt die Deutsche Bank ihre Verantwortung gegenüber den nachfolgenden Generationen dar und baut ihre Position im Bereich nachhaltiges Wirtschaften aus.

7.3.2 Beschaffung

Für die Deutsche Bank ist die Beachtung von Nachhaltigkeitsprinzipien und umweltbewusstem Handeln der Lieferanten ausschlaggebend beim Einkauf von Waren und Dienstleistungen. Um die Geschäftspartner zu nachhaltigem Handeln zu bewegen, wurden ökologische und soziale Mindeststandards in Produktbeschreibungen formuliert. Ein Beschaffungskriterium und eine Anforderung im Bereich IT ist die Einhaltung aller staatlichen Gesetze; anerkannte Zertifizierungssysteme wie Renewable Power Certificates oder Energy Star dienen dabei als Gütesiegel. Die Lieferanten müssen sich nachhaltigem Handeln und dem Umweltschutz verpflichten. Ein besonderes Augenmerk wird auf Ressourcenschonung, Produktionsoptimierung, Entsorgung und die Reduzierung des Einsatzes von Gefahrstoffen gerichtet.

Im Jahr 2011 sind viele Fortschritte in Richtung Klimaneutralität des Konzerns zu erkennen. Es konnte vor allem die Energieeffizienz in den Datenzentren verbessert werden, sodass dieses Energieeffizienzziel im Hinblick auf den 8-Punkte-Plan bereits erreicht wurde. Auch der Stromverbrauch am Arbeitsplatz wurde deutlich verringert und die Anzahl von Internetkonferenzen seit 2008 um den Faktor drei gesteigert, um Geschäftsreisen oder Präsenz im Büro zu reduzieren.

Als Ziele für das Jahr 2012 will die Deutsche Bank das Lieferantenportfolio weiter verbessern sowie die Liste der Nachhaltigkeitskriterien weiter ausbauen und verstärkt im Beschaffungsprozess einsetzen. Außerdem sollen auch indirekte CO_2-Emissionen wie die von Energieanbietern und Papierlieferanten im eigenen CO_2-Fußabdruck berücksichtigt werden.

7.3.3 Produktion

Rechenzentrum. Die Deutsche Bank verfügt je nach Definition über Rechenzentren an 18 größeren Standorten. Einige dieser Rechenzentren gehören intern zur Deutschen Bank, andere werden extern angemietet. Wie schon im Abschnitt „IT-Organisation" erwähnt, geht der Trend in Richtung einer variablen, flexiblen IT, was bedeutet, dass nicht wettbewerbsdifferenzierende Aufgaben zukünftig fremd bezogen werden sollen. Dementsprechend stoppt die Deutsche Bank derzeit bereits geplante Rechenzentrumsprojekte und verkauft sogar bestehende Rechenzentren. Ferner wird innerhalb bestehender Rechenzentren veraltete Hardware ausgetauscht. Zukünftig sollen Rechenzentren zunehmend angemietet werden, um die Kosten, je nach Notwendigkeit, variabel zu gestalten. Auch diese Rechenzentren müssen streng ökologischen Standards entsprechen. Leerlaufkosten von Rechenzentren sollen auf diese Weise eliminiert werden.

Die kontinuierlich ansteigende Nachfrage nach Energie und Kühlung in Rechenzentren und die damit verbundene Erhöhung der Energiedichte stellt eine Herausforderung innerhalb des IT-Bereichs dar. Um ihr gerecht zu werden, erfordert es eine kleinere, flexiblere Form von Servern. Gleichzeitig steigt auch die Nachfrage nach großen Netzwerken, die komplexen unternehmensspezifischen Aufgaben der Bankenbranche gerecht werden sollen. Diese Anforderungen erhöhen den Druck auf die physischen Rechenzentren und senken den Lebenszyklus eines traditionellen Rechenzentrums auf unter zehn Jahre (Trowbridge 2010).

Da der traditionelle Ansatz der Nutzung eines Rechenzentrums – viele eigene Rechenzentren werden gebaut, deren Ausnutzung bei unter 10 % liegt – veraltet ist, entwickelte die Deutsche Bank einen neuen Ansatz, der beschreibt, wie ein Rechenzentrum genutzt werden sollte, um es nachhaltiger und effizienter zu gestalten. Die Deutsche Bank fand heraus, dass bei der Gestaltung eines grünen Rechenzentrums das Verbesserungspotenzial in der Auslastung der Rechenzentren und weniger in deren Vernetzung liegt. Virtualisierung in den Rechenzentren trägt dazu bei, dass nur wenige physische Server benötigt werden, deren Auslastungsgrad gesteigert wird. Um diese höhere Auslastung zu erreichen, ist eine gut gestaltete Netzwerkarchitektur notwendig. Außerdem muss die technische Netzstruktur vereinfacht werden. Das bedeutet, weniger Kabel und Anschlüsse müssen verwendet werden, um eine schnellere Netzwerkverbindung zuzulassen. Beim Design von grünen Rechenzentren ist es wichtig, den Energiekonsum differenziert zu verstehen. Durch genaues Messen mithilfe der Green-IT-Kennzahlen können sowohl offene Kapazitäten als auch Verbesserungspotenziale im Rechenzentrum aufgezeigt werden.

Im Zusammenhang mit dem 8-Punkte Programm führte die Deutsche Bank Messungen zur Auslastung der Rechenzentren durch. Sie fand heraus, dass die Auslastung im Jahr 2008 bei unter 10 % lag. Es besteht theoretisch das Potenzial, die Rechenzentrumsnutzung um das Zehnfache zu erhöhen. Das daraus abgeleitete fundamentale Nachhaltigkeitsziel innerhalb des IT-Bereichs ist also die Energieeffizienz in Rechenzentren zu verbessern. Die Deutsche Bank benutzt folgende drei Maße, um die Rechenzentrumseffizienz zu messen: Rechenzentruminfrastruktureffizienz (DCiE), die relative Hardwarestromeffizienz (HPEr) und die Hardwareausnutzung (HUE).

Die Außenluftkühlung in Rechenzentren einzuführen ist eine weitere Green-IT-Maßnahme der Deutschen Bank. Über einen Filter wird Außenluft in das Rechenzentrum eingeströmt, sobald die vorgegebenen Werte für Temperatur und Feuchtigkeit, gemessen über einen Sensor, überschritten werden. In New York wurde diese Kühlung bereits 2011 eingeführt.

Das Ziel der Deutschen Bank ist es, mittel- bis langfristig die Rechenzentrumseffizienz zu vervierfachen und die Ausnutzung zu verdoppeln, um den Gesamtnutzen zu multiplizieren. Diese Ziele wurden bereits im Jahr 2011 erreicht. Es soll gewährleistet werden, dass jedes konsumierte Watt den größtmöglichen Nutzen bringt.

Büroumgebung. Auch innerhalb der Büroumgebung finden sich zahlreiche Anknüpfungspunkte, um den IT-Bereich der Deutschen Bank grüner und nachhaltiger zu gestalten. Zur Büroumgebung zählen alle Arten von Endgeräten, Desktop-PC-Arbeitsplätze, Laptops, Drucker, Monitore, Telefonie sowie die Bereitstellung zentraler Anwendungs- und Sicherheitsprogramme. Die Deutsche Bank führt in diesem Bereich regelmäßig Verbesserungen und Neuerungen auf dem neusten Stand der Technik durch. Zurzeit wird ein ganzes Bündel von Maßnahmen implementiert. Die wohl am tiefsten einschneidende Nachhaltigkeitsmaßnahme für die Büroumgebung war die Schaffung neuer Arbeitsplätze in den neuen Deutsche-Bank-Türmen in Frankfurt am Main. Durch ein flexibles Bürokonzept schafften die Architekten eine Kapazität von 3000 Arbeitsplätzen. Die Ausstattung von 15.000 m² Bürofläche erfolgte mit wiederverwendeten Materialien. Langfristig gesehen will die Deutsche Bank diese Art von effizienten Arbeitsplätzen weltweit an allen Standorten konstruieren. Außerdem werden durch die Einführung von Thin Clients Betriebssysteme, Anwendungen und Sicherheitssoftware zentral auf einem Server bereitgestellt. Die Rechenleistung bisher lokal installierter Desktop-Computer wird mittels der Thin-Client-Technologie ins Rechenzentrum verlagert, wo sie am effizientesten erbracht und gesteuert werden kann. Die Thin Clients benötigen weniger Energie und ermöglichen durch die geringe Wärmeentwicklung auch eine energiesparende Gebäudeklimatisierung. Der Stromverbrauch konnte somit im Jahr 2011 durch eine Verdopplung der Anzahl der Thin Clients bereits reduziert werden. Weiterhin wird auch ein E-Learning-Tool für Nachhaltigkeit auf diesen Servern zur Verfügung gestellt. Da der gesamte Rechenprozess nun auf Servern statt auf dem PC selber stattfindet, benötigen Thin Clients nur eine sehr geringe Bandbreite im Netzwerk (Lampe 2009). Außerdem ist es jedem Mitarbeiter möglich von verschiedenen Computern auf seine Daten, die auf der zentralen Serverdatenbank liegen, zuzugreifen.

Das „db advanced print" ist das fortschrittliche Drucken mittels Multifunktionsgeräten und Printkarten. Durch die Einführung der Drucklösung im Standort Frankfurt konnte die Anzahl der benötigten Drucker um etwa 69 % reduziert und Energieeinsparungen von ca. 57 % erzielt werden. Die Einführung von Desktop on Demand ist eine weitere Green-IT-Maßnahme, die den Betrieb unnötiger physischer Desktops ausschließen soll. Es handelt sich um einen Webdesktop, eine Webanwendung, die über das Internet virtuell einen Desktop auf einem lokalen Browser zur Verfügung stellt. Der Gebrauch von physischen Desktops soll in hohem Maße auf Webdesktops umgestellt werden, wodurch CO_2-Emissionen verringert und Mobilität und Sicherheit erhöht werden sollen.

Durch moderne Videokonferenztechnik können Reisekosten des Unternehmens reduziert werden. Der Einsatz von IP-Telefonie soll künftig herkömmliche Telefonie weitestgehend ersetzen. Durch ein einheitlich aufgebautes und betriebenes Netz können Kosten und CO_2-Emissionen reduziert werden. Die Zielperson kann unabhängig von ihrem Aufenthaltsort über dieselbe Rufnummer erreicht werden.

Der „Office Communicator" ist eine Art Chat, der den Austausch von Informationen zwischen Mitarbeitern erleichtern soll. Informationsasymmetrien zwischen Mitarbeitern sollen so verringert und die Kommunikation und die damit verbundene Effizienz der Arbeit erhöht werden.

Messung und Steuerung. Um den Erfolg der Umweltmaßnahmen zu messen, werden regelmäßig Umweltdaten erhoben und mit den Vorjahren verglichen. Mithilfe dieser Umweltkennzahlen können Optimierungspotenziale aufgezeigt und Störungen behoben werden. Dadurch erst kann die Qualitätssicherung der Maßnahmen gewährleistet werden. Diese Umweltdaten werden öffentlich im Internet und im Nachhaltigkeitsbericht der Deutschen Bank kommuniziert. Einige dieser Daten werden in Tab. 7.4 und 7.5 dargestellt.

Speziell im Rechenzentrum, dem potenziell größten Bereich der Einsparungsmöglichkeiten, verwendet die Deutsche Bank drei Green-IT-Kennzahlen. Mit der Data Center Infrastructure Efficiency (DCiE), der Relative Hardware Power Efficiency (HPEr) und der Hardware Utilization Efficiency (HUE) misst die Deutsche Bank primär die Rechenzentrumseffizienz mit praktischem Fokus auf der Infrastruktur. Der Einfluss von anderen Faktoren wie z. B. Verfahrensverbesserungen wird zunächst vernachlässigt.

Die DCiE-Kennzahl drückt aus, wie hoch der Wirkungsgrad der eingesetzten Energie ist, indem der IT-relevante Energieverbrauch durch den Gesamtenergieverbrauch geteilt wird. Die HPEr-Kennzahl basiert auf einem Vergleich zwischen den gegenwärtig Best-Practice-Servern der Branche mit ihren eigenen. Die schwierig zu messende Kennzahl sagt aus, wie viel Computerleistungsfähigkeit aus jedem Watt Energie generiert wird. Um einen prozentualen Wert für diese aussagefähige Kennzahl zu erhalten, konstruierte die Deutsche Bank einen Referenzserver als Benchmark für optimale Effizienz. Schließlich misst die HUE-Kennzahl den Prozentsatz der Prozessorausnutzung (CPU) eines Servers. Sie zeigt an, wie viele CPU-Zyklen/-Abläufe genutzt bzw. verschwendet werden. Hier hat sich die Deutsche Bank langfristig das Ziel gesetzt, 55 % Ausnutzung von bereits vorhandenen Servern und eine 75 %ige Auslastung von neuen Servern zu erreichen.

Tab. 7.4 Umweltkennzahlen des ISO-14001-Geltungsbereichs 2009

	Ziel 2011	Ergebnisse 2011 (%)		Ziel 2012
	Bezogen auf die Mitarbeiter	Pro Mitarbeiter (Vollzeit)	Gesamtveränderung	Bezogen auf die Mitarbeiter
Energieverbrauch				
Deutschland	Strom: 3 % Reduktion gegenüber 2010	−10,61	+0,3	Strom: 3 % Reduktion gegenüber 2011
	Heizenergie: Stabilisierung auf dem Level von 2008	−2,80	−4,96	Heizenergie: Stabilisierung auf dem Level von 2009
New York, 60 Wall Street	5 % Reduktion gegenüber 2008	−13,37	−16,29	Strom und Dampf: 5 % Reduktion gegenüber 2009
Großbritannien	Strom: 8 % Reduktion gegenüber 2008 (ohne neue Rechenzentren)	−5,25	−10,25	Strom: 2 % Reduktion gegenüber 2009
CO_2-Emissionen aus Energiegewinnung				
Deutschland	Stabilisierung der CO_2-Emissionen im Vergleich zu 2008 (Heizenergie, Diesel)	+1,02	+1,00	Stabilisierung der CO_2-Emissionen im Vergleich zu 2009 (Heizenergie, Diesel)
New York, 60 Wall Street	Kein definiertes Ziel	−13,20	−16,13	Heizenergie: 5 % Reduktion gegenüber 2009
Großbritannien	2 % Reduktion gegenüber 2008 (ohne neue Rechenzentren)	−13,20	−16,15	Heizenergie, Diesel: Stabilisierung der CO_2-Emissionen im Vergleich zu 2009

Tab. 7.5 Umweltdatenvergleich 2007–2009

Umweltdatenvergleich 2007–2011		2007	2008	2009
Mitarbeiter (Vollzeitkräfte)		41.419	41.528	40.218
Energieverbrauch (GJ)[a]	Gesamt	2.605.300	2.640.456	2.407.886
	Davon Strom aus berneuerbaren Quellen	189.436	1.352.453	1.521.117
CO_2-Emissionen aus Energieverbrauch	Gesamt	256.703	265.909	243.770
		235.464	107.554	69.913
Kopierpapierverbrauch (t)	Gesamt	3.598	3.846	2.592
		144,7	133,7	159,9
Energieverbrauch (GJ/Mitarbeiter)		194,24	210,52	199,35
CO_2-Emissionen aus Energieerzeugung (t/Mitarbeiter)		20,53	22,59	21,75

[a] Zur Zusammensetzung der CO_2-Emissionsfaktoren siehe den Deutsche Bank Gesellschaftliche Verantwortung Bericht 2009, S. 34

Die drei Parameter, die die Rechenzentrumseffizienz determinieren, sind die drei vorgestellten Green-IT-Kennzahlen. Diese drei Maße benutzt die Deutsche Bank, um die Rechenzentrumseffizienz zu messen. Sie sind alle voneinander abhängig und werden miteinander multipliziert. Überraschend ist das Resultat, dass die Rechenzentrumseffizienz multiplikative Vorteile hat (Judge 2010).

Das Smart Metering ermöglicht es der Deutschen Bank die Nutzung von Gas, Wasser, Strom und Wärme zu überwachen und gebäudedifferenziert zu verbessern. Das Netz und die Kraftwerkinfrastruktur sollen bestmöglich ausgenutzt und die Schaffung neuer, womöglich unnötiger Kapazitäten vermieden werden.

Probleme des Messens. Da die Berichtsvoraussetzungen und -standards für die CO_2-Berichterstattung und die ISO-Berichterstattung in einzelnen Regionen zum Teil noch divergieren, können Umweltkennzahlen und damit verbundene Entscheidungen und Ergebnisse von Region zu Region abweichen. Um diese Divergenz zwischen CO_2- und ISO-14001-Daten zu harmonisieren, baut die Deutsche Bank zurzeit eine einheitliche globale Datenbank auf, die die Umweltkennzahlen aller Standorte berücksichtigt. Ein neues Datenmanagementverfahren soll es ermöglichen, Verbrauchsdaten systematisch zu erfassen und auszuwerten. Mithilfe einer einheitlichen Prüfungs- und Berichtsplattform soll es in Zukunft möglich sein rund 90 % des Energieverbrauchs transparent zu machen.

7.3.4 Vertrieb und Kommunikation

Die Deutsche Bank vermittelt ihren Stakeholdern, dass ihr Verständnis von Nachhaltigkeit als Frage nach Zukunftsorientierung und nach einer gewissen Beständigkeit erkannt wurde.

Seit 2008 informiert die Deutsche Bank ihre Mitarbeiter regelmäßig über den schonenden Umgang mit Energie, Wasser und Papier. Außerdem motiviert sie die Mitarbeiter zu einer umweltbewussten Abfallentsorgung. Die genau definierten Kernbereiche nachhaltigen Handelns fest im Leitbild und damit auch im Geschäftsalltag zu integrieren, unterstützt die Mitarbeiter bei der Umsetzung. Es können Lernkurveneffekte bei der Emissionsreduzierung gemessen werden.

Kunden der Deutschen Bank werden durch den Nachhaltigkeitsbericht über die neusten Entwicklungen im Bereich Nachhaltigkeit informiert. Auf der Internetseite Banking on Green werden explizit alle Nachhaltigkeitsinitiativen vorgestellt. Um die Kundenbeziehungen zu stärken, gibt es eine Reihe an Kommunikationswegen, wie E-Mail-Kontakt, das Internet, das Telefon oder Kommunikation in der Filiale, um alle Stakeholder und Interessierten über Initiativen der Deutschen Bank zu informieren. In diesem Zusammenhang erhielt die Deutsche Bank 2010 den PR-Preis in der Kategorie Kommunikationscontrolling/Wertschöpfung.

7.4   Erkenntnisse

Die Fallstudie der Deutschen Bank AG beschreibt die vorbildliche Umsetzung eines Nachhaltigkeitsmanagements im Finanzdienstleistungssektor. Sie weist folgende Besonderheiten auf:

- **Green IT in der Dienstleistung.** Gerade die Finanzbranche stützt ihr Kerngeschäft auf Computersysteme der Informationstechnik. Durch die breite Nutzung der Informationstechnik für das Bankengeschäft besteht ein Potenzial, Green IT im Unternehmen wertbringend einzusetzen. Gegenüber Unternehmen mit physischen Produktionen und hohen Ressourcenverbräuchen ist das Einführungspotenzial von Prozessen zum Schutz des Klimas bei der Deutsche Bank als Dienstleister jedoch begrenzt.
- **Ganzheitliche Implementierung.** Die Deutsche Bank integriert die drei Säulen der Nachhaltigkeit sinnvoll in ihrer gesamten IT-Umgebung, die aus Rechenzentren, Büroumgebung, aber auch vor- und nachgelagerten Produktionsstufen besteht. Dabei wird sich primär auf das Rechenzentrum konzentriert, da hier das Einsparpotenzial am größten ist. Der Wertbeitrag und die Effizienz des IT-Bereichs profitieren von den klaren organisatorischen Zuständigkeiten innerhalb der IT.
- **Ausrichtung an der Nachhaltigkeitsstrategie.** Die IT-Organisation orientiert sich an der Nachhaltigkeitsstrategie der Deutschen Bank. Sie trägt durch ihre Green-IT-Maßnahmen im Kernbereich Environment durch umwelteffiziente IT zur Erreichung nachhaltigen Handelns bei. Aber auch in anderen Bereichen wie Corporate Governance, Compliance oder Nachhaltigkeitstrainings kann durch IT-Maßnahmen Nachhaltigkeit im gesamten Unternehmen geschaffen werden.

Weiterhin sind die Standardisierung von Berichtsvoraussetzungen und die einheitliche, transnationale Gestaltung der IT Erfolgsfaktoren, die den Forschungsaufwand

reduzieren und die Kommunikation vereinfachen. Durch die Aufstellung einer einheitlichen Datenbank sollen zukünftig CO_2- und ISO-14001-Daten harmonisiert werden.
Die nicht mehr regional aufgebaute IT ermöglicht einen globalen Informationsaustausch
sowie eine übergreifend aufeinander abgestimmte IT. Die daraus entstehenden
Kosteneinsparungen und Informationsvorteile sind enorm.

Die Deutsche Bank sieht das Kompetenzen- und Ressourcenpotenzial, das in Zusammenhang mit grünen Informationssystemen für das gesamte Unternehmen besteht.
Durch die Implementierung von Green-IT-Maßnahmen, vor allem durch das 8-Punkte-
Programm für eine umweltfreundliche IT-Infrastruktur, verringert die Deutsche Bank
ihren CO_2-Fußabdruck der IT erheblich und schafft außerdem eine hohe Ausnutzung
und Effizienz. Diese Maßnahmen bringen die Deutsche Bank einen großen Schritt in
Richtung Klimaneutralität.

Mit dem Reengineering der Geschäftsprozesse schafft es die Deutsche Bank den
Anforderungen auf wettbewerbsintensiven Märkten gerecht zu werden. Um auch
Kundenerwartungen in Zukunft zu erfüllen und gegenüber anderen Wettbewerbern wie
Direktbanken konkurrenzfähig zu bleiben, berücksichtigt die Deutsche Bank künftig
Trends wie Social Media und Web 2.0 in ihrer IT-Strategie.

Die gesamte Ökoeffizienzorganisation sowie das Nachhaltigkeitsmanagementsystem
gemäß ISO 14001 bieten der Deutschen Bank hervorragende Voraussetzungen, um auch
künftig im Bereich Nachhaltigkeit ein Vorreiter im Finanzdienstleistungssektor zu sein.

Fallstudie 5
Green IT bei der Üstra Hannoversche
Verkehrsbetriebe

Nils-Holger Schmidt, Koray Erek und Katja Kusiak

8.1 Unternehmen

Die Üstra Hannoversche Verkehrsbetriebe gehört zu den größten deutschen Nahverkehrsunternehmen. Mit rund 155 Millionen Fahrgästen im Jahr ist sie der leistungsstärkste Dienstleister für Nahverkehr in Niedersachsen.

Herausforderungen im Wettbewerb. Die Herausforderungen der Üstra resultieren aus den knapper werdenden öffentlichen Finanzierungsmitteln und den durch die Liberalisierung des Verkehrsmarktes entstehenden Veränderungen sowie europäischen Vorgaben. Den Auswirkungen der deutlichen Reduzierung staatlicher Ausgleichsleistungen will das Unternehmen mittelfristig durch überdurchschnittliche Steigerungsraten bei den Fahrgasteinnahmen und der Reduzierung der Aufwandsseite durch Restrukturierungsmaßnahmen begegnen (Tab. 8.1).

Während die Gesamtbevölkerung in Deutschland insgesamt abnimmt, ist derzeit ein Trend zunehmender Urbanisierung erkennbar. Dieser durch Migration und demografischen Wandel entstehende Prozess stellt eine weitere Herausforderung für die Üstra dar. In Zukunft sollen größere Menschenmengen befördert werden, d. h., Verkehrsangebote müssen ausgeweitet werden, wobei gleichzeitig CO_2-Emissionen gesenkt werden sollen. Die Üstra versucht durch ein breites Angebot möglichst viele Menschen von der Nutzung der öffentlichen Verkehrsmittel zu überzeugen.

Die Üstra sieht Nachhaltigkeit und Umweltschutz als Qualitätsmerkmal und Argument bei der Vergabe von Nahverkehrsleistungen im Wettbewerb auf dem Nahverkehrsmarkt. Das Unternehmen setzt sich dafür ein, dass Umwelt- und Qualitätsmanagement eine Standardgröße bei Ausschreibungen für Bus- und Bahnverkehr werden.

Rolle der Nachhaltigkeit. Als viertgrößter Energieverbraucher Hannovers sieht sich die Üstra dafür verantwortlich, einen ökonomisch möglichst sinnvollen und umweltbewussten Umgang mit der Ressource Energie sicherzustellen. Durch die globale Erwärmung, CO_2-Emissionen und die öffentliche Diskussion über Umweltschutz stehen

R. Zarnekow und L. Kolbe, *Green IT*, DOI: 10.1007/978-3-642-36152-4_8,
© Springer-Verlag Berlin Heidelberg 2013

Tab. 8.1 Kurzportrait der Üstra

Üstra Hannoversche Verkehrsbetriebe	
Rechtsform	Aktiengesellschaft
Historie	1892: Gründung der Straßenbahn Hannover AG Weitere Informationen hierzu unter www.uestra.de
Firmensitz	Hannover
Branche	Verkehr
Produkte und Dienstleistungen	Nahverkehrsleistungen
Firmenstruktur	Üstra gehört zu 98,38 % der Holding Versorgungs- und Verkehrsgesellschaft Hannover mbH. An dieser sind die Stadt Hannover zu 80,49 % und der Kommunalverband Region Hannover zu 19,51 % beteiligt.
Website	www.uestra.de
Umsatz (2010)	ca. 159 Mio. Euro
Mitarbeiter (2010)	1914
Mitarbeiter im IT-Bereich (2010)	ca. 70
Rolle des IT-Bereichs	Cost Center
Anzahl Rechenzentren	2 (1 Primär- und 1 Backup-Rechenzentrum)
Anzahl PC-Arbeitsplätze	800

Verkehrsunternehmen aufgrund der Umweltbelastungen ihrer Dienstleistungen unter einem besonderen Rechtfertigungsdruck. Auf der anderen Seite bietet der Nahverkehr deutliche Umweltvorteile gegenüber dem Pkw. Durch eine hohe Auslastung der Stadtbahnen und Busse kann die Umweltbelastung pro Fahrgast gesenkt werden. Zum Vergleich verbraucht eine voll besetzte Stadtbahn auf 100 Kilometern 1,2 Liter Treibstoff pro Person, wohingegen ein Pkw durchschnittlich 6–8 Liter verbraucht. Bei der Stadtbahn entstehen dadurch 75 g CO_2 pro Kilometer und Fahrgast, bei einem Auto sind es durchschnittlich 134,6 g pro Kilometer.

Die Üstra sieht sich als umweltfreundlicher Mobilitätsdienstleister. Die grundsätzlichen Ziele des Unternehmens sind die Minimierung aller Emissionen, die bei der Nutzung von Strom, Wasser, Rohstoffen und Abfällen entstehen, sowie die ständige Qualitätsverbesserung der angebotenen Dienstleistungen.

Ein Vorreiter in Sachen Umweltschutz ist der Betriebshof in Hannover Leinhausen. Dort werden beispielsweise die Fahrzeugwaschanlagen mit Regenwasser betrieben, die Abwärme genutzt und die Gleisanlagen begrünt. Der Betriebshof gilt in Sachen Umweltschutz als Vorbild für die Üstra. Für das Unternehmen gelten Umweltgesetze und Verordnungen wie beispielsweise die europaweite Abgasnorm Euro-5 seit dem 1. September 2009. Hieran wird auch die Busflotte ausgerichtet. Darüber hinaus ist die Üstra auch proaktiv im Bereich Nachhaltigkeit engagiert. Im Jahr 1996 führte sie ein Umweltmanagementsystem nach Eco-Management and Audit Scheme (EMAS) ein. Ein Qualitätsmanagementsystem nach DIN EN ISO 9002:1994 folgte im Jahr 1999. Beide Systeme wurden 2002 zu einem integrierten

Managementsystem kombiniert, das regelmäßig nach ISO 9001 und ISO 14001 von externen Gutachtern zertifiziert wird.

Um potenzielle Kunden von der Nutzung öffentlicher Verkehrsmittel zu überzeugen, müssen Umweltmaßnahmen sichtbar gemacht werden. Dies kann erreicht werden, indem stellvertretend für das gesamte Unternehmen beispielsweise das Fahrpersonal eine schonende Fahrweise an den Tag legt.

Ein weiteres Einsatzgebiet der Ressourcenschonung ist die eigene Herstellung von Ökostrom aus Solarstromanlagen. Die Üstra betreibt die zwei größten Fotovoltaikanlagen Hannovers. Hierbei wird der Solarstrom zum Teil direkt in die Fahrleitung eingespeist. Des Weiteren verfügt die Stadtbahn über einen Schwungrad-Energiespeicher, der die beim Bremsen der Stadtbahnen erzeugte Energie aufnimmt und speichert. Sie kann bei Bedarf mit einem geringen Verlust in das Netz zurückgespeist werden.

Die Busfahrer durchlaufen seit 2002 softwaregestützte Schulungen zum energiesparenden Fahren. Sie erlernen in einem praktischen und einem theoretischen Modul einen Fahrstil, der ökonomisch und ökologisch sinnvoll ist. Mithilfe der Software können sie Fahrten simulieren und anhand eines Kraftstoffverbrauchsanzeigers den Spritverbrauch bei unterschiedlichen Fahrweisen nachvollziehen.

Die seit 2009 durchgeführte Zwangsüberwachung des Reifendrucks stellt ebenfalls eine emissionsverringernde Handlungsweise dar. Beim Fahren über eine Bodenwelle wird der Reifendruck mittels stationärer Luftdruckmessanlage überprüft, im Programm verarbeitet und dokumentiert. Ist der Druck zu niedrig, wird dies dem Fahrer sofort durch das System signalisiert und kann behoben werden. Dies trägt sowohl zur Sicherheit der Fahrgäste als auch zu einem geringeren Verbrauch bei.

Ein wichtiges Ziel der Üstra ist es, Energie effizient zu nutzen und die Energiekosten und Emissionen mithilfe geeigneter Maßnahmen kontinuierlich zu senken. Hierbei spielt auch die IT eine wichtige Rolle.

8.2   Ausgangssituation

Die IT-Organisation. Der Unternehmensbereich Informationstechnik ist mit seinen rund 70 Mitarbeitern verantwortlich für den Betrieb der gesamten IT der Üstra. Die Aufgaben des IT-Bereichs umfassen klassische Felder wie Finanzen, Controlling, Buchhaltung, Personalabrechnung sowie Lohn- und Gehaltsabrechnung. Zum Verantwortungsbereich gehört auch die Betreuung der 800 PC-Arbeitsplätze an allen Standorten. Hierbei liegt der Schwerpunkt auf dem kontinuierlichen, störungsfreien Betrieb.

Weiterhin gehören das Gestalten, Optimieren und Entwickeln der Betriebs- und Managementsysteme zum Arbeitsgebiet. Hinzu kommen spezifische Aufgaben aus dem Tätigkeitsfeld eines Verkehrsdienstleisters. Dazu zählen die Werkstätten, die Leitstelle, die Steuerungseinheiten am Fahrerarbeitsplatz, die Fahrgastanzeigen und Fahrscheindrucker in den Fahrzeugen, die Vernetzung der Fahrzeuge mit der Leitstelle sowie die Notrufsäulen, Videokameras und Fahrkartenautomaten an den Haltestellen.

Für die Instandhaltung, die Entstörung und den Aufbau der Anlagen wird technisches Personal eingesetzt. Externe Anbieter unterstützen den IT-Bereich in der Forschung und Entwicklung. Beispielsweise forschen in einem aktuellen Projekt Softwarebetriebe, Hochschulen und weitere Unternehmen gemeinsam mit der Üstra an einem Konzept zur Vernetzung der Fahrzeuge über Internet-Protocol-Adressen.

Handlungsdruck. Begleitende Umweltmaßnahmen flankieren die Entwicklung der Üstra als Nahverkehrsdienstleister. Die Üstra sieht Umweltschutz und Umweltmanagement als Qualitätsmerkmal für gutes Arbeiten. Dieser Grundgedanke ist tief in der Unternehmensphilosophie verankert und wird dementsprechend in allen Unternehmensbereichen umgesetzt. Vor allem der IT-Bereich muss als wesentlicher Energiekonsument mit innovativen Konzepten und Lösungen zur Senkung des Energieverbrauchs beitragen. Dazu ist es erforderlich in der gesamten IT-Landschaft Green-IT-Maßnahmen umzusetzen und darüber hinaus durch IT-gestützte Innovationen aktiv zur CO_2-Strategie beizutragen. Hierdurch wird gleichzeitig dem allgemeinen Kostensenkungsziel Rechnung getragen. Die Motivation, Green IT kontinuierlich im Unternehmen zu implementieren, orientiert sich an der Leitidee nach umweltfreundlicher Mobilität und der Erfüllung der Kundenerwartungen.

8.3   Umsetzung

8.3.1   Governance

Seit zwei Jahren existiert die Arbeitsgruppe Energie bei der Üstra (s. Abb. 8.1). Hierzu treffen sich zweimal jährlich Mitglieder aus allen Abteilungen des Unternehmens, wie Fachingenieure und Informatiker, die sonst wenige Schnittstellen im Unternehmen miteinander verbindet. Hierbei werden die Entwicklungen der einzelnen Bereiche besprochen sowie Kennzahlen ermittelt und verglichen. Darüber hinaus werden Bereichsinnovationen vorgestellt, die sich tendenziell auf andere Bereiche übertragen lassen.

Ferner ist die Üstra im Energieeffizienz-Netzwerk Hannover engagiert, in dessen Rahmen Maßnahmen zur Steigerung der Energieeffizienz und zur Senkung der CO_2-Emissionen ausgetauscht und diskutiert werden. In der Üstra setzt sich die IT als Mittler indirekt für den Umweltschutz ein, indem sie umweltrelevante Kennzahlen erfasst und zur Verfügung stellt. Die hohen Anforderungen, z. B. im Rahmen des Umweltmanagements nach EG-Öko-Audit-Verordnung, erfordern IT-Anwendungen, die solche spezifischen Aufgaben unterstützen.

Das Messen des Stromverbrauchs ist bei der Üstra lediglich auf der Ebene einzelner Liegenschaften möglich. Den Verbrauch ganzer Technologien transparent zu machen, ist zurzeit noch eine Herausforderung. Die Üstra plant den Stromverbrauch auch für einzelne Unternehmensbereiche und -funktionen ermitteln zu können. Insbesondere in der Verwaltung und Administration soll so mehr Transparenz entstehen.

Langfristig möchte die Üstra ein Kennzahlensystem für Green IT entwickeln, um den Wert der IT besser messbar zu machen und den Mehrwert, den sie durch nachhaltiges

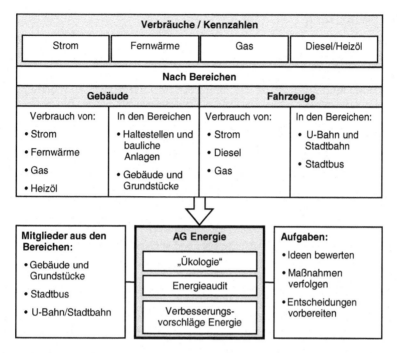

Abb. 8.1 Aufbau der Arbeitsgruppe Energie

Informationsmanagement erlangt, transparent aufzuzeigen. Es sollen Kennzahlen gefunden werden, die beispielsweise belegen, wie hoch der Stromanteil veralteter, ineffizienter Geräte ist und wie sich dieser durch den Austausch gegen kleinere, umweltschonendere Geräte verändert. Dazu gehört auch die Berücksichtigung von Kennzahlen aus der Entsorgung von Altgeräten des Unternehmens. Auf dieser Basis sollen dann Optimierungsansätze entwickelt und umgesetzt werden.

Aktuell hat die Üstra eine Produkt- und Servicematrix aufgebaut, die Personalleistungen sowie Kapitalleistungen erfasst und darstellt, um daraus Kennzahlen zu generieren. Mithilfe dieser Kennzahlen ist es der Üstra möglich die Ist-Situation der IT klar darzustellen, mit anderen Marktteilnehmern zu vergleichen und sich gegebenenfalls neu am Markt zu positionieren.

Zum Messen des Stromverbrauchs der IT fehlen der Üstra zurzeit noch geeignete Kennzahlensysteme, die komplexe Beziehungen innerhalb der Organisation darstellen und somit ein ressourceneffizientes Management ermöglichen. Wie viel Leistung ein Server im Rechenzentrum bis hin zum PC verbraucht, ist für die Üstra bislang nur grob abschätzbar oder durch aufwendige Messungen von Studenten und Auszubildenden feststellbar. Ein Zählersystem mit einem Zähler hinter jeder Station zu schalten wäre sehr kostspielig und aufwendig.

Hier erarbeitet die Üstra derzeit eine Lösung und untersucht entsprechende Produkte am Markt auf ihre Eignung.

8.3.2   Beschaffung

Ziel der Beschaffungspolitik der Üstra im Bereich IT ist die Minimierung von Kosten, aber auch die Ökologieorientierung des Unternehmens zu fördern. Ein zentrales Beschaffungskriterium für IT-Geräte ist die Höhe des Stromverbrauchs im Betriebs- und im Stand-by-Modus.

Als Maßstab für die Beschaffung werden im IT-Bereich Vergleiche durchgeführt und wird untersucht, welche Lieferanten qualitativ und quantitativ die besseren Prozesse bzw. Kennzahlen liefern.

Die Üstra verfügt über ein Lastenheft, in welchem alle Forderungen an die Lieferungen und Leistungen für zu beschaffende Geräte festgehalten sind. Beispielsweise wurde für die Neuausschreibung des Drucker-Mietvertrages, die alle fünf Jahre durchführt wird, erstmals das Thema Umweltfreundlichkeit mit ins Lastenheft aufgenommen. Kriterien wie die Höhe des CO_2-Ausstoßes bei der Herstellung, der Stromverbrauch, die Umweltverträglichkeit des Toners, die Verbrauchsmaterialien bei der Herstellung sowie die Art der Entsorgung der Altgeräte und des Verbrauchsmaterials wurden entsprechend gewichtet und spielen neben technischen Anforderungen und kaufmännischen Aspekten beim Entscheidungsprozess eine Rolle. Zum Beispiel werden Kennzahlen über den Stromverbrauch der Geräte im Stand-by- und Betriebsmodus betrachtet und wird ein Entsorgungskonzept für Altgeräte und das Verbrauchsmaterial eingefordert.

Die Leitidee der Üstra besteht darin, dass neu beschaffte Geräte vom Design bis zur Entsorgung über ihren gesamten Lebenszyklus hinweg umwelt- und ressourcenschonend sind.

8.3.3   Produktion

Rechenzentrum. Die Üstra verfügt über zwei gleichwertige Rechenzentren. Eines davon wird vorrangig für betriebliche Zwecke genutzt und ist rund um die Uhr in Betrieb, das andere wird hauptsächlich für betriebswirtschaftliche Zwecke eingesetzt. Die beiden Rechenzentren ergänzen und unterstützen sich gegenseitig; die Üstra versucht dadurch eine optimale Auslastung zu erreichen.

Virtualisierung im Rechenzentrum gehört zu einer der Green-IT-Maßnahmen der Üstra. Schon vor zwei Jahren wurden die Systeme komplett auf Blade-Technologie umgestellt. Die Software VMware übernimmt die Virtualisierung und läuft auf den Blade-Servern. Durch die Virtualisierung von Servern konnten alte, stromzehrende Server abgeschaltet werden. Zusätzlich konnte auf die kostenintensive Beschaffung neuer Server verzichtet werden. Der Stromverbrauch eines Servers entfällt bei der Üstra zu einem Drittel auf die Klimatisierung, dementsprechend sind auch in diesem Bereich erhebliche Einsparungen entstanden.

Die konsequente Einführung virtueller Server führte zu 30 % Einsparungen bei den Energiekosten im Vergleich zu herkömmlichen Servern. Zwischen 2005 und 2009 konnten so im Serverbereich Einsparungen von bis zu 144.058 Euro durch den Einsatz von Virtualisierungs- und Blade-Technologie erzielt werden (vgl. Tab. 8.2).

Tab. 8.2 Einsparungen durch Green IT in der Rechenzentrumsumgebung

Maßnahme	Beschreibung	Stromkosteneinsparungen				
		2005	2006	2007	2008	2009
Virtualisierte Server	20 Systeme wurden virtualisiert (Hardwareersatz)	9.636 €	9.636 €	9.636 €	9.636 €	9.636 €
Virtuelle Server	25 Systeme wurden neu virtualisiert (Hardwarealternative) 2005 = 10, 2006 = 8, 2007 = 7, 2008 und 2009 geschätzt je 7	4.818 €	8.672 €	12.045 €	15.418 €	18.790 €
Klimaanlagen-anteil	bei Verbrauch 1 kW Einsparung 0,3 kW	4.336 €	5.493 €	6.504 €	7.516 €	8.528 €
Blade-Technologie	Einsparung ca. 30 % Strom gegenüber herkömmlichen Servern				1.445 €	1.445 €
Klimaanlagen-anteil	Annahme: Installation von 10 Blade-Servern pro Jahr				434 €	434 €
Jährliche Einsparung		18.790 €	23.801 €	28.185 €	34.449 €	38.833 €
Einsparung von 2005–2009		144.058 €				

Annahmen:

Ein Server verbraucht im Schnitt 0,5 kW.

Um die Abwärme abzuführen, wird hierzu ein Drittel Strom für die Klimaanlage benötigt.

Der Kilowattstundenpreis für Strom beträgt für die Üstra 11 Cent.

Einführung der Server-Blade-Technologie ab 2008.

Durch die Blade-Technologie und virtuelle Server konnte Energie so effizient gespart werden, dass für 28 % der neu angeschafften Geräte die Kosten gedeckt waren. Außerdem führte die Üstra auch die Cluster-Technologie im Unternehmen ein, d. h., durch die Vernetzung von Gruppen eigenständiger Computer, die wie ein Großrechner arbeiten, können Daten an mehreren Standorten gleichzeitig verfügbar gemacht werden. Dadurch konnte zusätzlich mehr Rechenzentrumskapazität geschaffen werden. Darüber hinaus bedeutet der Wegfall an physischen Maschinen auch eine deutliche Komplexitätsreduzierung, was zur Vereinfachung des Prozessablaufs führte.

Virtualisierung spielt auch in den Notfallkonzepten eine wichtige Rolle. Es werden virtuelle Maschinen programmiert, die im Falle eines Ausfalls oder Verlusts sofort einsatzbereit sind und für diese defekte Maschine einspringen. Das Thema Virtualisierung wird bei der Üstra kontinuierlich ausgebaut, denn durch eine virtuelle Bereitstellung verschiedenster Software ist man schneller, flexibler und konkurrenzfähiger als bisher und leistet einen Beitrag zur umweltschonenden Ressourcennutzung.

Büroumgebung. Auch in der Büroumgebung spielt das Thema Green IT eine wichtige Rolle. Die durchschnittliche Laufzeit eines PCs im Industriegewerbe beträgt 6 Jahre. Üstra nutzt jeden PC täglich ca. 8 Stunden an durchschnittlich 220 Tagen im Jahr. Dies entspricht einer Laufzeit von 1760 Stunden pro Jahr. Hinzu kommen die Stand-by-Zeiten. Durch den Einsatz neuester PC-Hardware werden Einsparungen von 165 Euro pro Jahr erzielt.

Von rund 800 PCs der Üstra wurden als erste Charge die 290 ältesten Geräte und in einem weiteren Prozess 255 Geräte ausgetauscht (Tab. 8.3).

Ein Vorgehen, das zur Nachhaltigkeit innerhalb der Büroumgebung beiträgt, ist das Abschalten von ungenutzten Computern, wodurch die Leerlaufzeiten minimiert werden. Diese Steuerung muss allerdings so definiert sein, dass Rechner in Anwendung und einige Basisrechner zur Steuerung des Verkehrs weiterlaufen. Mittelfristig plant die Üstra als weitere Maßnahme sogenannte Thin Clients einzuführen und bis 2013 Desktopvirtualisierung einzusetzen.

Durch die Einführung von Thin Clients sollen die Gesamtbetriebskosten der IT um 70 % gesenkt werden. Bei dieser Art von Rechnern, die lediglich mit den Funktionen Ein- und Ausgabe ausgestattet sind und keine eigene Festplatte besitzen, ist die Lebenszeit tendenziell deutlich länger als bei gewöhnlichen PCs. Auch die Desktopvirtualisierung steht auf dem Handlungsplan der nächsten Jahre. Durch den Einsatz virtueller Desktops fallen die typischen Lebenszyklusphasen physischer Maschinen wie Beschaffung, Backup und Entsorgung von Desktops komplett weg.

Die Drucker der Üstra werden bereits seit fünf Jahren der Konsolidierung unterzogen. Die Arbeitsplätze werden nicht mehr mit einzelnen Druckern ausgestattet, sondern mit Multifunktionsgeräten. Durch Drucker, Kopierer, Scanner und Fax als ein Gerät für viele Anwender wurden schon vor fünf Jahren 40 % des Maschinenparks reduziert.

Als weitere positive Entwicklung kann man die papierlose Kommunikation im Unternehmen betrachten. Längst wird diese im Netzwerk integriert, d. h., die Verteilung von

Tab. 8.3 Einsparungen durch PC-Tausch in der Büroumgebung

Effekte durch PC-Tausch bei der Üstra	PC-Modelle		
	HP EVO DP 500	HP EVO DP 530	HP SLIM
Stand-by Verbrauch (Wh)	2,3	2,2	0,2
Aktivverbrauch (Wh)	97	52	28
Annahmen:			
Angenommene Laufzeit 6 Jahre, Stromkosten 11 Cent/kWh			
Angenommene Aktivzeit 220 Tage × 8 Stunden = 1760 Stunden pro Jahr			
Angenommene Stand-by 220 Tage × 16 Stunden + 145 Tage × 24 Stunden = 7000 Stunden pro Jahr			
Stand-by-Verbrauch pro Einheit über 6 Jahre (Wh)	96.600	92.400	8.400
Aktivverbrauch pro Einheit über 6 Jahre (Wh)	1.024.320	549.120	295.680
Summe (Wh)	1.120.920	641.520	304.080
Einsparungen (Wh) im Vergleich zum Vorgängermodell		−479.400	−816.840
Kosten Stand-by-Verbrauch pro Einheit über 6 Jahre	10,63 €	10,16 €	0,92 €
Kosten Aktivverbrauch pro Einheit über 6 Jahre	112,68 €	60,40 €	32,52 €
Summe	123,30 €	70,57 €	33,45 €
Einsparung gegenüber Modell HP EVO DP 500		−52,73 €	−89,85 €
Einsparung gegenüber Modell HP EVO DP 530			−37,12 €
Gesamteinsparung durch Austausch von 160 HP EVO DP 500 mit HP Slim			−14.376,38 €
Austausch von 130 (2008) und 255 (2009) HP EVO DP 530 mit HP Slim			−14.290,58 €
Eingesparte Energiekosten durch PC-Tausch in 2008 und 2009			**−28.666,97 €**
Jährliche Stromkostenersparnis über 6 Jahre			**−4.777,83 €**
Die Gesamtinvestitionen in 2008 und 2009 betrugen 354.000 Euro. Damit finanzieren die Einsparungen im Stromverbrauch den PC-Tausch zu 8 % selbst.			

Informationen intern sowie extern erfolgt fast ausschließlich auf elektronischem Wege. Der Empfänger kann selber entscheiden, ob er das Dokument ausdruckt oder am Bildschirm verarbeitet. Außerdem ist durch die Zentralisierung der Multifunktionsgeräte ein Soforteffekt bei den Mitarbeitern messbar: Jeder überlegt sich zweimal, ob der Weg zum Drucker wirklich notwendig ist.

8.3.4   Vertrieb und Kommunikation

Der Green-IT-Gedanke wird bei der Üstra insbesondere nach innen an die Mitarbeiter kommuniziert. Zum Beispiel wird durch die permanente, kontinuierliche Schulung des Personals am neuen Betriebssystem sichergestellt, dass das neue System auch effizient und effektiv genutzt wird. So wird der grüne Gedanke auch im IT-Umfeld unter den Mitarbeitern verbreitet. Dies trägt zur Motivation bei, besonders dann, wenn sichtbar wird, dass nachhaltiges, umweltbewusstes Handeln gleichzeitig Kosten spart sowie die Wirtschaftlichkeit und Konkurrenzfähigkeit im Unternehmen erhöht.

Um das ökologische Bewusstsein und Verhalten der Mitarbeiter zu stärken, hat die Üstra ein unter dem Namen „Ökologie" laufendes Anreizsystem entwickelt, das hohe Motivationswirkung zeigt. Spontane Ideen von Mitarbeitern bezüglich Prozess-, Energie- und Ressourcenoptimierung werden gefördert. Jährlich steht dem gesamten Unternehmen ein Budget von 130.000 Euro zur Verfügung, um diese Ideen relativ kurzfristig umzusetzen. Die Mitarbeiterinnen und Mitarbeiter freuen sich vor allem über eine schnelle Umsetzung ihrer Ideen. Monetäre Anreize im klassischen Sinne werden in diesem Projekt nicht eingesetzt.

Auf diese Weise wird Ideenmanagement betrieben. Ideen werden gefördert, gesichtet, gebündelt und gegebenenfalls im Unternehmen umgesetzt. Der grüne Gedanke wird auf diese Weise vom Vorstand bis zu den Mitarbeitern unterstützt und getragen.

8.4   Erkenntnisse

Die vorliegende Fallstudie beschreibt das Potenzial eines nachhaltigen Informationsmanagements für ein Unternehmen der Verkehrsbranche. Der Fall der Üstra Hannoversche Verkehrsbetriebe weist folgende Besonderheiten auf:

- **Green IT in der Verkehrsinfrastruktur.** Der Einsatz von IT kann massiv dazu beitragen die Emissionen der Verkehrsinfrastruktur zu senken. Die bestehenden Ansätze sollten weiter ausgebaut werden.
- **Zertifizierung.** Die Bestätigung des eigenen Engagements durch externe Zertifizierungen stärkt die Glaubwürdigkeit. Die IT sollte hierbei einerseits die notwendigen Informationen bereitstellen und andererseits ebenfalls berücksichtigt werden.
- **Ausrichtung an der Umweltstrategie.** Durch die Green-IT-Maßnahmen leistet die IT-Organisation ihren Beitrag zur Umsetzung der Umweltstrategie des Unternehmens.

Die IT kann einerseits Emissionen im Betrieb der Verkehrsinfrastruktur senken. Beispielsweise können durch eine Vernetzung der Fahrzeuge Informationen über Position oder Verspätung ermittelt werden. Dadurch ist es möglich Verspätungen zu kalkulieren und eine optimale Routendisposition abzuleiten, um so Ressourcen einzusparen. Software wird dazu eingesetzt, Busfahrer im energieeffizienten Fahren zu schulen. Unter Mithilfe der IT konnte der CO_2-Ausstoß der Stadtbahnen seit 1990 mehr als halbiert und dadurch ein Beitrag zur CO_2-Strategie des gesamten Unternehmens geleistet werden.

Auch das Grundkonzept des vorgestellten Projekts „Ükologie" scheint aufzugehen. Mitarbeiter sind motiviert Ideen einzubringen und aktiv zu partizipieren. Hierdurch wird das Zugehörigkeitsgefühl gestärkt. Durch die Kommunikation des Themas wird bei den Mitarbeitern der Üstra ein Verantwortungsbewusstsein für Umweltschutz gefördert. Trotz fehlender monetärer Anreize engagieren sich die Mitarbeiter für dieses Thema und tragen damit zur Weiterentwicklung des Unternehmens bei.

Ein weiterer Erfolgsfaktor der Üstra ist ihr zertifiziertes Managementsystem. Die Norm EN ISO 9000 beschreibt Anforderungen an ein Management, um einem bestimmten Qualitätsstandard zu entsprechen. Die Umweltnorm EN ISO 14000 bezieht sich auf die Frage des Umweltmanagements in Produktionsprozessen und Dienstleistungen. Es werden interne Audits durchgeführt, die den kontinuierlichen Verbesserungsprozess darstellen.

Die realisierten Einsparungen verdeutlichen, dass die vorgestellten Ansätze bereits erheblich dazu beitrugen Effizienzsteigerungen auf operativer und strategischer Unternehmensebene umzusetzen.

Andererseits wird im Rahmen von Green IT Umweltschutz in der IT umgesetzt. Dies erfolgt durch die Beschaffungskriterien für IT-Geräte, die Virtualisierung von Servern und die Einführung der Blade-Technologie im Rechenzentrum. Gleichzeitig sind in der Büroumgebung eine Reduzierung von Rechnerlaufzeiten, der Austausch von Desktop-Computern durch Thin Clients und die Reduzierung des Maschinenparks mithilfe von Multifunktionsgeräten zu beobachten.

Green IT im IT-Bereich ist aus Sicht des Umweltschutzes für ein Unternehmen der Verkehrsbranche eher ein Nischenthema. Dennoch muss im Rahmen einer konsistenten Umsetzung der Umweltstrategie der IT-Bereich mit berücksichtigt werden. Die IT-Organisation der Üstra unterstützt die Umweltstrategie durch eine konsequente und angemessene Durchführung von Green-IT-Maßnahmen. Neben einem verbesserten Schutz der Umwelt senkt die IT-Organisation dabei gleichzeitig ihre Kosten und leistet dadurch auch einen ökonomischen Beitrag zum wirtschaftlichen Erfolg der Üstra.

Als wesentlich bedeutsamer kann das Potenzial durch Green IT im Betrieb der Verkehrsinfrastruktur eingeschätzt werden. Dort kann die IT durch intelligente Steuerungs- und Informationssysteme dazu beitragen, Ressourcen noch effizienter einzusetzen, Umweltemissionen zu reduzieren, Kosten zu senken und Kundenzufriedenheit zu erhöhen. Die IT-Organisation sollte sich zukünftig in diesem Feld als Innovator in die Unternehmensstrategie mit einbringen.

Fallstudie 6
Green IT im Bundesverwaltungsamt

Nicky Opitz, Koray Erek und Reiner Henseler

9.1 Behörde

Das Bundesverwaltungsamt (BVA) ist der zentrale Dienstleister des Bundes. Das BVA mit Hauptsitz in Köln wurde 1960 gegründet, um andere Behörden von Tätigkeiten zu entlasten, die nicht zu deren Kernaufgaben gehören. Heute nimmt das BVA mit rund 2.400 Mitarbeiterinnen und Mitarbeitern über 100 verschiedene Aufgaben für fast alle Bundesministerien und deren Geschäftsbereiche, das Bundeskanzleramt sowie zahlreiche weitere Behörden und Institutionen wahr.

Besonderes Kennzeichen des BVA ist seit Beginn die Aufgabenvielfalt – ein buntes und interessantes Spektrum an Dienstleistungen und Aufgaben, das in der Behördenlandschaft seinesgleichen sucht.

Es ist verantwortlich für das Auslandsschulwesen, organisiert das Zuwendungsmanagement, z. B. der Sport-, Kultur-, Jugend- und Sozialförderung, vergibt Bildungskredite, zieht BAföG-Darlehen ein und ist Ausbildungsbehörde für den mittleren Dienst auf Bundesebene. Das BVA betreibt unter anderem das Ausländerzentralregister (AZR), ist wesentlich für das Auswärtige Amt am Visaverfahren mit jeweils mehreren Millionen Anfragen im Jahr beteiligt und ist die staatliche Vergabestelle für Berechtigungszertifikate (VfB) im Rahmen des neuen Personalausweises (nPA). Zu den Arbeitsschwerpunkten gehören inzwischen auch Querschnittsaufgaben, z. B. Personalgewinnung, Reisemanagement, Beihilfebearbeitung sowie die Organisationsberatung für die öffentliche Verwaltung (Tab. 9.1).

2006 wurde die Bundesstelle für Informationstechnik (BIT) als Abteilung des BVA eingerichtet. Sie unterstützt Behörden mit einem umfangreichen Dienstleistungs- und Produktportfolio in vielfältigen IT-Aufgaben. Seit Dezember 2009 ist die BIT eines der drei IT-Dienstleistungszentren des Bundes. Die BIT bündelt professionelle IT-Dienstleistungen und bietet hochwertige und innovative IT-Lösungen für die Bundesverwaltung.

R. Zarnekow und L. Kolbe, *Green IT*, DOI: 10.1007/978-3-642-36152-4_9,
© Springer-Verlag Berlin Heidelberg 2013

Tab. 9.1 Kurzportrait des Bundesverwaltungsamts

Bundesverwaltungsamt (BVA)	
Gründung	1960
Firmensitz	Köln
Merkmal	Dienstleister des Bundes
Produkte und Dienstleistungen	Verwaltungsaufgaben der Bundesministerien und ihrer Geschäftsbereiche
Firmenstruktur	Das Bundesverwaltungsamt (BVA) wurde als selbstständige Bundesoberbehörde im Geschäftsbereich des Bundesministeriums des Innern errichtet
Website	www.bundesverwaltungsamt.de
Umsatz	–
Mitarbeiter	2010: ca. 2.400
Mitarbeiter im IT-Bereich	ca. 330
Rolle des IT-Bereichs	Zentrale IT-Dienste, IT-Lösungen und Beratung für die Verwaltung
Rechenzentren	2 (1 Primär- und 1 Backup-Rechenzentrum)
PC-Arbeitsplätze	2.400

Als IT-Dienstleistungszentrum des Bundes deckt die BIT den gesamten Lebenszyklus von IT-Produkten und -Dienstleistungen ab:

- IT-Beratung und Kompetenzzentren
- Standards und Methoden der IT
- IT-Projektmanagement und Softwareentwicklung
- IT-Betrieb und Hosting
- Service und Support

Mit der IT als Motor für Modernisierung und Fortschritt ist es ein Ziel des BVA, den gesamten IT-Einsatz durchgängig zu gestalten. Dabei fungiert das BVA bereits als zentraler IT-Partner aller Ressorts und deren Geschäftsbereichsbehörden.

Auch Großprojekte wie die Einführung des neuen Personalausweises gehören zum Anforderungsbereich des BVA. Es bietet Hilfestellung und technologische Betreuung bei der Integration der neuen Funktionen des neuen Personalausweises für Behörden und Unternehmen.

Aus industrieökonomischer Sicht ist festzuhalten, dass das BVA bei der Erfüllung von Aufgaben und der Bereitstellung von IT-Dienstleistungen mit anderen, zentralen IT-Dienstleistern des Bundes im Wettbewerb steht.

Rolle der Nachhaltigkeit. Für das BVA sind die Umweltschutzziele der Bundesregierung maßgeblich. Nachhaltige Entwicklung ist ein Leitprinzip der Politik der Bundesregierung.

Der Kampf gegen die Klimaänderung und die Bemühungen um eine nachhaltige Energieerzeugung sind dabei von besonderer Wichtigkeit. Bis zum Jahr 2012 will Deutschland gemäß dem Kyoto-Protokoll, dem internationalen Abkommen zum weltweiten Klimaschutz, seinen Treibhausgasausstoß um 21 % gegenüber dem Jahr 1990 verringern. Darüber hinaus will die Bundesrepublik den Anteil der erneuerbaren Energien an der gesamten Energieversorgung weiter steigern. Bis 2020 ist es das Ziel der EU, den Endenergiebedarf und die Treibhausgasemissionen um 20 % zu reduzieren und gleichzeitig 20 % der innerhalb der Union verbrauchten Energie aus erneuerbaren Energieträgern zu beziehen. Der gesamte Energieverbrauch soll um 20 % sinken.

Die Bundesregierung hat sich das Ziel gesetzt, den durch IT-Betrieb verursachten Energieverbrauch in der Bundesverwaltung bis zum Jahr 2013 um 40 %, bezogen auf den Leistungsumfang im Jahr mit dem höchsten Verbrauch vor 2009, zu reduzieren.

9.2   Ausgangssituation

IT-Organisation. Neben der Bereitstellung von IT-Lösungen und -Dienstleistungen für die Bundesverwaltung durch die Bundesstelle für Informationstechnik umfasst die IT-Organisation auch die Entwicklung von IT-Fachverfahren für die vielfältigen Aufgaben des BVA. Die IT-Organisation ist mit ihren rund 330 Mitarbeitern für zentrale IT-Dienste, die Bereitstellung von IT-Lösungen für Fach- sowie Querschnittsverfahren und die Beratung von Institutionen der Bundesverwaltung verantwortlich. Die IT-Infrastruktur im Back-Office-Bereich besteht zurzeit aus zwei Rechenzentren, einem Primär- und einem Backup-Rechenzentrum. In den kommenden Jahren sollen im Rahmen der IT-Konsolidierung im Geschäftsbereich des BMI die Rechenzentrumskapazitäten weiter ausgebaut werden.

Seit der Gründung am 01.01.2006 unterstützt die BIT (als zentraler IT-Dienstleister der Behörde) viele IT-Kompetenzfelder des BVA. Das Shared-Service-Center für IT deckt den gesamten Lebenszyklus von IT-Produkten und – Dienstleistungen ab. Hierfür werden beispielsweise Beratung, Service und Support angeboten, Standards und Methoden entwickelt, Projektmanagement und Softwareentwicklungen durchgeführt sowie der Betrieb und das Hosting bereitgestellt.

Im Rahmen des IT-Modernisierungsprogramms wurde die abteilungsübergreifende Projektgruppe „Energieeffizienz in der IT/Green IT" unter der Leitung von Reiner Henseler gegründet. Die Gruppe ist verantwortlich für den Aufbau des Kompetenzzentrums Green IT, die Entwicklung eines Musterrechenzentrums und die Erarbeitung von Konzepten für Energieeffizienz im Desktopbereich.

Handlungsdruck. Das ambitionierte Energiereduktionsziel der Bundesregierung stellt die Bundesverwaltung vor die Herausforderung, ihre IT-Landschaft ganzheitlich auf Energieeinsparpotenziale zu untersuchen und entsprechende Green-IT-Maßnahmen kurz- bis mittelfristig umzusetzen. Die Verflechtungen und Abhängigkeiten moderner IT-Infrastrukturen erschweren die Maßnahmenauswahl und – priorisierung. Deshalb ist in diesem Umfeld ein strukturiertes und transparentes Vorgehen von entscheidender Bedeutung.

Ständig steigende Datenmengen erfordern zusätzliche Speicherkapazitäten und setzen die IT-Organisation unter Druck. Beispielsweise verdoppelt sich jährlich das durchschnittliche E-Mail-Aufkommen. Diese ständig steigenden Volumenanforderungen müssen im Vorhinein richtig abgeschätzt und in die Ausbaupläne der nächsten Jahre eingebracht werden. In der Planung spielen auch die Umweltentwicklung z. B. in der Politik und die damit zusammenhängenden Anforderungen der Kunden eine große Rolle.

9.3   Umsetzung

9.3.1   Governance

Im Rahmen des IT-Investitionsprogramms der Bundesregierung wurde das Kompetenz- und Musterrechenzentrum Green IT in der BIT des BVA eingerichtet und das Bestandsrechenzentrum zum Musterrechenzentrum Green IT weiterentwickelt.

Das Kompetenzzentrum Green IT bietet Beratung im Bereich Green IT an. Die gesammelten Erfahrungen wurden für Projektleiter und Mitarbeiter in Form eines Vorgehensmodells für die Auswahl und Durchführung von Green-IT-Projekten aufbereitet.

Das aufgezeigte Vorgehensmodell konzentriert sich hauptsächlich auf Green-IT-Projekte in Rechenzentren, kann jedoch grundsätzlich für alle Green-IT-Maßnahmen, beispielsweise in der Büroumgebung, verwendet werden. Die aufgeführten Bausteine können darüber hinaus durch weitere Methoden ergänzt oder ersetzt werden. Abbildung 9.1 zeigt das Green-IT-Vorgehensmodell. Das Vorgehen ist in acht aufeinanderfolgende und zyklisch zu durchlaufende Schritte unterteilt (Bundesverwaltungsamt 2010).

1. Basis
Zuerst wird die Datenbasis ermittelt, die den allgemeinen Status der IT-Infrastruktur aufzeigt. Hierfür werden beispielsweise die „CADE-Faktoren" ermittelt. Dazu zählen Kennzahlen wie die Gebäudeenergieeffizienz, Gebäudeauslastung und IT-Energieeffizienz.

2. Messung und Analyse
Zur Messung und Analyse des Energieverbrauchs im Rechenzentrum müssen Gerätegruppen wie Klimatechnik, Strom, Gebäudetechnik, IT-Equipment, TK-Anlage, LAN- und WAN-Komponenten im Rechenzentrum gemessen werden. Dabei kann der Energieverbrauch in drei verschiedenen Varianten ermittelt werden.

Die Standardvorgehensweise ist die „permanente Messung", bei der der Energieverbrauch kontinuierlich durch fest installierte Zähler direkt an der Einspeisung erfasst wird.

Bei der zweiten Variante, der „temporären Messung", wird der Stromverbrauch über einen vorab festgelegten Zeitraum ermittelt. Aus Kostengründen gibt es keine fest installierten Stromzähler. Diese Variante sollte nur in Ausnahmefällen durchgeführt werden, da z. B. saisonale Schwankungen nicht beachtet werden.

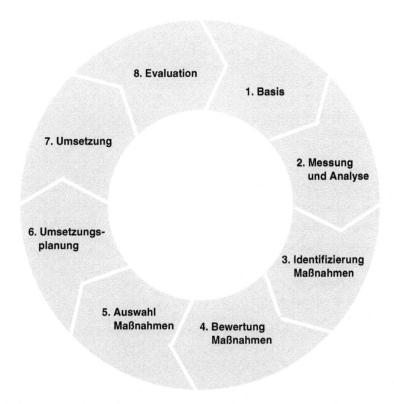

Abb. 9.1 Wertschöpfungskreislauf Green IT

Die dritte Variante „Hochrechnung" bietet nur in Ausnahmefällen valide Ergebnisse. Aus einigen Energieverbrauchsmessungen wird der Energieverbrauch des gesamten Jahres hochgerechnet. Durch dieses Vorgehen wird eine umfassende Beurteilung der Rechenzentrumseffizienz (RZ-Effizienz) möglich.

3. Identifizierung Maßnahmen

Nach Abschluss der Analysephase werden potenzielle Maßnahmen identifiziert, die zur Optimierung und Steigerung der RZ-Effizienz beitragen können. Dabei werden relevante Maßnahmen in einem initialen Maßnahmenkatalog zusammengefasst. In den folgenden drei Tabellen sind mögliche Green-IT-Maßnahmen dargestellt (Tab. 9.2, 9.3, 9.4).

4. Bewertung Maßnahmen

Bei der Bewertung der Maßnahmen wird nach qualitativen und quantitativen Faktoren unterschieden. Aus dem Maßnahmenkatalog werden potenziell nützliche Maßnahmen ausgewählt. Anschließend werden sie hinsichtlich Umsetzbarkeit, Kosten/Nutzen, Risiken, Abhängigkeiten und Einsparpotenzialen bewertet. Kosten-Nutzen-Relationen und Umsetzbarkeit stehen bei der Bewertung im Vordergrund.

Tab. 9.2 Green-IT-Maßnahmen Klimatisierung

Maßnahmenkatalog Klimatisierung
Maßnahme (Beispiel)
Energieeffiziente Kühlungsverfahren
Energieeffiziente Kühlmedien
Energieeffiziente Kühlgerätearten
Analyse des Luftstroms
Temperaturmonitoring
Verbesserte Warm- und Kaltganganordnungen
Einhausung von Kalt- und Warmgängen
Einführung von Wasserkühlung
Kühlungssystem näher an den Servern installieren
Anwendung von freier Kühlung/Frischluftkühlung
Erhöhung der Kaltgang-/Vorlauftemperatur
Einstellung der Luftbefeuchtung
Erdgasturbine mit Wärmetauscher
Serverventilatoren

Tab. 9.3 Green-IT-Maßnahmen Energieversorgung

Maßnahmenkatalog Energieversorgung
Maßnahme (Beispiel)
Effiziente Auslastung der USV
Energieeffizienter Aufbau des Doppelbodens
Dynamische Leistungsregelung
Energiemonitoring
Energieeffiziente Transformatoren, USV (Schwungrad)
Einspeisung von Gleichspannung
Einsatz intelligenter Steckdosenleisten im Rack
Effiziente Dimensionierung von Stromgeneratoren
Einsatz intelligenter Switches
Energiesparfunktionen der Server
Energieeffiziente Hardware (Prozessoren/Netzteile/Speichermedien)

5. Auswahl Maßnahmen

Bei der Auswahl der umzusetzenden Maßnahmen werden diese zunächst in vier Dimensionen gruppiert: Gebäudeauslastung, Gebäudeenergieeffizienz, IT-Auslastung und IT-Energieeffizienz. Danach folgt eine Kosten-Nutzen-Analyse der einzelnen Maßnahmen. Durch die Betrachtung der Energie- und Kostenreduktionspotenziale werden nach einer Gegenüberstellung in der Priorisierungsmatrix Maßnahmen ausgewählt.

Tab. 9.4 Green-IT-Maßnahmen, Konsolidierung und Optimierung

Maßnahmenkatalog Konsolidierung und Optimierung
Maßnahme (Beispiel)
Konsolidierung von Rechenzentren/Serverräumen
Inkrementelle Erweiterung von Anlagen
Stilllegung nicht ausgelasteter Anlagen/Outsourcing
Konsolidierung/Richtiger Aufbau von Racks
Bedarfsgerechte Bereitstellung von Ausfallsicherheit/Backups
Standardisierung IT-Plattform
Beseitigung toter/ungenutzter Server
Abschaltung von Servern bei geringer Nutzung
Nachtabschaltung
Betrieb mit geringerer Verfügbarkeit
Speichertechniken (SAN)
Effiziente Datenverwaltung
Wechsel von Virtualisierung zu Cloud Farms
Rationalisierung von Anwendungen
Optimierung von Applikationen mit hohem Ressourcenbedarf
Einsatz von Blade-Servern
Adäquate Serverdimensionierung
Senkung Nachfrage Hardwareanforderungen
Downgrading Speicher- und Netzwerkeinheiten
Nachrüstung älterer Einheiten (nicht virtualisiert)

6. Umsetzungsplanung

Die durchzuführenden Maßnahmen werden in Maßnahmenblöcken nach inhaltlicher Nähe oder signifikanter Abhängigkeit zusammengefasst. Idealerweise sollten diese Maßnahmen in Kombination durchgeführt werden, um einen positiven Beitrag zu erzielen.

7. Umsetzung

Die Umsetzung erfolgt in Form von Teilprojekten. Je nach Institution und Umfang sind hierbei diverse Standardprojektprozesse zu beachten.

8. Evaluation

Ziel der Evaluation ist eine Abschlussbewertung. Hierbei wird festgestellt, ob das Einsparziel erreicht wurde. Die Evaluation ist während des laufenden Projektes durchzuführen, da die Validierung der Schätzdaten eine entscheidende Aussage über den Erfolg der Maßnahme abgibt (Soll-Ist-Vergleich). Dadurch können gegebenenfalls weitere Maßnahmen aufdeckt werden. Das Vorgehensmodell wird somit kontinuierlich durchlaufen.

Das strukturierte und schrittweise Vorgehen im Rahmen des Green-IT-Vorgehensmodells führt zu einer Komplexitätsreduktion. Zukünftig soll das Vorgehensmodell weiterentwickelt werden, um es auch im Desktopbereich einsetzen zu können. Darüber hinaus wird das Modell regelmäßig um neue Methoden ergänzt und der Maßnahmenkatalog sukzessive ausgebaut.

Für die gesamte Organisation hat das BVA eine Balanced Scorecard zur Steuerung der Ziele und Strategien des Unternehmens im Einsatz.

9.3.2 Beschaffung

Das BVA orientiert sich an Verordnungen für eine schadstoffarme Beschaffung. In der IT-Beschaffung gelten in Bezug auf Umweltkriterien bislang freiwillige Beschaffungsempfehlungen.

Der Nachbeschaffungszyklus von PCs beträgt vier bis fünf Jahre, der von Servern fünf Jahre. Durch die Nachbeschaffung modernerer Geräte wird die IT durchschnittlich mit jedem Zyklus um 20 % effizienter. Durch die Einführung von Thin Clients werden PCs sukzessive abgelöst. Dadurch entstehen zwei Nutzeneffekte. Einerseits wird der Stromverbrauch aufgrund der Verkleinerung des Gerätebestands reduziert, des Weiteren findet eine Rationalisierung von Administrationsvorgängen statt, z. B. bei Sicherheitspatches sowie der Wartung und Pflege der Geräte.

9.3.3 Produktion

Die Produktion ist der Ort, an dem IT-Leistungen entstehen. Hierbei lassen sich zwei Bereiche unterscheiden: das Rechenzentrum und die Büroumgebung. Das BVA hat aus einem Maßnahmenkatalog von 30 Maßnahmen 22 ausgewählt und mittels eines Maßnahmensteckbriefs beschrieben. Der Steckbrief setzt sich zusammen aus einer Nutzenachse (Euro/kWh) und einer klassischen Umsetzungsachse, welche die finanzielle, technische, zeitliche und personelle Dimension darstellt. Der Zielnutzen jeder Maßnahme kann variieren, wobei Stromsparen der kleinste gemeinsame Nenner aller Maßnahmen ist.

Zurzeit werden 17 Maßnahmen im BVA umgesetzt. Dazu gehört z. B. die SAN-Virtualisierung im Rechenzentrum. Parallel wird ein Umsetzungssteckbrief angefertigt, wo Annahmen für die Selektion der Maßnahmen dokumentiert werden. Sie stellen eine detaillierte Version der Maßnahmensteckbriefe dar. Bei der Bewertung von Maßnahmen (Phase 4) ist es essenziell, alle Komponenten zu berücksichtigen. Am Beispiel der SAN-Virtualisierung muss untersucht werden, wie sich die drei Komponenten Server, Speicher und Netz bei der Durchführung der Maßnahme entwickeln würden. Problematisch ist, dass viele Einsparpotenziale wie beispielsweise die Verringerung von Administrationskosten durch eine unterschiedliche Speichergüte, die über eine Schnittstelle zur Verfügung gestellt wird, nicht direkt quantifizierbar sind. Eine weitere Schwierigkeit bei der Bewertung einer Vielzahl von Maßnahmen ist die Beurteilung von Abhängigkeiten zwischen ihnen. Maßnahmen werden zunächst auf Basis von unkorrelierten Potenzialschätzungen bewertet, wobei man annimmt, dass Abhängigkeiten dieser Potenziale bestehen.

Rechenzentrum. Im Rechenzentrum wurden 17 Einzelmaßnahmen in den 5 Umsetzungspaketen „Basismaßnahmen", „Steigerung der Virtualisierung", „Servicekatalog IT-Betrieb", „Optimierung der Luftführung" und „lokale Konsolidierung" durchgeführt.

Büroumgebung. Im Rahmen von Virtualisierungsmaßnahmen sollen auch in der Büroumgebung PC-Arbeitsplätze auf Thin Clients als Endgeräte umgestellt werden. Dabei wird die Beschaffung von PC-Geräten in Zukunft weitgehend mit der sichereren und kostengünstigeren Alternative Thin Clients ersetzt.

Ein weiteres Teilprojekt im Desktop-Bereich ist die Einführung von Multifunktionsdruckern (MFPs). Untersuchungen anderer Unternehmen haben gezeigt, dass durch MFPs das Druckvolumen um ca. 20 % gesunken ist. Außerdem wird die Anzahl der Geräte um einen wesentlichen Teil verringert, ein MFP soll dreißig bis vierzig Mitarbeiter abdecken, dagegen teilten sich vorher zwei Mitarbeiter einen Drucker.

Die Einführung von Telepräsenzmeetings trägt dazu bei, dass Reisekosten und damit verbunden CO_2-Emissionen reduziert werden. Diese Maßnahme ist aber mit erhöhten CO_2-Emissionen der IT verbunden, eine Gesamtersparnis bleibt aber vorhanden.

Der Wertschöpfungskreislauf der Green IT wird in Zukunft Effizienzpotenziale auch in der Büroumgebung aufzeigen, sodass Maßnahmen in Richtung Energieeffizienz für die gesamte Bandbreite vom Rechenzentrum bis hin zum IT-Arbeitsplatz vorgenommen werden können.

Messung und Steuerung. Für die Büroumgebung gibt es seit Juni 2009 verbindliche Rahmenbedingungen zur Erhebung des Energieverbrauchs in der Bundesverwaltung. Für den Bereich der dezentralen IT ist die Erhebung auf Basis der Daten des EU-Energy-Stars differenziert nach Alter der Geräte möglich. Ebenfalls können Daten der Deutschen Energieagentur (Dena) herangezogen werden. Hochrechnungen sind zur Gewährleistung der Vollständigkeit erlaubt.

Das Kompetenzzentrum Green IT im BVA entwickelte ein Analysemodell, welches neben der Energieeffizienz der Gebäude (inklusive der technischen Anlagen) und der IT-Komponenten auch die Auslastungssituation der Gebäudeinfrastrukturen und der IT-Komponenten betrachtet. Dadurch wird eine vollständige Beurteilung der RZ-Effizienz möglich.

Das Modell ist anhand der CADE-Methodik strukturiert. Das Akronym CADE steht für „Corporate Average Data Center Efficiency", wurde vom Uptime Institute in Zusammenarbeit mit McKinsey & Company entwickelt und bereits vielfach erfolgreich angewendet. Bei dieser Methode wird die RZ-Effizienz aus den Bereichen Gebäude und IT-Komponenten ermittelt, was eine vollständige Betrachtung gewährleistet. Die beiden

Bereiche unterteilen sich jeweils in die Aspekte Auslastungsgrad und Energieeffizienz (vgl. Kap. 2.4). Im vorgestellten Modell wird auf die für CADE typische prozentuale Betrachtung der Effizienzwerte verzichtet, da diese projektspezifisch und damit untereinander nur bedingt vergleichbar sind.

Die einzelnen Bereiche werden auf nächst höherer Ebene verknüpft. Dies bedeutet, dass sich die Gebäudeeffizienz als Kombination aus der Gebäudeauslastung und der Gebäudeenergieeffizienz (vgl. Kap. 2.4) ergibt. Entsprechend ist die IT-Effizienz eine Kombination aus der IT-Auslastung und der IT-Energieeffizienz. Die Effizienz eines Rechenzentrums ergibt sich schließlich aus Gebäude- und IT-Effizienz. Ein Anhaltspunkt zur konkreten Ermittlung und Berechnung der einzelnen Faktoren ist in den folgenden Kapiteln illustriert.

Für eine Rechenzentrumsoptimierung sollten frühzeitig alle Beteiligten (RZ-Betrieb, Haustechnik, Haushalt sowie themenabhängig weitere Ansprechpartner) eingebunden werden, da die komplexe Verflechtung eine sorgfältige Abstimmung der verschiedenen Bereiche erfordert. In der Analysephase werden Gebäude und IT gemeinsam betrachtet und wird so eine ganzheitliche Aufnahme und Bewertung der Ausgangssituation ermöglicht. Die Maßnahmenauswahl richtet sich primär nach der Kosten-Nutzen-Relation. Das Vorgehen erlaubt auch die Umsetzung einzelner, abgegrenzter Teilprojekte und schließt mit der Validierung der erreichten Einsparungen im Stromverbrauch ab. Diese wird analog zur Analysephase durchgeführt und ermöglicht darüber hinaus unmittelbar ein erneutes Durchlaufen des Zirkels zu initiieren. Die Nachhaltigkeit der Einsparung wird erreicht, wenn alle Verantwortlichen eingebunden werden und der Wertschöpfungskreislauf mehrfach durchlaufen wird.

Die RZ-Effizienz (im ursprünglichen Modell „CADE-Faktor" genannt, vgl. Abb. 9.2) drückt die Leistungsfähigkeit des betrachteten Rechenzentrums bezüglich der Gebäude- und IT-Auslastung aus. Durch die multiplikative Verknüpfung der eingehenden Faktoren wird in der Regel ein auf den ersten Blick sehr niedriger Wert erreicht. Typischerweise liegt die RZ-Effizienz heutiger Rechenzentren deutlich unter 5 %. Sie ergibt sich durch Multiplikation der einzelnen ermittelten Faktoren. Zur Interpretation des Wertes muss berücksichtigt werden, dass er sich durch die multiplikative Verknüpfung von vier Grundwerten ergibt, die selbst teilweise einen Zielwert haben, der deutlich unter 100 % (also < 1) angesetzt wird.

Probleme des Messens. Das Darstellen und Messen von Verbrauchsgrößen in der Büroumgebung und im Rechenzentrum stellen hohe Anforderungen an die Messmethoden dar. Außerdem ist es eine Herausforderung, Einsparpotenziale richtig zu erkennen, wenn lediglich zusammengefasste Messwerte betrachtet werden. Zurzeit wird das Musterrechenzentrum als Pilot durchgeführt, um gegebenenfalls Probleme in der Anwendung aufzuzeigen.

Entsorgung. Die Entsorgung der IT-Geräte erfolgt in einem mehrstufigen Verfahren. Zuerst werden die Altgeräte in einer Altgerätebörse angeboten, bei der Bundesbehörden und andere Drittbehörden die Geräte ersteigern können. In einem weiteren Schritt

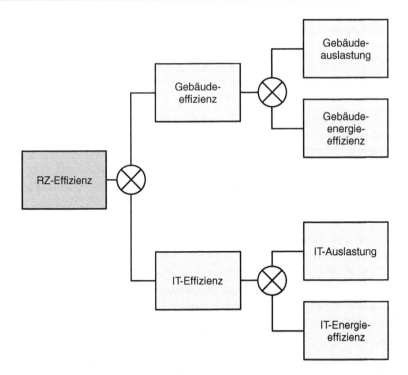

Abb. 9.2 Analysemodell im Musterrechenzentrum

werden die restlichen Geräte in einer Zollauktion allen Bürgern angeboten. Die übrigen Altgeräte werden am Ende der Wertschöpfungskette entsorgt. Alternativ werden auch Schulen mit Altgeräten ausgestattet.

9.3.4 Vertrieb und Kommunikation

Durch die Beratung von Behörden beim Einsatz von Informationstechnik und der Entwicklung oder Optimierung IT-gestützter Prozesse kommuniziert die BIT die Verbreitung ihrer Modelle. Das Angebot umfasst Messcoaching und Kurzdiagnosen, um kurzfristig zu analysieren und aufzuzeigen, wo Handlungsbedarf besteht, aber auch langfristige Unterstützung zum Aufbau und zur Effizienzsteigerung der IT-Abteilung wird präsentiert.

Durch das gesetzte Energiereduktionsziel der Bundesregierung wurde auch ein Anreiz für die einzelnen Behörden gesetzt, die verstärkt Maßnahmen nachfragen, die zur Nachhaltigkeit und Stromreduktion führen. Diese Dualität zwischen Energiereduktionsziel der Behörde und der Green-IT-Initiative erleichtert den Vertrieb und die Kommunikation der neu entwickelten Modelle.

9.4   Erkenntnisse

Der Fall BVA zeigt auf, welcher Nutzen durch ein strukturiertes Vorgehensmodell, wie das des Wertschöpfungskreislaufs Green IT und des Musterrechenzentrums, für die Effizienz der IT-Abteilungen geschaffen werden kann. Durch klare Berichtswege innerhalb des Modells ist das Vorgehen bis hin zur Maßnahmenumsetzung klar definiert.

- **Kompetenzaufbau durch Forschung.** Die vorrausgehende Prüfung der technischen Verfahren in der Laborumgebung und im Feldexperiment schafft Vertrauen bei den Anwendern. Durch die Kommunikation des Vorgehens und die Beratung der Behörden wird automatisch ein Anreiz geschaffen, dieses Vorgehensmodell zu etablieren und umzusetzen.
- **Management of Chance.** Unter allen Mitarbeitern muss ein Bewusstsein für die Notwendigkeit von nachhaltigem Handeln und Kooperation entstehen. Sie dürfen sich nicht davor scheuen die eigene Arbeitsweise zu verändern, auch wenn dies einen höheren Arbeitsaufwand erfordert oder gegen den Nutzen des Einzelnen strebt. Damit die Mitarbeiter diese Veränderungen akzeptieren, muss ein Management of Change stattfinden, bei dem Veränderungen schrittweise eingeführt und begleitet werden.

Ein wichtiger kritischer Erfolgsfaktor bei einer öffentlichen Behörde dieser Größe ist die intensive Zusammenarbeit aller Beteiligten. Die Gründung der Projektgruppe Green IT verdeutlicht das nachhaltige Engagement des Unternehmens mit dem Willen, ihre Erkenntnisse auch an dessen Kunden weiterzugeben.

Vor allem das strukturierte Vorgehen innerhalb der IT, welches im Wertschöpfungskreislauf Green IT deutlich wird, hilft bei der Erfüllung übergeordneter Zielvorgaben für die gesamte Behörde. Dieses Vorgehen ermöglicht die Schaffung neuer Kompetenzen im Bereich Green IT. Durch diese Kompetenzen deckt das BVA eine neue Marktnische ab und profitiert durch seine Dienstleistung im Bereich Beratung Green IT.

Fallstudie 7 Nachhaltigkeitsmanagement der Axel Springer AG

10

Koray Erek, Nils-Holger Schmidt, Fabian Löser und Peter Samulat

10.1 Vorbemerkungen

Wirtschaftlicher Erfolg ist eine wesentliche Voraussetzung für die Innovationskraft und Unabhängigkeit von Unternehmen. Moderne Unternehmen zeichnen sich darüber hinaus dadurch aus, dass sie ihr Augenmerk in zunehmend hohem Maße auch auf ökologische und soziale Bedingungen ihrer Wertschöpfung – im Inland ebenso wie im Ausland – richten. Aus diesem Dreiklang entsteht das, was heute unter Nachhaltigkeit – oder Corporate Responsibility – verstanden wird.

Für Axel Springer ist die Übernahme von ökonomischer, ökologischer und sozialer Verantwortung eine Frage der Glaubwürdigkeit, denn wer sich kritischem Journalismus verpflichtet, muss selbst einer genauen Prüfung standhalten. Die Redaktionen von Axel Springer berichten schließlich täglich selbst kritisch über andere Unternehmen oder politische Entwicklungen. Medienunternehmen tragen aber nicht nur in der Rolle des Publizisten Verantwortung, sondern auch als Arbeitgeber, als IT-Nutzer, als Druckereibetreiber, als Papiereinkäufer – überhaupt als Mitglied der Gesellschaft. Diese Übernahme von Verantwortung wird entsprechend von Mitarbeitern, potenziellen Bewerbern, Kunden und von Aktionären erwartet. Die Axel Springer AG will hier mit gutem Beispiel vorangehen und engagiert sich mit zunehmender Intensität seit 1979 für ein nachhaltiges Wirtschaften. Damals wurde an Druckmaschinen eine technische Vorrichtung installiert, um Lösungsmittelemissionen zu reduzieren. Seit dem hat sich viel getan:

Die Druckbetriebe in Deutschland zählen weiterhin zu den ökologischen Vorreitern. Als Erste in Europa werden sie bereits seit 1995 nach dem freiwilligen europäischen Öko-Audit validiert.

Seit Beginn der 90er-Jahre kümmert sich das Unternehmen zudem kontinuierlich um den Schutz der Umwelt entlang der Produktionskette – vom Wald über die Papierproduktion, dem Transport zum Kiosk bis hin zum Papierrecycling. Dazu zählen Gespräche

R. Zarnekow und L. Kolbe, *Green IT*, DOI: 10.1007/978-3-642-36152-4_10,
© Springer-Verlag Berlin Heidelberg 2013

mit Umweltorganisationen, der persönliche Besuch im Wald – also genau dort, wo Holz für das eingesetzte Druckpapier gewonnen wird – und letztlich auch der Dialog mit Papierlieferanten, um inakzeptable Zustände abzustellen. Ziel des Nachhaltigkeitsmanagements sind die Minimierung von Risiken sowie die Optimierung der Prozesse. Das ist ein kontinuierlicher Lernprozess, der bereits seit 1992 durch das unternehmensübergreifende Referat Nachhaltigkeit begleitet wird. Das Referat gibt dem Unternehmen kritische Denkanstöße und steht den einzelnen Abteilungen beratend zur Seite.

Mit der immer weiter voranschreitenden Digitalisierung der Medienangebote wird Green IT zunehmend wichtig für die Nachhaltigkeitsstrategie der Axel Springer AG. Green IT ist ein innovatives Arbeitsgebiet, in dem das Unternehmen frühzeitig Erfahrungen sammeln und – wo sinnvoll – auch Standards setzen möchte.

Das IT-Management sieht neben der ökologischen Motivation für Green IT auch ökonomische Vorteile durch den effizienteren Einsatz von Informationstechnologie. Die Planung und Umsetzung von Green-IT-Maßnahmen erfolgt im Unternehmen bei Axel Springer Media Systems (ASMS), dem internen IT-Dienstleister.

10.2   Unternehmen

Axel Springer ist ein in Europa führendes multimedial integriertes Medienunternehmen mit einer Vielzahl an gedruckten und digitalen Angeboten. Das Unternehmen wurde 1946 vom gleichnamigen Verleger gegründet, ist heute Deutschlands größter Zeitungs- und drittgrößter Zeitschriftenverlag sowie darüber hinaus eines der führenden europäischen Medienunternehmen (Tab. 10.1).

Die Strategie des Unternehmens beinhaltet den, der Ausbau der Marktführerschaft im deutschsprachigen Kerngeschäft sowie die Internationalisierung und Digitalisierung. Profitables organisches Wachstum wird durch eine fokussierte Akquisitionsstrategie begleitet. Die Basis für die Erreichung der Unternehmensziele sind die Unternehmenswerte Kreativität, Unternehmertum und Integrität.

Durch die Digitalisierung der Medienangebote passt sich das Unternehmen den veränderten Nutzungsgewohnheiten der Kunden an. Dies geschieht durch die Übertragung bestehender Printmarken und Inhalte in digitale Vertriebswege und den Erwerb von erfolgreichen Onlinemarken. Der Vorstandsvorsitzende Mathias Döpfner äußert hierzu: „Das Internet ist bei Axel Springer nicht Zukunftshoffnung, sondern reales Geschäft. Durch die Digitalisierung wird eine neue Dimension der Unternehmensentwicklung erreicht." In den nächsten sieben Jahren will das Unternehmen eine ausgeglichene Umsatzrelation von gedruckten und digitalen Medien erreichen; 2010 wurden bereits 24 % der Konzernerlöse im digitalen Bereich erwirtschaftet.

Die Organisationsstruktur der Axel Springer AG entspricht der strategischen Ausrichtung des Konzerns. Die unterschiedlichen Segmente des Unternehmens sind in Abb. 10.1 dargestellt. Das Portfolio des Unternehmens umfasst mehr als 240 Zeitungen und Zeitschriften sowie 140 Onlineangebote. Die Axel Springer AG ist in 35 Ländern aktiv (Abb. 10.2).

Tab. 10.1 Kurzportrait der Axel Springer AG

Axel Springer AG	
Chronologie	1946: Gründung des Unternehmens 1970: Umwandlung in eine Aktiengesellschaft 1985: Börsengang der Axel Springer AG
Standorte	Berlin (Unternehmenssitz), Hamburg; Druckereistandorte: Berlin-Spandau, Essen-Kettwig und Hamburg-Ahrensburg
Branche	Medien
Produkte und Dienstleistungen	Zeitungen, Zeitschriften und Onlineangebote für die unterschiedlichsten Interessengruppen und Informationsbedürfnisse sowie Beteiligungen an TV- und Radiosendern
Segmente des Unternehmens	Zeitungen National, Zeitschriften National, Print International, Digitale Medien sowie Services/Holding
Website	www.axelspringer.de
Umsatz	2010: 2,9 Mrd. Euro
Mitarbeiter	11.500
Rechenzentren	5

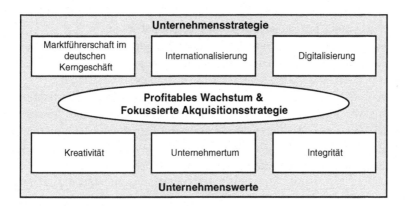

Abb. 10.1 Strategie und Werte der Axel Springer AG

Als einziges unabhängiges Medienunternehmen besitzt die Axel Springer AG eine Unternehmensverfassung. Die darin formulierten fünf Grundsätze sind Grundlage der publizistischen Ausrichtung. Sie definieren gesellschaftspolitische Grundüberzeugungen, geben aber keine Meinung vor. Die Grundsätze werden ergänzt durch die Leitlinien zur Sicherung der journalistischen Unabhängigkeit bei Springer und einen internationalen Katalog sozialer Standards.

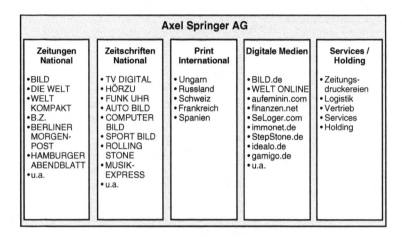

Abb. 10.2 Marktsegmente und Marken der Axel Springer AG

Des Weiteren gibt es eine Corporate Governance für die Unternehmensführung und -kontrolle sowie Umweltleitlinien, die vier zentrale Aspekte des Unternehmens beschreiben:

- Schärfung des Umweltbewusstseins bei Lesern, Geschäftspartnern und Mitarbeitern.
- Förderung schonender Rohstoffgewinnung durch Einflussnahme auf Lieferanten.
- Einsatz ökoeffizienter Technologien und Stoffe in allen Unternehmensbereichen zur Umweltschonung, Sparsamkeit und Wiederverwendbarkeit.
- Vermeidung bzw. Verringerung der Umweltbelastung durch Reduktion von Energie- und Wasserbedarf, Emission und Abfall je produzierter Einheit.

Der Schwerpunkt des Nachhaltigkeitsmanagements innerhalb der Wertschöpfungskette liegt bislang vor allem auf dem Papier- und Druckbereich. Darüber hinaus wird aber auch in der Verwaltung der Bürogebäude und beim Betrieb von Computern eine Ressourceneffizienz durch Absenkung des Strom- und Wasserverbrauchs sowie der Abfälle und Emissionen angestrebt. Das Unternehmen partizipiert ebenfalls am Carbon Disclosure Project, welches Transparenz hinsichtlich der Treibhausgasemissionen von Unternehmen schafft.

Die Maßnahmen und Ergebnisse des Nachhaltigkeitsengagements werden alle zwei Jahre in einem extern geprüften Nachhaltigkeitsbericht dokumentiert. Seit dem Jahr 2006 erfüllt dieser die Anforderungen des GRI-Levels A+. Springer beantwortet damit als weltweit erstes und einziges Print-, Online- und Web-TV-Unternehmen vollständig die 121 wirtschaftlichen, sozialen und ökologischen Leistungskriterien der GRI.

Herausforderungen im Wettbewerb. Unternehmen der Medienbranche stehen derzeit vor großen Herausforderungen. Die Medienbranche ist ein sehr dynamisches

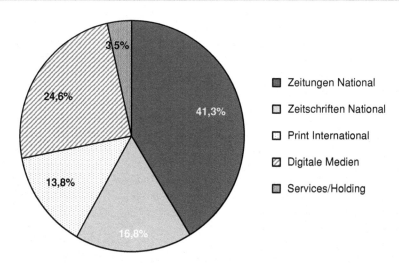

Abb. 10.3 Umsatzanteile der unterschiedlichen Marktsegmente der Axel Springer AG (2010)

Wettbewerbsumfeld. Im Printbereich kämpfen Verlage in einigen Bereichen mit sinkenden Auflagenzahlen und schwindenden Umsätzen. Die veränderten Nutzungsgewohnheiten der Kunden, welche sich zunehmend im Internet über das Tagesgeschehen informieren, und eine abnehmende Zahlungsbereitschaft für gedruckte journalistische Inhalte bringen einige Medienunternehmen in Schwierigkeiten. Doch entgegen dem Markttrend ist der Axel Springer AG in den letzten Jahren eine Erhöhung von Umsatz und Gewinn gelungen.

Die Axel Springer AG sieht die Zukunft der Medienbranche in der Digitalisierung, wenngleich die gedruckten Medien nach wie vor den größten Umsatzbeitrag liefern (vgl. Abb. 10.3). Das Unternehmen sieht gedruckte und digitale Medienkanäle aber nicht nur als Substitute, sondern als Ergänzung. In Printpublikationen können aktuelle Entwicklungen erklärt und eingeordnet werden. Online kann die Berichterstattung verlängert und um tagesaktuelle Entwicklungen ergänzt werden.

Rolle der Nachhaltigkeit. Als journalistisches Haus muss die Axel Springer AG selbst einer kritischen Prüfung standhalten. Eine Unternehmenspolitik, die ökologische, soziale und ökonomische Anliegen berücksichtigt, unterstützt die journalistische Glaubwürdigkeit. Das Nachhaltigkeitsmanagement der Axel Springer AG richtet den Blick dabei auf alle Bereiche der Wertschöpfungskette. Wichtige Anregungen und Impulse entstehen hierbei aus dem Dialog mit unterschiedlichen Stakeholdern (vgl. Abb. 10.4).

Nichtregierungsorganisationen werden von Springer als wichtige Partner für Innovationen verstanden. Das Unternehmen nutzt Möglichkeiten der Zusammenarbeit mit Umweltorganisationen. Daraus sind bereits einige Pilotprojekte entstanden, mit deren Hilfe neue Standards gesetzt werden konnten.

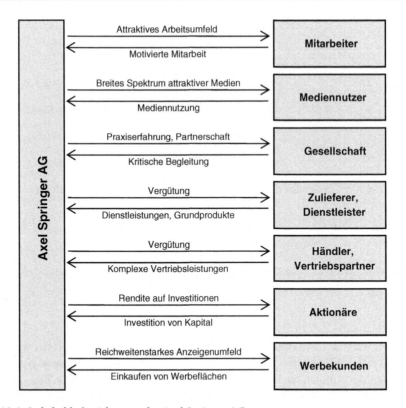

Abb. 10.4 Stakeholderbeziehungen der Axel Springer AG

Schon Mitte der 90er-Jahre hat sich das Unternehmen mit Fragen der Rückverfolgbarkeit des benötigten Druckpapiers sowie der Transparenz entlang der gesamten Produktionskette von Zeitungen und Zeitschriften auseinandergesetzt. Pilotprojekte in Kooperation mit Forstunternehmen und Nichtregierungsorganisationen wie WWF, Greenpeace und Transparency International lieferten dazu wichtige Erkenntnisse.

Die Abbildung im nächsten Abschnitt gibt einen Überblick über die Meilensteine und Auszeichnungen des Nachhaltigkeitsmanagements der Axel Springer AG (Abb. 10.5).

Die internationalen Tochtergesellschaften der Axel Springer AG unterstützen die Nachhaltigkeitsziele des Konzerns durch eigene Umweltinitiativen. Dabei verfolgen die Tochterunternehmen das Ziel, nationale Nachhaltigkeits-Champions zu werden, und veröffentlichen zu diesem Zweck zum Teil bereits eigenständige Nachhaltigkeitsberichte.

Die unterschiedlichen Bereiche des Nachhaltigkeitsmanagements werden anhand der Relevanz für den Konzern und der Bedeutung für die Stakeholder des Unternehmens analysiert und priorisiert. Die Ausrichtung und die Schwerpunkte des Nachhaltigkeitsmanagements der Axel Springer AG sind in der folgenden Grafik dargestellt (Abb. 10.6).

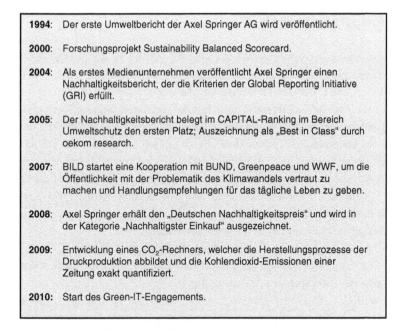

Abb. 10.5 Historie des Nachhaltigkeitsmanagements bei Axel Springer

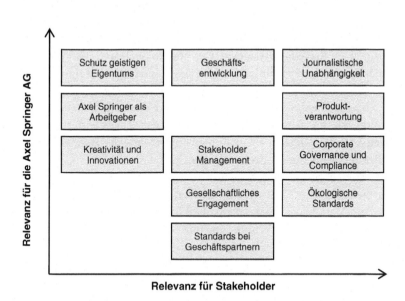

Abb. 10.6 Relevanz unterschiedlicher Bereiche des Nachhaltigkeitsmanagements

10.3   Ausgangssituation

Die IT-Organisation. Axel Springer Media Systems (ASMS) ist der interne IT-Dienstleister des Medienunternehmens. Der Leiter Informationstechnologie (CIO) von Axel Springer leitet zugleich ASMS. Die Corporate-IT-Einheit legt die strategische IT-Ausrichtung fest, definiert Standards und sorgt für Transparenz hinsichtlich Kosten und Nutzen (Wertschöpfung) der IT. Die IT wird als wichtiger Partner der unterschiedlichen Geschäftsbereiche und Prozesse innerhalb des Unternehmens verstanden. Die Organisationsstruktur von ASMS ist funktionsbezogen (Infrastruktur, SAP, Applikationen) und wird ergänzt durch ein stark kundenorientiertes Key Account Management. Der Verantwortungsbereich ist auf die IT begrenzt; Gebäudeinfrastruktur, Klimatisierung und Stromversorgung werden von Axel Springer Services & Immobilien betrieben und verwaltet. Die interne Leistungsverrechnung der IT-Dienstleistungen geschieht auf Basis der genutzten Flächen.

ASMS ist für die Planung, Bereitstellung und den Betrieb der IT-Systeme für die Kern- und Querschnittsprozesse der zahlreichen Unternehmensbereiche sowie Tochterunternehmen der Axel Springer AG zuständig.

ASMS wird als Cost Center gemanagt, wobei die Preise der internen Leistungsverrechnung durchaus konkurrenzfähig zu den Angeboten externer Serviceanbieter sind. Für ASMS sind Kunden- und Serviceorientierung wichtige Kriterien der Leistungserstellung. Die Kunden des internen IT-Service-Providers sind die Verlagseinheiten und Fachabteilungen. Das Verhältnis zwischen ASMS und den Leistungsabnehmern ist durch marktübliche Mechanismen geprägt.

Bei der IT der Axel Springer AG muss grundsätzlich unterschieden werden zwischen spezifischen Redaktionssystemen der unterschiedlichen Verlagseinheiten, welche die Redaktionen optimal unterstützen müssen, und den Bürolösungen, bei denen Standardisierung und Kosteneffizienz im Vordergrund stehen. So wurde der gesamte Bereich PC-Management, der die Bereitstellung und Wartung von 10.000 Arbeitsplatzsystemen umfasst, im Jahr 2003 an einen externen Dienstleister ausgelagert. Der Outsourcing-Vertrag beinhaltet ebenfalls die Bereitstellung der Standardsoftware-pakete sowie die Betreuung der Anwender durch einen Helpdesk.

Bedingt durch diverse redaktionelle und vertriebliche Niederlassungen und aus logistischen Aspekten der über Deutschland verteilten Druckereien verfügt die Axel Springer AG alleine in Deutschland über knapp dreißig Serverräume, wobei die Einführung moderner Applikationen und Technik zunehmend zu einem Zentralisierungseffekt führt.

Diese heterogenen Systemlandschaften werden sukzessive zusammengeführt, soweit dies nicht mit Einschränkungen der verlegerischen Flexibilität einhergeht. Darüber hinaus werden auch die IT-Systeme in den zentralen Rechenzentren, von denen sich drei in Hamburg und zwei in Berlin befinden, konsolidiert. Diese Rechenzentren verfügen weder über ein Mainframe noch über Großrechnerstrukturen. ASMS erreicht mit der Zusammenführung eine Erhöhung der IT-Produktivität und Kostensenkungen, wobei Servicequalität und Kundenorientierung nach wie vor im Vordergrund stehen.

Eine Besonderheit bei Axel Springer ist die starke Fokussierung auf Apple-Technologien im Endgerätebereich. Das Unternehmen wird bis Ende 2012 die Arbeitsplatzsysteme vollständig auf Apple umgestellt haben. Ebenfalls Verwendung finden iPad und iPhone.

Wie bereits dargestellt, konzentrierte sich das Nachhaltigkeitsmanagement der Axel Springer AG bisher vor allem auf den Papierbereich. Green IT und Fragen der Nachhaltigkeit der IT-Wertschöpfungskette standen nicht im Fokus der Betrachtungen. Dies ändert sich im Zuge der zunehmenden Digitalisierung. Hierdurch wächst bei Axel Springer der Anspruch, auch die digitale Wertschöpfungskette transparent darstellen zu können und als Vorreiter Nachhaltigkeitsstandards zu etablieren, analog zur transparenten Darstellung und Überwachung der Print-Wertschöpfungskette.

Hier steht neben dem ökologischen Engagement die Kosteneffizienz des IT-Betriebs im Vordergrund. Bei steigenden Energiekosten machen sich Verbesserungen der Ressourceneffizienz bei Servern und Rechenzentren auch ökonomisch positiv bemerkbar. Und eine verbesserte Energieeffizienz trägt zur Senkung der CO_2-Emissionen bei, was die Klimaeffizienz der IT positiv beeinflusst. Zur Identifikation der Optimierungspotenziale der Energie- bzw. Klimaeffizienz ist ASMS Mitglied des Netzwerkes „Green IT Berlin-Brandenburg". Ziel sind die Einbeziehung energieeffizienter IT-Komponenten sowie die Umsetzung energiesparender IT-Lösungen.

Handlungsdruck. Für die Axel Springer AG ist Nachhaltigkeitsmanagement Teil einer langfristig ökonomisch, ökologisch und sozial ausgerichteten Unternehmensführung. Eine Optimierung der Energieeffizienz – unterstützt durch die Kostentransparenz der internen Leistungsverrechnung für die IT-Produkte – setzt hier einen guten Anreiz und sorgt letztlich für eine noch bessere Konkurrenzfähigkeit gegenüber anderen Medienunternehmen. So wurden bereits Green-IT-Maßnahmen ergriffen, bevor der Green-IT-Hype begann.

Bei der Aufschlüsselung von Produktionsketten geht es neben den ökonomischen auch um soziale und ökologische Aspekte der Gewinnung von Rohstoffen und Energie, der Herstellung und des Transports, der Gerätenutzung und des Verbleibs ausrangierter Geräte. Eine transparente Darstellung der Fertigungsstufen entlang der IT-Wertschöpfungskette stellt eine Herausforderung dar, da sowohl Hard- als auch Software in einer Vielzahl von Einzelschritten entstehen.

Zu den aktuellen Kritikthemen zählen die sozialen und ökologischen Bedingungen der Gewinnung bestimmter Seltener Erden, z. B. von Coltan im Osten der Demokratischen Republik Kongo. In dieser Region tobt ein blutiger Milizkrieg um die Kontrolle wertvoller Metalle, die zum Teil auf dunklen Wegen außer Landes geschmuggelt werden. Die Geräthersteller und ihre Zulieferer sind daher gefordert ausreichend Transparenz der Metall-Rückverfolgbarkeit zu gewährleisten. Es wird eine Garantie benötigt, dass Nutzer von IKT-Hardware nicht ungewollt zur Finanzierung der Milizbewaffnung beitragen.

Zur Bearbeitung unter anderem dieser Themenfelder haben Unternehmen in Europa die „Global e-Sustainability Initiative" (GeSI) gegründet. Mit den Partnern betroffener Branchen will die GeSI Standards für die Transparenz der Lieferkette definieren und durchsetzen.[1]

---

[1] Vgl. http://www.gesi.org/Initiatives/SupplyChain/tabid/75/Default.aspx.

Für den Zeitraum 2012/2013 hat sich die Axel Springer AG für das IT-Management folgende Ziele vorgenommen:

- Wertschöpfungskette: Mit zunehmender Bedeutung der Übertragung journalistischer Inhalte über das Internet auf mobile Endgeräte steigt auch die Wichtigkeit der Transparenz der digitalen Wertschöpfungskette. Dabei sollen die ökologischen und sozialen Standards der Hersteller in Bezug auf Rohstoffbeschaffung, Produktkomponenten und Produktionsbedingungen kritisch analysiert werden.
- Reduktion des Stromverbrauchs: Der IT-spezifische Stromverbrauch in den Rechenzentren und in der Büroumgebung wird weiter verringert.
- Datenerfassung und -analyse: Mithilfe einer webbasierten Software sollen nachhaltigkeitsrelevante Daten an zwanzig internationalen Standorten erfasst werden, um auf Basis der Analyseergebnisse die Nachhaltigkeit der Prozesse zu optimieren.
- Im Rahmen des Verbundprojektes „GreenIT Cockpit" sollen in Zusammenarbeit mit der TU Berlin und dem Umweltbundesamt Kennzahlen zur Steuerung der Energieeffizienz von IT-Prozessen digitaler Medienkanäle entwickelt werden.

10.4   Umsetzung

In der nachfolgenden Tabelle sind sämtliche Green-IT-Maßnahmen der Axel Springer AG dargestellt, die in den nachfolgenden Abschnitten detailliert erläutert werden (Tab. 10.2).

10.4.1 Governance

Die Medienbranche ist ein dynamisches Arbeitsumfeld. Dementsprechend muss die IT Schritt halten und die Arbeitsprozesse der Mitarbeiter zuverlässig und verzögerungsfrei unterstützen. Neben diesen funktionalen Ansprüchen spielen auch Kosten- und Nachhaltigkeitsaspekte eine entscheidende Rolle. Zur Bedeutung des Nachhaltigkeitsengagements betont der Vorstandsvorsitzende Mathias Döpfner: „Wir haben uns intensiv mit der Förderung von Transparenz und Nachhaltigkeit in der Wertschöpfungskette der Printmedien gekümmert und werden dies auch weiterhin tun. Analog dazu müssen wir uns künftig in dem Maße, in dem wir journalistische Angebote ins Internet übertragen, auch mit der Transparenz der digitalen Produktionskette auseinandersetzen."

Das Management nachhaltigkeitsbezogener Fragen bei Axel Springer liegt in der Verantwortung der jeweiligen Prozesseigner. Diese dezentrale Verantwortung sorgt dafür, dass sich die fachlichen Experten mit allen Aspekten ihres Handelns befassen und entsprechend eigenverantwortlich und motiviert tätig sind. Dementsprechend ist ASMS für das Nachhaltigkeitsengagement im Bereich IT zuständig. Über das Konzernreferat Nachhaltigkeit finden aber entscheidende Gedankenanstöße und ein unternehmensübergreifender Erfahrungsaustausch statt. Die Ergebnisse der Nachhaltigkeitsinitiativen von ASMS fließen in den Nachhaltigkeitsbericht des Unternehmens ein.

Tab. 10.2 Übersicht der Green-IT-Maßnahmen

Aktivität	Status
Green-IT-Maßnahmen in den Rechenzentren	
Servervirtualisierung	– Virtuelle Server in Berlin und Hamburg sind als „interne Cloud" im Einsatz. – Neue Serversysteme sind grundsätzlich virtuell. – Konsolidierung der Altsysteme.
Kühl- und Klimaoptimierung	– Auf Basis von Langzeitmessungen ist ein Pilotprojekt „Kalt-/Warmgangtechnik" für ein Rechenzentrum in Berlin geplant. – Reduzierung der RZ-Flächen am Standort Hamburg. – Machbarkeitsstudie „RZ-Kühlung durch Fernwärmenutzung" in Zusammenarbeit mit der TU Berlin geplant.
Netzwerk- und Elektrikoptimierung	– Laufende Optimierung der aktiven Netzwerkkomponenten inklusive Transparenz über den Energieverbrauch. – Optimierung der Energieverteilung.
Kontinuierliche Kontrolle des Stromverbrauchs	– Langzeitmessung des Energieverbrauchs für die Rechenzentren in Berlin und Hamburg. – Transparenz über den aktuellen Energieverbrauch je Rechenzentrum.
Aktives Abschalten von Serversystemen	– Pilotprojekt durchgeführt. – Umsetzung auf Basis der virtuellen Systeme.
Umwelttraining für Projektleiter	– Projektanträge konkretisieren Effizienzanforderungen. – Sensibilisierung durch Weiterbildung. – Mitwirkung/Beratung bei IT-Technik-Beschaffungen durch ASMS.
Wissenstransfer und Schulterschluss mit anderen Unternehmen	– Mitgliedschaft im Netzwerk Green IT BB. – ASMS ist in Expertenrunden aus Forschung, öffentlichem Dienst und Wirtschaft. – Verbundprojekt „GreenIT Cockpit".
Benchmarking	– Ab 2010 jährlicher RZ-Benchmark im Rahmen des Netzwerks „Green IT Berlin-Brandenburg" für die Rechenzentren in Berlin und Hamburg.
Kennzahlen	– Ab 2010 Erhebung marktüblicher Rechenzentrumskennzahlen, z. B. PUE, CO_2-Emission. – Detaillierung der Kennzahlen zum Energieverbrauch je Verfahren geplant. – Ab 2011 Erhebung von Kennzahlen zum servicebezogenen Ressourcenverbrauch im Rahmen des Projektes „GreenIT Cockpit". – Einführung von Kennzahlen zur IT-Effizienz im Unternehmen als Forschungsthema identifiziert.
Kostentransparenz	– Seit 2006 monatliche, verbrauchsabhängige Verrechnung von IT-Leistungen (Interne Leistungsverrechnung, ILV).
Cloud-Computing	– Pilotprojekte gestartet.
Green-IT-Maßnahmen in der Büroumgebung	
Videokonferenz-systeme und Collaboration Tools	– Im Einsatz für Konferenzräume. – Im Rahmen des Projektes „Kommunikation 2.0" in 2012 verfügbar an allen Arbeitsplätzen der Axel Springer AG.

Aktivität	Status
Umwelttraining der Mitarbeiter	– In Planung.
Druckeroptimierung	– Ersatz von Standarddruckern durch energiesparende Multifunktionsgeräte im Konzern.
Aktives Abschalten von Client-Systemen	– Pilotprojekt in 2010 erfolgreich durchgeführt. In Umsetzung für alle Arbeitsplatzrechner.
Shared-Workplace-Konzept	– Machbarkeitsstudie geplant.
Nutzung von Notebooks	– Nach Apple-Entscheidung zunehmend Einsatz von energiesparender Arbeitsplatztechnik.

Die Axel Springer AG arbeitet nicht nur mit finanziellen Kennzahlen, sondern analysiert auch nichtfinanzielle Leistungsindikatoren zur Messung von Kundenzufriedenheit, Prozesseffizienz, Mitarbeitermotivation und – sofern möglich – Nachhaltigkeit. Die ökologischen und sozialen Indikatoren entsprechen den Vorgaben der Global Reporting Initiative (GRI). Diese Steuerungsgrößen gelten als Treiber für die wertorientierte Unternehmensentwicklung.

Die Kennzahlensysteme im Bereich der IT sind seit 2006 der Dreh- und Angelpunkt des IT-Managements. Sie dienen der Steuerung der IT und sind unter anderem auch Grundlage der internen Leistungsverrechnung. Die Kennzahlen fokussieren die IT-bezogenen Kosten und helfen bei der Optimierung des Ressourceneinsatzes.

Der Zugriff auf diese Kennzahlen erfolgt über ein Webinterface, bei welchem sich der Kostenstellenverantwortliche verschiedene Parameter anzeigen lassen kann – von genutzter Speicherkapazität über IT-Produkte und -Services bis zu Preisen und Nutzern. So kann beispielsweise der Preis der IT-Services eingesehen werden, welcher ein bestimmter Nutzer in Anspruch nimmt, oder der Bedarf an Speicher- und Rechenleistung, der für ein bestimmtes IT-Produkt benötigt wird. Betrachtet werden sämtliche beim Betrieb entstehenden Einzelkosten. So lassen sich die Kosten, die das Produkt „E-Mail" im gesamten Unternehmen verursacht, transparent darstellen, indem die Preise für die Flächennutzung der Mailserver im Rechenzentrum, die Mitarbeiterstunden, die benötigten Netzwerkanschlüsse usw. berücksichtigt werden.

Dadurch wird verhindert, dass relevante Kosten, welche einem anderen Unternehmensbereich zugerechnet werden, in der Analyse ignoriert werden. Dies ist von großer Bedeutung, da die Kosten für Strom, Kühlung und Infrastruktur der Rechenzentren nicht direkt von ASMS bezahlt werden und in einer Betrachtung der internen Leistungsverrechnung fehlen würden.

Die Kosten-KPIs werden monatlich durch das SAP-System von Axel Springer ausgewertet. Die Asset-Liste der IT-Organisation entspricht etablierten Best-Practice-Verfahren nach ITIL und die Kostentransparenz führt dazu, dass ASMS nicht als interner „Geldschlucker" bezeichnet wird, da stets transparent dargestellt werden kann, welche IT-Leistungen durch welche Services oder Unternehmensabteilungen verursacht werden und wie die entsprechenden Kosten entstehen. Diesbezüglich übernimmt ASMS auch eine beratende Funktion. Sie steht den Kostenstellenverantwortlichen mit Tipps zur Reduktion der IT-bezogenen Kosten zur Seite. Diese Beratung verläuft proaktiv, insbesondere wenn der Ressourcenverbrauch durch neue Services oder durch verändertes Mitarbeiterverhalten in ungewöhnlichem Maße ansteigt.

Der Stromverbrauch der Rechenzentren an den Standorten Hamburg und Berlin wird kontinuierlich durch Langzeitmessungen kontrolliert. Seit 2010 partizipiert ASMS beim RZ-Benchmarking des Netzwerkes „Green IT Berlin-Brandenburg". Ebenfalls seit 2010 werden marktübliche RZ-Kennzahlen wie PUE und Virtualisierungsgrad sowie die durch den Stromverbrauch verursachten CO_2-Emissionen ermittelt. Grundlage für die Berechnung der indirekten CO_2-Emissionen durch eingekauften Strom ist der Emissionsfaktor für den durchschnittlichen europäischen Strommix.

Die Stromverbrauchsmessungen von ASMS beziehen sich allerdings nur auf die IT-Technik, da die Infrastruktur (Stromversorgung, Klimatisierung) in den Zuständigkeitsbereich von Axel Springer Services & Immobilien fällt. Deshalb wird der Stromverbrauch der Gebäudeinfrastruktur nicht von der ASMS messtechnisch ermittelt, sondern über geschätzte Parameter errechnet.

Der Papierverbrauch in der Büroumgebung wird bezogen auf die verschiedenen Standorte ermittelt. Ebenso ist der Stromverbrauch für die einzelnen Druckerei- und Verlagsstandorte bekannt. Ein IT-basiertes Umweltinformationssystem hilft bei der Erstellung der unternehmensweiten Rohstoff- und Energiebilanz. Aus dem letzten Nachhaltigkeitsbericht geht hervor, dass das Unternehmen im Jahr 2009 2,5 % (1.096 Tonnen) weniger direkte und indirekte klimawirksame Emissionen verursacht hat als noch im Jahr 2007.

IT-bezogene Nachhaltigkeitskennzahlen sind bei Axel Springer noch recht neu, sollen aber in die bereits existierenden Kennzahlensysteme integriert werden. Ziel ist es hierbei, Informationen zur Energieeffizienz der IT-Systeme geschäftsprozessorientiert für unterschiedliche Unternehmensbereiche aufzuzeigen. Eine verständliche Darstellung soll die Identifikation von Einsparpotenzialen zur Optimierung der Energieeffizienz erleichtern.

Dazu engagiert sich die Axel Springer AG seit 2011 beim Projekt „GreenIT Cockpit". Es bezweckt IT-bezogene CO_2-Emissionen und den servicebezogenen Ressourcenverbrauch in Bezug auf Geschäftsprozesse darzustellen. Auf diesem Wege soll unter anderem ein „Digitaler Online-Klima-Effizienzfaktor" ermittelt werden. So ließen sich CO_2-Emissionen von Onlineangeboten vergleichen – und Benchmarks zum Anreiz kontinuierlicher Optimierung setzen.

10.4.2 Beschaffung

Die Axel Springer AG hat einen zentralen Einkauf, der für die Beschaffung sämtlicher Materialien, Produkte und Dienstleistungen verantwortlich ist. Die Mitarbeiter des zentralen Einkaufs orientieren sich an folgenden Leitlinien:

- Maximierung des Wertschöpfungsbeitrags für das Unternehmensergebnis.
- Nutzung und Förderung des Wettbewerbs zwischen unterschiedlichen Anbietern.

- Fairer Umgang mit den Lieferanten – angestrebt werden langfristige Beziehungen, welche für beide Parteien von Vorteil sind.
- Erzielen von Best-Practice-Ergebnissen.

Etwa die Hälfte des gesamten Einkaufsvolumens der Axel Springer AG entfällt auf Druckpapier. Hier kann die Lieferkette bis zum Baum zurückverfolgt werden. Diese Transparenz wird – beginnend mit der Hardware – auch im IT-Bereich angestrebt. Bislang gibt es allerdings noch keine eindeutigen Green-IT- oder Nachhaltigkeitskriterien für die Lieferantenauswahl. Dies liegt auch darin begründet, dass zwar die großen Zulieferer bereits gewisse Nachhaltigkeitsstandards erfüllen, viele der kleinen und mittelständischen Unternehmen, von denen das Medienunternehmen beispielsweise innovative Apps bezieht, hingegen in dieser Hinsicht noch nicht so weit sind. Diese Gruppe macht gegenwärtig knapp 90 % der Zulieferer in diesem Bereich aus. So wie seinerzeit bei den Bereichen Holzproduktion, Druckpapier und Recycling unterstützt das Unternehmen derzeit interessierte Lieferanten auch im Bereich IT bei der Entwicklung von Nachhaltigkeits-Know-how.

In der folgenden Abb. 10.7 sind Beschaffungsnormen aufgelistet, deren Einhaltung von der Axel Springer AG gefordert und auch aktiv überprüft werden.

Der Anforderungskatalog des zentralen Einkaufs besteht aus dreißig Kriterien, die fallweise gewichtet werden können. Dazu wird in Zusammenarbeit mit den Fachbereichen eine sogenannte Scope-Analyse erstellt, bei der die relevanten Kriterien ausgewählt, priorisiert und gewichtet werden.

Grundsätzlich wenden sich die Abteilungen des Unternehmens bedarfsabhängig an den zentralen Einkauf. ASMS meldet beispielsweise den Bedarf für Serversysteme mit spezifischen Eigenschaften an, muss nach der internen Leistungsverrechnung den Preis für die Beschaffung des Produkts bezahlen und ist ebenso für die Betriebskosten des

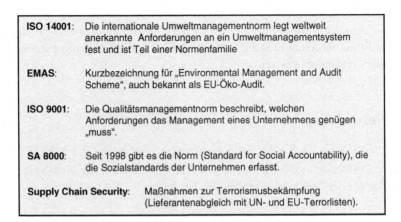

Abb. 10.7 Normen für die Beschaffung der Axel Springer AG

Gerätes verantwortlich. Der zentrale Einkauf führt eine internationale Ausschreibung durch (ab einem Einkaufsvolumen von 50.000 Euro), holt Angebote ein und steht den Abteilungsleitern bei ihrer Evaluierung beratend zur Seite, bevor die Verhandlungen mit den Zulieferern beginnen. Bei der Betrachtung der Gesamtkosten fließen auch die während des laufenden Betriebs anfallenden Stromkosten in die Kaufentscheidung ein.

Der zentrale Einkauf geht, wenn Optimierungspotenziale offensichtlich werden, proaktiv auf die zuständigen Abteilungsleiter zu. ASMS bezieht Standard- und Spezialsoftware, Agentur- und Content-Management-Systeme, Arbeitsplatz-PCs und Macs, Server, Telekommunikationsgeräte, Drucker und Multifunktionsgeräte sowie komplette IT-Dienstleistungen über den zentralen Einkauf, sofern sich externe Angebote ausreichend kosteneffizient darstellen.

Der Einkauf untergliedert sich dabei in Client- und Serverbeschaffung: Für die Clients hat Axel Springer Rahmenverträge mit Apple. Einer der Entscheidungsgründe für Apple war der vergleichsweise geringe Energieverbrauch dieser Systeme. Der Stromverbrauch wird, soweit entsprechende Daten vorliegen, als Beschaffungskriterium mit berücksichtigt. Die Kosteneinsparungen durch geringeren Stromverbrauch in der Büroumgebung können dabei häufig wegen fehlender Messtechnik noch nicht quantifiziert werden. Allerdings werden Labortests unter realen Bedingungen durchgeführt und auf die entsprechende Anzahl installierter Systeme hochgerechnet.

Für die Server verhandelt der zentrale Einkauf ebenfalls Rahmenverträge, deren Konditionen auch die Tochterorganisationen der Axel Springer AG in Anspruch nehmen können. Gleiches gilt für Standardsoftware wie MS Office.

10.4.3 Produktion

Rechenzentren. In den Rechenzentren in Berlin und Hamburg wird die Energieeffizienz durch Servervirtualisierung erhöht. Sie verbessert die Auslastung der IT-Systeme. Der Virtualisierungsgrad liegt gegenwärtig bei knapp 40 %. Altsysteme werden sukzessive konsolidiert und auf virtualisierte Plattformen migriert. Neubeschaffungen von Servern sind grundsätzlich virtuelle Plattformen. Dedizierte Technik für spezielle Anwendungen wird nicht eingekauft. Die virtuellen Umgebungen ermöglichen zudem die lastabhängige Abschaltung einzelner Systeme. Ein entsprechendes Pilotprojekt wurde bereits durchgeführt.

Im Bereich der Kühl- und Klimatechnik sind für die Rechenzentren ebenfalls Green-IT-Maßnahmen geplant. So sollen die Optimierungspotenziale durch die Kalt- oder Warmgangeinhausung für eines der Rechenzentren in Berlin analysiert werden. Am Standort Hamburg soll der Energiebedarf für die Kühlung der Rechenzentren durch eine Reduzierung der genutzten Flächen erreicht werden. Ferner untersucht ASMS im Rahmen einer Machbarkeitsstudie in Kooperation mit der TU Berlin die Einsatzmöglichkeiten der Nutzung von Fernwärme für die Kühlung von Rechenzentren mit Ab- und Adsorptionskälteanlagen.

Ebenso werden von ASMS die aktiven Netzwerkkomponenten sowie die Verteilung und der Wirkungsgrad der Energieversorgung optimiert. Im Bereich Cloud-Computing wurden ebenfalls erste Projekte gestartet. So wurde beispielsweise das Videoangebot von bild.de in eine externe Cloud verlagert.

Die Basis für die Optimierung des Stromverbrauchs ist die Messung der Verbräuche in den fünf Rechenzentren in Berlin und Hamburg. Dazu werden zum einen die aktuellen Verbrauchswerte kontinuierlich gemessen und überwacht und andererseits Langzeitmessungen vorgenommen und analysiert. ASMS erhebt seit 2010 typische Kennzahlen wie PUE und stromverbrauchsabhängige CO_2-Emissionen für seine Rechenzentren. Um Optimierungspotenziale identifizieren zu können, partizipiert ASMS beim RZ-Benchmarking des Netzwerkes „Green IT Berlin-Brandenburg". Die Mitgliedschaft in diesem Netzwerk ermöglicht der Axel Springer AG einen Erfahrungsaustausch mit den Bereichen Forschung und öffentlicher Dienst sowie anderen Wirtschaftsunternehmen.

Die Übertragung dieses Wissens in die Praxis geschieht durch Umwelttraining für IT-Projektleiter, die so mit Green-IT-Fragen vertraut gemacht werden.

Um die Effizienz der Herstellung von IT-Services in Bezug auf Kosten und Ökologie zu optimieren, erachtet ASMS die Kostentransparenz als entscheidenden Faktor. Durch die seit 2006 monatlich angewendete interne Leistungsverrechnung werden die durch ASMS bereitgestellten IT-Leistungen verbrauchsabhängig abgerechnet.

Büroumgebung. Wie bereits beschrieben, stellt die Axel Springer AG ihren Mitarbeitern Technik der Firma Apple zur Verfügung.

Die Einsatzmöglichkeiten von Thin Clients, welche noch niedrigere Verbrauchswerte als die Apple-Endgeräte aufweisen, wurden ebenfalls analysiert. Da bei Axel Springer die Softwarekompatibilität sowie die Mobilität essenzielle Voraussetzungen sind und die Userakzeptanz gering war, kamen diese Geräte nicht in Frage. Um den Einsatz von IT-Ressourcen in der Büroumgebung dennoch zu verringern, wird derzeit eine Machbarkeitsstudie für Shared Workplaces durchgeführt.

Durch eine Initiative von ASMS und dem Einkauf wurden die Arbeitsplatzdrucker durch Netzwerk-Multifunktionsdrucker ersetzt. Dadurch konnten die Anzahl der Drucker, das Druckvolumen sowie der entsprechende Strom- und Papierverbrauch deutlich gesenkt werden.

Eine weitere Maßnahme im Office-Umfeld ist die automatische Abschaltung von Arbeitsplatzsystemen, die zuvor nach Feierabend nicht heruntergefahren wurden. 2010 wurde ein entsprechendes Pilotprojekt erfolgreich durchgeführt. Die Umstellung wird inzwischen unternehmensweit vorangetrieben. Um Computer, die auch nachts genutzt werden, nicht zwangsweise herunterzufahren, gibt es Exclude-Listen. In Bereichen wie dem Call-Center werden Computer vor Arbeitsbeginn automatisch wieder hochgefahren.

Schulungen sollen Mitarbeiter mit Green IT vertraut machen und für den Stromverbrauch ihrer Arbeitsplatzgeräte weiter sensibilisieren. Ein konkretes Training dazu wird gegenwärtig konzipiert.

Ein weiteres Mittel, um die CO_2-Emissionen zu reduzieren, ist der Einsatz von Videokonferenzsystemen. Mit diesen lässt sich die Reisetätigkeit der Mitarbeiter verringern und die mit Geschäftsreisen verbundenen Emissionen reduzieren. Neben der Verwendung von

Videokonferenzsystemen in speziell dafür eingerichteten Meeting-Räumen laufen derzeit Pilotprojekte für Arbeitsplatzlösungen.

10.4.4 Kommunikation

Implementierungserfolge im Bereich Green IT erfahren Mitarbeiter über das Intranet. Eine allgemeine Initiative zur Sensibilisierung der Mitarbeiter für den Energieverbrauch durch Stand-by-Energieaufnahme von elektronischen Geräten wurde bereits durchgeführt.

Unternehmensübergreifend zählt der kontinuierliche Dialog mit relevanten Anspruchsgruppen zu den Aufgaben des Nachhaltigkeitsmanagements. Zu Umweltorganisationen wie z. B. Greenpeace und WWF besteht von Russland bis Kanada regelmäßiger Kontakt.

Der ausschließlich digital publizierte Nachhaltigkeitsbericht der Axel Springer AG erscheint alle zwei Jahren. Die Implementierung von Green-IT-Maßnahmen wird im Nachhaltigkeitsreporting künftig deutlich mehr Raum einnehmen. Der Nachhaltigkeitsbericht erfüllt die „Level A+"-Anforderungen der Global Reporting Initiative (GRI). Dabei werden 121 Indikatoren aus den Bereichen „gesellschaftlich-soziale Leistung", „ökologische Leistung", „ökonomische Leistung" und „Produktverantwortung" dokumentiert. Der Bericht wird durch eine unabhängige Wirtschaftsprüfungsgesellschaft testiert.

10.5 Erkenntnisse

Bei der Axel Springer AG wird das Thema Green IT auch durch die Motivation der Mitarbeiter vorangetrieben. Neue Denkansätze werden gefördert und Räume für neue Ideen geschaffen. Dabei findet eine bereichsübergreifende Zusammenarbeit zwischen den unterschiedlichen Bereichen ASMS, Einkauf und dem Referat Nachhaltigkeit statt. So entstehen auch unkonventionelle Lösungsansätze.

Aufgrund der Komplexität bedarf Green IT der Kooperation mit unterschiedlichen Wissens- und Forschungsnetzwerken. So ist Axel Springer Mitglied eines Verbundprojektes, bei welchem ein geschäftsprozessorientiertes Management-Cockpit für die Energieeffizienz der IT entwickelt werden soll. Kooperationspartner sind die Technische Universität Berlin, das Umweltbundesamt, Microsoft Deutschland und die TimeKontor AG. Dabei sollen sowohl Geschäftsprozesse als auch IT-Systeme so modelliert werden, dass der Energieverbrauch und die Performance der IT quantifiziert und überwacht werden können.

Durch das Projekt „GreenIT Cockpit" sollen Kennzahlen zum servicebezogenen Ressourcenverbrauch visualisiert werden. Optimierungspotenziale sollen aufgezeigt und die IT-Energieeffizienz verbessert werden. Ziel ist eine unternehmensweite, ganzheitliche Betrachtung der Energieeffizienz auf Basis der Geschäftsprozesse und in Bezug auf die gesamte IT-Infrastruktur.

Zusammenfassend lassen sich folgende Erkenntnisse aus dieser Fallstudie gewinnen: Die Digitalisierung stellt die Medienbranche vor große Herausforderungen und steigert die Relevanz eines nachhaltigen IT-Managements. Kosteneffizienz ist Voraussetzung für wirtschaftlichen Erfolg in dieser äußerst dynamischen Branche. Hier können Green-IT-Maßnahmen einen relevanten Beitrag leisten. Die interne Leistungsverrechnung schafft Kostentransparenz und macht verbrauchsbezogene Optimierungspotenziale sichtbar. Ressourceneffizienz wirkt sich dabei doppelt positiv aus: Es können Kosten gesenkt und dadurch IT-verursachte Emissionen verringert werden. Dieser Prozess wird durch Eigenverantwortlichkeit und unternehmerischen Spielraum der Kostenstelleninhaber gefördert. Nachhaltigkeitsaspekte werden so kontinuierlich vorangetrieben. Sie tragen zur Mitarbeitermotivation sowie zur positiven Differenzierung am Markt bei und sorgen für journalistische Glaubwürdigkeit: Denn wer sich kritischem Journalismus verpflichtet, muss selbst einer genauen Prüfung standhalten.

Fallstudie 8
Nachhaltigkeitsorientiertes IT-Management bei einem internen IT-Dienstleister

Koray Erek, Nils-Holger Schmidt und Fabian Löser

11.1 Unternehmen

Der IT-Dienstleister eines global agierenden Technologiekonzerns (in dieser anonymisierten Fallstudie als IDT bezeichnet) ist ein international führender Anbieter von IT-Lösungen und IT-Outsourcing. Ein breites Portfolio entlang der IT-Dienstleistungskette wird mittels Consulting, Software- und Systemintegration sowie IT-Infrastruktur-Managements gewährleistet. Mit branchenspezifischen Lösungen sowie wertschöpfenden Innovationen wird den Kunden eine Transformation ihrer Geschäftsprozesse durch Business Technology angeboten (Tab. 11.1).

IDT ist durch die Zusammenführung interner IT-Abteilungen, welche den unterschiedlichen Unternehmensbereichen des Konzerns zugeordnet waren, entstanden. Der Mutterkonzern ist der bedeutendste Kunde des IT-Dienstleisters. Neben dem Angebot interner IT-Services vervollständigt IDT als Teil des Sektoren übergreifenden Geschäfts des Technologiekonzerns die Angebotspalette der drei vertikalen Konzernsektoren durch IT-Produktlösungen.

Herausforderungen im Wettbewerb. Als Teil eines global aufgestellten und integrierten Technologiekonzerns finanziert sich IDT aus eigener Leistungserbringung. Zu den Kunden zählen international agierende Unternehmen aus unterschiedlichen Branchen sowie öffentliche Institutionen. 2010 wurden über 75 % des Umsatzes außerhalb des Konzerns erwirtschaftet. Aufgrund der globalen Ausrichtung des Unternehmens besteht einerseits ein enormer Kostendruck. Andererseits bedingt dies eine kontinuierliche Weiterentwicklung und Anpassung des Produktportfolios auf die Bedürfnisse der Kunden in unterschiedlichen Abnehmermärkten.

Zusätzlich zu den Herausforderungen, die sich aus dem Charakter eines Sektoren übergreifenden Geschäfts ergeben, sieht man sich Forderungen unterschiedlicher Stakeholdergruppen nach höherer Transparenz des unternehmerischen Handelns gegenüber, welche innovative Antworten auf zukünftige ökologische und gesellschaftliche Fragestellungen fordern.

R. Zarnekow und L. Kolbe, *Green IT*, DOI: 10.1007/978-3-642-36152-4_11,
© Springer-Verlag Berlin Heidelberg 2013

Tab. 11.1 Kurzportrait IDT

IT-Dienstleister eines Technologiekonzerns (IDT)	
Gründung/Historie	– Gründung von IDT als Tochtergesellschaft eines global agierenden Technologiekonzerns – Transformation von IDT in einen sektorenübergreifenden Geschäftsbereich durch die Zusammenführung mit anderen Einheiten – Umwandlung von IDT in eine eigenständige Gesellschaft
Branche	IT/Elektrotechnik/Telekommunikation
Produkte und Dienstleistungen	IT-Dienstleistungen, IT-Outsourcing, integrierte Branchen- und Softwarelösungen
Firmenstruktur	Das operative Geschäft des Mutterkonzerns ist in drei vertikale Sektoren sowie in drei horizontale, sektorenübergreifende Bereiche gegliedert. IDT gehört zu einem der sektorenübergreifenden Bereiche.
Rechenzentren	26

Rolle der Nachhaltigkeit. Der deutsche Technologiekonzern (DTK) legt seinen strategischen Fokus auf innovations- und technologiegetriebene Wachstumsmärkte. DTK sieht sich als Pionier im Bereich der Energieeffizienz und hat Nachhaltigkeit zum leitenden Prinzip erhoben. DTK möchte sich den Herausforderungen der Zukunft stellen, indem Chancen, die mit einer nachhaltigen Entwicklung einhergehen, bestmöglich genutzt und Risiken weitestgehend minimiert werden. Um dabei glaubhaft gegenüber den eigenen Stakeholdern zu bleiben, möchte der Konzern seine Werte konsequent leben und beansprucht dabei eine Vorreiterrolle.

Die Nachhaltigkeitsstrategie von IDT beinhaltet Aspekte wie nachhaltige Umwelt und Gesellschaft sowie Corporate Governance. Mit den leistungs- und nachhaltigkeitsorientierten Lösungen von IDT soll ökonomischer und ökologischer Mehrwert für die Kunden geschaffen werden. „Mit unserem Konzept einer nachhaltigen IT verfolgt IDT einen ganzheitlichen Ansatz und greift damit ein ganzes Stück weiter als Green IT. Das ist keine Modewelle, sondern ein Konzept und die logische Fortsetzung dessen, was wir bereits seit Jahrzehnten erfolgreich ein- und umsetzen", verdeutlicht der Leiter des Portfolio- und Technologiemanagements.

Das Streben nach einer nachhaltigen und gerechteren Weltwirtschaft bekräftigt DTK mit seiner Beteiligung am UN Global Compact der Vereinten Nationen. Nach eigener Darstellung kann DTK als internationales Wirtschaftsunternehmen durch hohe Innovations- und Investitionskraft Verantwortung übernehmen und einen Beitrag zu einer nachhaltigen Entwicklung leisten. Dem Nachhaltigkeitsmanagement wird daher im Konzern ein hoher Stellenwert eingeräumt, was im jährlich herausgegebenen Nachhaltigkeitsbericht betont wird.

Durch den Chief Sustainability Officer (CSO) wird das Thema Nachhaltigkeit in der Führungsebene verankert. Der CSO vertritt die Themen der Nachhaltigkeit im Konzernvorstand und trägt zugleich die Verantwortung für die Umsetzung entsprechender Maßnahmen

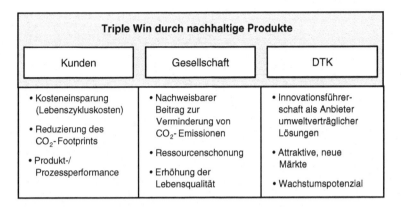

Abb. 11.1 Generierung von Mehrwert für Kunden, Gesellschaft und das Unternehmen

in den Fachbereichen. Darüber hinaus werden umweltrelevante Aspekte in den Produkten des Unternehmens berücksichtigt und dem Kunden gegenüber kommuniziert.

Das Unternehmen will nachhaltige Technologien für profitables Wachstum nutzen und gleichzeitig Beratung für wirtschaftliche und umweltbezogene Fragestellungen anbieten. Aus diesem Grund hat sich DTK zum Ziel gesetzt, ein nachhaltiges Produktportfolio, welches aus Produkten und Lösungen besteht, die direkt zum Umwelt- und Klimaschutz beitragen, signifikant auszubauen, um für Kunden, Gesellschaft und den eigenen Konzern einen Mehrwert zu generieren (vgl. Abb. 11.1). Das nachhaltige Produktportfolio beinhaltet Technologien für erneuerbare Energien, Umwelttechnologien sowie Produkte mit außergewöhnlicher Energieeffizienz, innovative Lösungen für Elektromobilität und intelligente Stromnetze. Mit den Produkten des nachhaltigen Produktportfolios haben die Kunden von DTK die Möglichkeit, ihren CO_2-Footprint zu verringern, Lebenszykluskosten zu senken und gleichzeitig die Umwelt zu schützen.

DTK konnte im Jahr 2010 fast 40 % seines Gesamtumsatzes mit umweltfreundlichen Technologien erwirtschaften. Die energieeffizienten Produkte und Lösungen verringerten bei den Kunden des Konzerns den Kohlendioxid-Ausstoß um 300 Millionen Tonnen – dies entspricht der Summe der Emissionen der Städte Hongkong, London, New York, Tokio, Delhi und Singapur. Im Geschäftsjahr 2014 – so das ambitionierte Ziel – soll der Umsatzanteil der nachhaltigen Produkte bereits 60 % betragen. Ein weiteres Umweltziel von DTK ist die Erhöhung der internen Kohlendioxid- und Wassereffizienz.

Wichtige Motive für die Nachhaltigkeitsbestrebungen des Konzerns sind die langfristige Steigerung des Shareholder Values, Portfolioinnovationen durch nachhaltige Produkte und die Verbesserung des eigenen Images. Zudem existiert ein Code of Conduct, der die Wertvorstellungen des Konzerns dokumentiert und als Grundlage für Vertragsverhandlungen hinzugezogen wird, um die Interessen und Werte des Konzerns beim Abschluss von Verträgen zu wahren.

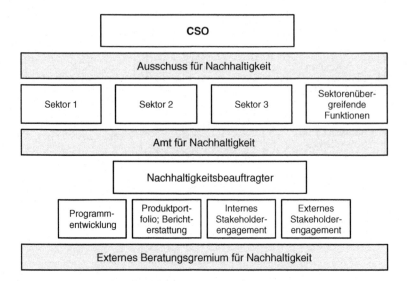

Abb. 11.2 Organisationale Verankerung des Nachhaltigkeitsmanagements bei DTK

DTK versteht Nachhaltigkeit als Querschnittsaufgabe, welche sämtliche Bereiche des Konzerns betrifft. Um eine konsequente Einbindung sicherzustellen, wurde eine entsprechende organisationale Verankerung mit klaren Strukturen, wie in Abb. 11.2 dargestellt, vorgenommen. Der Chief Sustainability Officer (CSO) ist Mitglied des Vorstands von DTK und vertritt das Thema somit auf höchster Führungsebene.

Der Ausschuss für Nachhaltigkeit agiert als zentrales Steuerungs- und Entscheidungsgremium, durch welches die Schwerpunkte und Aktivitäten des Nachhaltigkeitsmanagements festgelegt werden. Der Ausschuss setzt sich aus Vertretern der unterschiedlichen Sektoren und Fachfunktionen von DTK zusammen und wird vom CSO geleitet.

Das Amt für Nachhaltigkeit untersteht ebenfalls der Führung des CSO und ist für die Entwicklung der Nachhaltigkeitsstrategie sowie für die Beratung des Konzernvorstands bei entsprechenden Fragestellungen verantwortlich. Darüber hinaus koordiniert das Amt für Nachhaltigkeit die Implementierung der Nachhaltigkeitsmaßnahmen und legt KPIs zur Überprüfung der Zielerreichung fest. Weitere Aufgaben sind die Erstellung des Nachhaltigkeitsberichts und der Dialog mit internen und externen Stakeholdern für die Beurteilung der Relevanz von Nachhaltigkeitsinitiativen, auf deren Basis die unterschiedlichen Dimensionen der Nachhaltigkeit hinsichtlich ihrer Wichtigkeit bewertet werden.

Das externe Beratungsgremium für Nachhaltigkeit setzt sich aus zehn Vordenkern aus Wissenschaft und Wirtschaft zusammen. Die Mitglieder haben unterschiedliche Hintergründe und stammen von verschiedenen Kontinenten. Das Gremium treibt „Leuchtturm-Initiativen" in verschiedenen Geschäftsfeldern des Konzerns voran und soll DTK dabei helfen, zu einem führenden Unternehmen im Bereich Nachhaltigkeit zu werden.

11.2   Ausgangssituation

Die IT-Organisation. Die Leistungen des internen IT-Dienstleisters IDT reichen vom Consulting über Software- und Systemintegration bis zum umfassenden Management von IT-Infrastrukturen und Outsourcing und lassen sich in sechs Bereiche untergliedern:

- Bereitstellung von IT-Basisausstattung (PC, Telefon, Internet etc.)
- Infrastrukturservices
- IT-Beratung
- Software Engineering
- IT-Security-Lösungen
- IT-Beratung
- Service und Support für IT-Nutzer

Die 26 Rechenzentren stellen IT-Services für Kunden in 40 verschiedenen Ländern aus den Bereichen Service Desk, Netzwerk, Desktop and Server, Application Management, Application Operation und Transaction and Voice bereit.

IDT ist eine eigenständig operierende Gesellschaft. Eine kundenorientierte Organisationsstruktur ermöglicht flexible Handlungsmöglichkeiten; die Geschäftseinheiten IT-Outsourcing und IT-Solutions sind weltweit nach Branchen und Regionen aufgestellt.

Handlungsdruck. Durch die konsequente Ausrichtung von DTK in Richtung einer nachhaltigen Entwicklung folgt das Unternehmen einem globalen Megatrend. Das Tochterunternehmen IDT befindet sich hinsichtlich der angebotenen Produkte und Dienstleistungen auf dem freien Markt – und muss dementsprechend seine Leistungen zu einem konkurrenzfähigen Preis-Leistungs-Verhältnis anbieten. Dabei spielen auch Nachhaltigkeitsaspekte zunehmend eine Rolle. Die Kunden fordern das Reporting von Nachhaltigkeitskennzahlen, vor allem bezüglich der Effizienz der Rechenzentren, wie z. B. DCiE und PUE. IDT nutzt dabei seine ambitionierten Green-IT-Maßnahmen, um sich vom Wettbewerb zu differenzieren.

Neben den Wettbewerbsvorteilen am freien Markt sind die Zielvorgaben des wichtigsten Kunden, DTK, von großer Bedeutung. Daher werden aus der DTK-Nachhaltigkeitsstrategie spezifische Nachhaltigkeits- und Umweltziele für IDT abgeleitet, um die Vorgaben des Mutterkonzerns zu erfüllen. Transparenz ist deshalb ein zentrales Kriterium, zumal diese die Grundvoraussetzung für Glaubwürdigkeit und ein vertrauensvolles Verhältnis zu den Stakeholdern darstellt. Gleichzeitig ermöglicht Transparenz bezüglich Kosten und Umweltauswirkungen die Identifikation von Optimierungspotenzialen. Die Mitarbeiter verlangen ebenso ein verantwortungsvolles Handeln von ihrem Unternehmen und die Implementierung von Nachhaltigkeitsmaßnahmen erhöht die Motivation der Mitarbeiter.

Das Ziel von IDT ist es, den zukünftigen Herausforderungen durch einen ganzheitlichen Nachhaltigkeitsansatz zu begegnen und dadurch gleichzeitig den Business Value zu steigern und die Umweltauswirkungen zu reduzieren.

11.3   Umsetzung

IDT bietet nachhaltige IT-Lösungen und -Dienstleistungen in einem ganzheitlichen Kontext an. Das Konzept einer nachhaltigen IT unterstützt Organisationen dabei, den von ihnen geschaffenen ökonomischen und ökologischen Mehrwert kontinuierlich zu steigern. Die von IDT angebotenen Produkte und Dienstleistungen erstrecken sich dabei über den gesamten Produktlebenszyklus, um ein möglichst nachhaltiges, IT-gestütztes Ressourcenmanagement zu realisieren.

Der ganzheitliche Nachhaltigkeitsgedanke spielt bei den Beratungsdienstleistungen von IDT eine besondere Rolle. Mittels eines zweigeteilten Consultingansatzes sollen einerseits Bedarfe detailliert analysiert und Optimierungspotenziale identifiziert werden, andererseits sollen als Grundstock für die Langzeitimplementierung kundenorientierte Roadmaps abgesteckt werden. Infolgedessen stehen dem Kunden individuelle Konzepte des IDT-Lösungsportfolios zur Auswahl:

- Nachhaltiges Rechenzentrum
- Konsolidierung
- Anwendungs- und Desktopvirtualisierung
- Remote Services
- Energy-Management-Systeme
- Lösungen für intelligente Stromnetze
- Logistiklösungen

Das nachhaltige Rechenzentrum bildet die zentrale Grundlage einer völlig neuen Strategie bezüglich Entwicklung, Betrieb und langfristiger Wettbewerbsfähigkeit von Rechenzentren. Diese ermöglichen innovative Anwendungen in den Bereichen dezentralisiertes Energiemanagement, Wasserinformationssysteme, Emissionsdatenaustausch, Telematik, Energieverteilung sowie innovative Gesundheitssysteme. Das Modell vereint außerdem Kernkomponenten wie Desktop- und Anwendungsvirtualisierung. Weltweit einzigartig ist der ganzheitliche Nachhaltigkeitsansatz von IDT, welcher neben der Nutzung von nachhaltigen Technologien auch Aspekte der Corporate Governance sowie der ökologischen Nachhaltigkeit und Energieeffizienz widerspiegelt.

IDT hat ein umfassendes Nachhaltigkeitskonzept entwickelt. Die Grundlage des Konzepts bilden das Umweltmanagementsystem von DTK, die übergeordneten Umweltziele des Konzerns sowie die Konzernrichtlinien für verantwortungsvolles Handeln. Das Nachhaltigkeitskonzept zielt auf die Schaffung von ökologischem und ökonomischem Nutzen durch effiziente Ressourcennutzung ab und adressiert, wie in Abb. 11.3 dargestellt, fünf Bereiche:

- Materialmanagement:
  - Beschaffung energieeffizienter Komponenten, Analyse des Energieverbrauchs im Betrieb sowie des CO_2-Footprints der Herstellung des Produkts
  - Umweltfreundliche Entsorgung von Elektroschrott

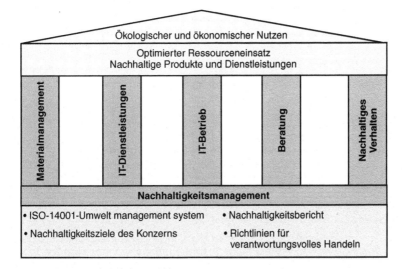

Abb. 11.3 Bestandteile des Nachhaltigkeitskonzepts von IDT

- IT-Dienstleistungen
  - Identifikation der Module mit den größten Umweltauswirkungen
  - Optimierung der IT-Dienstleistungen, positive Auswirkungen für Kunden, Umwelt und IDT
- IT-Betrieb
  - PUE-Reporting, Analyse und Optimierung, Green Scorecards
  - Aktives Energiemanagement
  - Computational Fluid Dynamics Modeling
- Beratung
  - Beratung der Kunden von IDT
  - Verbindung von Green IT und Geschäftsnutzen
  - Anwendung von Nachhaltigkeitsprinzipien auf die gesamte Infrastruktur der Organisation (lediglich 2–3 % der CO_2-Emissionen entfallen auf die IT)
  - Potenzialanalyse der gesamten Infrastruktur und der operativen Steuerungsprozesse, ganzheitlicher Ansatz (IT, Kommunikation, Immobilien, Energie, Transport, Wasser, Abfall)
  - Konkreter Maßnahmenplan, Priorisierung, Abstimmung mit Kernstrategie, Erzielung von Wettbewerbsvorteilen
- Nachhaltiges Verhalten
  - Informieren, Möglichkeiten aufzeigen und umweltfreundliches Verhalten demonstrieren
  - Auf allen Unternehmensebenen (Management, Mitarbeiter, Kunden) und bei allen Prozessen

11.3.1 Governance

Die IT-Governance von IDT zielt darauf ab, die IT-Nachhaltigkeitsstrategie effizient umzusetzen. Green IT ist in der IT-Strategie verankert und auf die Unterstützung der fünf Leitlinien des Mutterkonzerns ausgerichtet:

- Erstellung von Produkten und Dienstleistungen, welche den Kunden Wettbewerbsvorteile verschaffen
- Vorantreiben von Innovationen und Gestaltung der Zukunft
- Steigerung des Unternehmenswertes und langfristige Unabhängigkeit
- Förderung und Motivation der Mitarbeiter
- Übernahme gesellschaftlicher Verantwortung und Engagement für eine nachhaltige Entwicklung

Glaubwürdigkeit gegenüber Stakeholdern und Kooperation mit Kunden in Bezug auf Nachhaltigkeitsbestrebungen sowie ein gezielter Aufbau von Know-how in den unterschiedlichen Geschäftseinheiten mit Fokus auf die nachhaltigen Produkte treiben den Prozess voran. Ein jährliches Nachhaltigkeitsreporting soll Transparenz bezüglich der verwendeten Ansätze, Kriterien und Einschränkungen bieten.

Kennzahlen. Im Kontext der Nachhaltigkeitsziele von IDT wurde eine quantifizierte operative und strategische Zielsetzung als erforderlich erachtet und die Entwicklung von Green-IT-Umweltleitlinien auf Basis der ISO-(14001-)Normen angestrebt. Es wurde schnell erkannt, dass spezifische Umweltaspekte definiert werden müssen, um bestimmte Themen adressieren zu können. Besondere Bedeutung hat dabei die Betrachtung von Interdependenzen und Synergien unterschiedlicher Bereiche des Konzerns, durch welche innovative Handlungsfelder identifiziert werden können. Auf Basis dessen wurden im nächsten Schritt zur Dokumentation und Zuordnung der Maßnahmen Ziele (Objectives) definiert, die in Form einer Nachhaltigkeits-Scorecard konkrete Anforderungen beschreiben (vgl. Tab. 11.2).

Spezifische Leistungskennzahlen (KPIs) für Green IT sind bislang nicht Bestandteil der Scorecard. Nachhaltigkeitskriterien werden implizit durch die KPIs Supplier Evaluation, Supplier Global Management Boards oder Customer Satisfaction berücksichtigt.

Als Grundlage für die Betrachtung der Energieeffizienz in den Rechenzentren werden die Kennwerte PUE und DCiE erhoben. Das Reporting erfolgt bei IDT mit Data Warehouse und es wird ein einheitliches Reporting vom Monitoring bis hin zum Nachhaltigkeitsbericht angestrebt. Derzeit sind PUE und DCiE allerdings noch nicht in die Standard-Reporting-Prozesse von IDT eingebunden. Das Ziel von IDT ist die Quantifizierung des spezifischen CO_2-Footprints der angebotenen Services. Dazu soll ein Performance-Measurement-System in Form einer speziellen Nachhaltigkeits-Scorecard eingeführt werden. Dadurch sollen die Gesamtperformance der RZ ebenso wie die Auslastung von Speichern und Servern und die Analyse des Produktiveinsatzes der IT dargestellt werden können.

Tab. 11.2 Elemente der Nachhaltigkeits-Scorecard von IDT

Scorecard-Element	Beschreibung
Scorecard-„Perspektive"	betrachteter Aspekt (Kategorie) der Nachhaltigkeit
Oberziel	Beschreibung der generellen Zielstellung für diesen NH-Aspekt
Vorgehensweise	beschreibt geplante Aktionen zur Realisierung des Objectives
Ziel	Verbesserung eines Zustands innerhalb des Objectives
Zielvorgabe	Sollwert für das zugehörige Ziel
Relevante Gesetze / Regelungen	Compliance-Vorschriften, die mit dem Objective korrespondieren
Abzudeckendes Umweltrisiko	Benennung des Umwelteffekts, der erzielt werden soll (z. B. Umweltschäden durch giftige Abfälle reduzieren)
Messung	Formel, Einheit und Verfahren der Messung
Reporting	Einbindung in die Unternehmens-Reporting-Struktur (was, an wen)
Erhebungsfrequenz	Häufigkeit der Messung
Verantwortlichkeit für Zielerreichung	Person, welche die Verantwortung für die Zielerreichung trägt
Verantwortlichkeit für Datenerhebung	Person, welche für die regelmäßige Datenerhebung verantwortlich ist

11.3.2 Beschaffung

Um Nachhaltigkeitsaspekte im Bereich der Beschaffung von IT-Systemen zu integrieren, findet bei IDT eine Betrachtung auf Lieferanten- und Produktebene statt.

Bezüglich der Lieferantenbewertung werden Umweltaspekte abgefragt, beispielsweise ob der Zulieferer ein Umweltmanagementsystem implementiert hat. Weiterhin werden im Rahmen des Lieferantenbewertungsprozesses relevante Zertifizierungen und die Erfüllung der europäischen Richtlinien RoHS (Restriction of Hazardous Substances) und WEEE (Waste Electrical and Electronic Equipment) überprüft.

Die Kontrolle und Bewertung der Lieferanten findet in regelmäßigen Abständen statt und wird durch das Qualitätsmanagement des Mutterkonzerns durchgeführt. Als Grundlage dient der Verhaltenskodex für Lieferanten, welcher die Einhaltung der Gesetze, Achtung der Grundrechte der Mitarbeiter, Verbot von Kinderarbeit, Sicherstellung von Gesundheit und Sicherheit der Mitarbeiter, Sicherstellung des Umweltschutzes, Verbot von Korruption und Bestechung sowie die Weitergabe der Grundsätze in die eigene Lieferkette fordert.

Auf Produktebene resultiert eine Berücksichtigung von Nachhaltigkeitsaspekten vorrangig aus der Total-Cost-of-Ownership-(TCO-)Berechnung, wodurch Effizienzkriterien explizit berücksichtigt werden. Um die CO_2-Bilanz von IDT zu verbessern, ist im Bereich der Beschaffung der CO_2-Footprint der Herstellung und des Betriebs von IT-Hardware ein relevantes Auswahlkriterium. Zukünftig wird die Ermittlung des Total Environmental Impact für IT-Produkte über den gesamten Lebenszyklus hinweg angestrebt. Um den Stromverbrauch des Betriebs der IT-Hardware zu minimieren, werden bei der Auswahl

der Komponenten der Stromverbrauch und Power-Management-Funktionen im
Anforderungsprofil für Hardwareeinkäufe berücksichtigt. Des Weiteren werden Labels
wie beispielsweise der Blaue Engel, Energy Star oder das EU Eco-Label beachtet.

Die Beschaffung von IT-Hardware wird über ein eProcurement-System abgewickelt
und erfolgt bei IDT im Rahmen des Standardportfolios oder entsprechend projektspezi-
fischer Bedarfe.

Abbildung 11.4 illustriert den Beschaffungsprozess und zeigt auf, in welchen Schritten
des Prozesses spezifische Nachhaltigkeitskriterien die Auswahl auf Produktebene
und in Bezug auf die Lieferantenselektion beeinflussen. Der Bezug von Elektrizität
aus unterschiedlichen Quellen wird durch langfristige Verträge geregelt. Dabei werden Preiskalkulationen für die Bewertung regenerativer Energien sowohl in Bezug auf
Fremdbeschaffung als auch für die lokale Versorgung mit eigenen Windkraftwerken
oder Solarmodulen durchgeführt.

IDT legt Wert auf die umweltgerechte Entsorgung von toxischen Abfällen und versucht so weit möglich Komponenten mit gefährlichen Bestandteilen durch umwelt-
verträglichere zu ersetzen. Dabei werden auch die Design- und Herstellungsprozesse
der Zulieferer kritisch analysiert. Bei DTK gibt es ein Sondermüll-Reporting über die
Stoffgruppen und -mengen, die Auslastung der Sammelstellen und die Bestätigung der

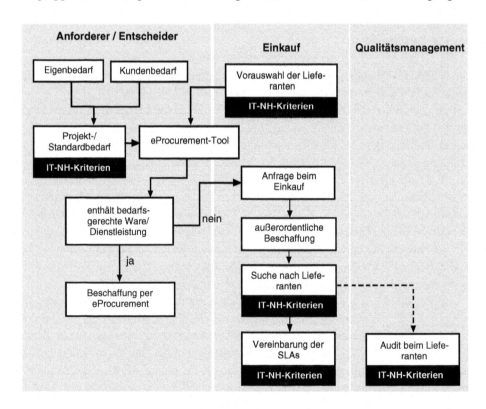

Abb. 11.4 Berücksichtigung von IT-Nachhaltigkeitskriterien im Beschaffungsprozess

sicheren Lagerung, welches quartalsweise durchgeführt wird. Zudem soll eine Stelle für die Trennung und kurzzeitige Lagerung von ungefährlichen Abfällen eingerichtet werden.

11.3.3 Produktion

Generell sind die Kernkomponenten des IT-Nachhaltigkeitskonzepts die Desktop- und Anwendungsvirtualisierung in Verbindung mit hocheffizienten Rechenzentren. Die ersten Maßnahmen zur Serverkonsolidierung und Virtualisierung wurden bereits vor dem Green-IT-Hype als Kostensenkungsmaßnahmen auf regionaler Basis umgesetzt, bevor dann durch die Gründung von IDT der Übergang zu einer zentralisierten, globalen Strategie erfolgte.

Rechenzentrum. Das nachhaltige Rechenzentrum von IDT ist ein neuartiges Konzept, welches den ganzheitlichen Gedanken des IT-Nachhaltigkeitskonzepts aufnimmt und auf Rechenzentren überträgt. Deshalb werden sämtliche Infrastrukturkomponenten einbezogen – von der Gebäudetechnologie über Energie- und Wassermanagement bis hin zu Sicherheit, Kommunikation und Verkehr. Das Projekt umfasst zudem die Konsolidierung der Rechenzentren – die Anzahl der Standorte in Deutschland wurde von 100 auf 30 reduziert. Im Rahmen der Konsolidierung wurde zudem konsequent auf die Installation moderner, effizienter Server gesetzt, welche einen deutlich geringeren Energieverbrauch als die zuvor installierten Systeme aufweisen. Zudem konnte durch innovative Kühlsysteme die Umweltbelastung verringert und gleichzeitig die Wertschöpfung verbessert werden.

IDT betreibt auch ein nachhaltiges Muster-Rechenzentrum: Mit 100 Racks, 630 Servern und 490 m^2 tellfläche wurden sowohl Gebäudedesign als auch der RZ-Betrieb gemäß ökologischen Kriterien optimiert. Das Tier-2-Rechenzentrum verwendet freie Luftkühlung, energiesparende Beleuchtung und hat einen 37 % geringeren Energieverbrauch pro Server. Drei Komponenten bilden die Basis der Lösung: aktives Energiemanagement, Virtualisierung und IT-Automatisierung.

Beim aktiven Energiemanagement handelt es sich weitestgehend um effiziente Stromversorgungs- und Kühlsysteme, optimierte Rack-Layouts und Schrankstandorte, die die Raumplanung und Spitzenverbrauchsüberwachung deutlich erleichtern sollen. Durch die Nutzung von Best Practices für Energieeffizienz im Rechenzentrum, Prozessorauslastung, Systemlastverwaltung/Auslastung, Stromverbrauch, effizientes Kühl-/Strommanagement, Luftverteilungsmanagement, gezielte/lokalisierte Redundanz (USV) und Dichte des IT-Equipments soll Mehrwert durch eine bedarfsgerechte Auslegung und Konstruktion des RZ generiert werden. Dazu dienen die Bedarfsprognose und Optimierung der Sollwerte in der Anlagentechnik der Produktionssysteme des Konzerns. Dabei müssen Kapazitäten, wie beispielsweise die Klimatisierung, flexibel der Nachfrage angepasst werden können. Ferner muss die Wärmebelastung der Computing- und Netzwerkinfrastruktur so ausgelegt werden, dass ein stabiler, aber gleichzeitig effizienter Betrieb ermöglicht wird.

Das Energiemanagement wird mit Umweltüberwachungssystemen und Remote-Management verknüpft. Dies ermöglicht ein Onlinemonitoring des Energieflusses und der Energieberichte. Eine serverbasierte Applikation erlaubt einen Zugriff via Internet für

Anlagenbetreiber, Gutachter oder die öffentliche Verwaltung, für welche Emissionsberichte nach den Monitoringleitlinien der Europäischen Union erstellt werden.

Die Warm- und Kaltluft-Rezirkulation wird mittels modernster Computational-Fluid-Dynamic-Modelle (CFD) minimiert. Dadurch können potenzielle Kühlungsprobleme unterbunden, optimale Lösungen zur Energieerhaltung geliefert und Investitions- und Betriebskosten gespart werden.

Als weitere Kernkomponente des nachhaltigen Rechenzentrums ist die Virtualisierung anzuführen. Durch die Entkopplung von Anwendungen und Hardware besteht die Möglichkeit, Rechen- und Speicherkapazität flexibel an die Geschäftsanforderungen zu verteilen und anzupassen. Als ganzheitliche Plattform können Vorteile der Konsolidierung, Optimierung und Virtualisierung möglichst effizient kombiniert und als eine hochverfügbare, fehlertolerante Computing-Umgebung offeriert werden, die sowohl Desaster Recovery als auch Business Continuity Services unterstützt. Mittels der Implementierung dieses Aspektes ist es IDT gelungen, Energie- und Betriebskosten bei diesen Servern um 30 % zu senken.

Als drittes Kernelement wird die IT-Automatisierung angeführt, die gemäß der IT Infrastructure Library (ITIL) und dem IT Service Management (ITSM) einheitliche Standards implementieren soll. Die gesamte IT-Prozesskette wird durchlaufen, von der Bereitstellung und dem Management von Prozessen, Incident-, Problem-, Konfigurations-, Änderungs- und Versionsmanagement bis hin zu Service Levels, Finanzmanagement, Continuity, Verfügbarkeit und Kapazität.

IDT richtet seine Nachhaltigkeitsmaßnahmen in erster Linie auf Rechenzentren, da diese den höchsten Energieverbrauch und die größten Einsparpotenziale haben. Der Fokus liegt auf der Erhöhung der Effizienz, welche mit Kosteneinsparungen einhergeht. Die Maßnahmen werden vor allem bei neuen Rechenzentren implementiert, die Sanierung von Bestandsrechenzentren ist hingegen wirtschaftlich meist nicht sinnvoll.

IDT hat erkannt, dass sich durch die Optimierung der Leistungskosten und die Unterstützung eines dynamischen Echtzeitgeschäfts ökonomische Vorteile für seine Kunden generieren lassen. Höchste operative Kapazität durch mehr Kostentransparenz und -kontrolle kann ebenso gewährleistet werden wie die Maximierung des ROI, um Wissens- und Rechenressourcen besser zu verwalten, gemeinsam zu nutzen und bereitzustellen. Gerade im wirtschaftlichen und ökologischen Bereich sind positive Ergebnisse zu vermerken:

- Serverkonsolidierung im Verhältnis 15:1, welche zu einer Effizienzerhöhung von 83 % führt
- 91 % Reduktion im Speicherverbrauch mittels Storage-Konsolidierung
- Steigerung der Serverauslastung (Storage) von 30 % auf 80 %
- Neu installierte Server mit einem 80 % geringeren Energieverbrauch
- Bis zu 50 % Energieeinsparungen bei Klimaanlagen durch Grundwasserkühlung
- Gesamtprognose: Verbesserung der Energieeffizienz in Höhe von 30–50 %

Büroumgebung. Seit drei Jahren wird das Konzept One-for-all-Printer umgesetzt, welches die früheren Multifunktionsgeräte ablöst. In den Büroräumen des Mutterkonzerns befindet sich nun lediglich ein Drucker auf dem Flur, welcher zentral verwaltet wird. Der technische Dienst erläutert den Mitarbeitern den Ressourcen sparenden Umgang mit den Geräten und stellt die Grundkonfiguration ein, damit das Gerät nach gewisser Zeit der Inaktivität in den Stand-by-Modus wechselt. Eine weitere Maßnahme ist die Einführung von Videokonferenzen, durch welche die durch Geschäftsreisen verursachten CO_2-Emissionen verringert werden. Derzeit gibt es bei IDT keine Configuration Database für die IT-Systeme, weshalb eine Quantifizierung des Stromverbrauchs in der Büroumgebung schwierig ist.

Mit dem Aktionsprogramm „Nachhaltiges Ressourcenmanagement" sollen Effizienzpotenziale in Gebäuden umfassend identifiziert und genutzt werden. Unter anderem mittels Modernisierung der Regelungstechnik bei Heizungs- und Lüftungsanlagen, des Ersatzes elektrischer Antriebe durch Modelle mit höherer Effizienz und der Nachrüstung von Ventilatoren und Pumpen mit Frequenzumrichtern konnten in 100 optimierten Gebäuden Energiekosteneinsparungen von fast 8 Millionen Euro realisiert werden. Die durchschnittliche Amortisationszeit der Investitionen liegt bei weniger als zwei Jahren. Als Beispiel ist ein Altbau anzuführen, bei dem durch Energieoptimierung der Heizenergiedarf um 34 % und der Jahresstrombedarf um 15 % reduziert werden konnten – wodurch jährliche Einsparungen von knapp 100.000 Euro realisiert werden. Dieses sowie zehn weitere Gebäude des Mutterkonzerns tragen nun das Green-Building-Label der Europäischen Kommission.

In der Planungsphase greift das Konzept „Nachhaltiges Gebäudedesign", welches eine Auswahl verschiedener Energieeffizienzmaßnahmen, konkrete Zielwerte sowie Effizienzstrategien für das jeweilige Bauprojekt definiert, um den späteren Primärenergieverbrauch eines Gebäudes zu begrenzen.

Als weiteres Instrument wird in der Phase der Entwurfsplanung von Gebäuden die Life Cycle Analysis eingesetzt, um mittels eines speziell für die Anforderungen des Unternehmens entwickelten Kostentools die bauteilspezifischen Nutzungskosten wie Reinigung, Instandhaltung und auch den Energieverbrauch frühzeitig abschätzen zu können. Dadurch wird eine einseitige Fokussierung auf Investitionskosten vermieden und Umweltaspekte finden durch die Kosten des Ressourcenverbrauchs automatisch Berücksichtigung.

Die Zertifizierung für umweltfreundliche Gebäude begleitet Bauprojekte in der Planungs- und Realisierungsphase und sichert so die Qualität der neuen Immobilien. DTK setzt bei Neubauprojekten und Sanierungsmaßnahmen entweder das Green-Building-Programm der Europäischen Kommission um oder strebt im nichteuropäischen Raum die Zertifizierung Leadership in Energy and Environmental Design (LEED) an.

11.3.4 Vertrieb und Kommunikation

Da Glaubwürdigkeit für DTK eine entscheidende Rolle spielt, werden im Bereich der Unternehmenskommunikation nicht nur die positiven Umweltauswirkungen der Nachhaltigkeitsmaßnahmen, sondern auch deren Wirtschaftlichkeit herausgestellt. Die

Wertschöpfung der Maßnahmen wird transparent veranschaulicht und die Verringerung des Umwelt-Impacts von DTK wird durch externe Umweltorganisationen verifiziert.

Für IDT haben das Bewusstsein für IT-bezogene Umweltaspekte und die Motivation der Mitarbeiter hohe Priorität, weshalb die Beratung und Schulung der Mitarbeiter Bestandteil eines erfolgreichen Umweltmanagements sind. Denn letztendlich hat das Verhalten der Mitarbeiter einen besonders hohen Einfluss auf die Umweltauswirkungen der IT, weshalb DTK eine Initiative für nachhaltiges Verhalten gestartet hat, um das Bewusstsein der Mitarbeiter für Umweltbelange zu schärfen.

Die Kommunikation der IDT-Nachhaltigkeitsmaßnahmen geschieht beispielsweise über eine internationale Mitarbeiterzeitschrift, welche dem Thema Green IT bereits eine vollständige Ausgabe widmete. Ein weiteres Kommunikationsmedium ist die Intranetseite des Konzerns, die zum Thema Umwelt- und Klimaschutz eingerichtet wurde. Auf dieser Website können sich die Mitarbeiter über die nachhaltigen Produkte des Konzerns informieren und erhalten Auskünfte über Nachhaltigkeitsinitiativen von DTK. Kurzinterviews mit Mitarbeitern, welche sich besonders mit Umweltthemen beschäftigen, zeigen den anderen Beschäftigten, wie sie in ihrem Berufsalltag verantwortungsvoller handeln können, beispielsweise indem sie ihre Computer beim Verlassen des Büros ausschalten. Darüber hinaus wird über Umweltthemen aus den Bereichen Wasser, Energie und Abfall informiert. Zudem können sich die Mitarbeiter via Blog aktiv an der Umweltdiskussion beteiligen und ihre Fragen von Experten beantworten lassen. Die Mitarbeiter haben also die Möglichkeit, eigene Vorschläge zu äußern, welche so weit wie möglich beachtet und umgesetzt werden.

Um die Transparenz der Umweltauswirkungen weiter zu erhöhen, strebt IDT das Monitoring und Reporting der CO_2-Emissionen entlang der IT-basierten Geschäftsprozesse und -services an. Eine Erhebung von Kennzahlen hinsichtlich der durch die IT verursachten Emissionen soll zukünftig in die Berichterstattung der Abteilungen integriert werden.

Die Initiative „Nachhaltiges Verhalten" richtet sich allerdings nicht nur an Mitarbeiter des Konzerns, sondern auch an externe Kunden. Das Unternehmen bietet Consulting-Projekte für nachhaltiges IT-Management an, welche von einem Benchmarking über Potenzialanalysen bis hin zur Empfehlung spezifischer Maßnahmen reichen. IDT profitiert dabei von den Fachkenntnissen, auf welche das Unternehmen in Verbindung mit dem Konzern zurückgreifen kann. Nachhaltigkeitslösungen verschiedener Branchen sollen auf nachhaltigen IT-Services aufbauen und IT wird von DTK als Nachhaltigkeits-Enabler für sämtliche Unternehmensprozesse verstanden. Durch die ganzheitliche Betrachtungsweise und das Verändern der Verhaltensweise von Mitarbeitern möchte IDT eine besonders nachhaltige Wirtschaftsweise ermöglichen.

Auf Basis des Nachhaltigkeitsberichts werden wesentliche gesellschaftliche und ökologische Herausforderungen dargestellt, denen sich der Konzern gegenübersieht. Der Bericht beschreibt Strategie, Organisation, Maßnahmen und Ziele des Nachhaltigkeitsmanagements bei DTK. Die Konformität des Nachhaltigkeitsberichts mit den Sustainability Reporting Guidelines und den Kriterien der Global Reporting Initiative wird durch ein externes Unternehmen geprüft. Die inhaltlichen Schwerpunkte orientieren sich an einer, die jährlich im Dialog mit den Stakeholdern der verschiedenen Sektoren und Regionen erstellt wird. DTK achtet darauf, die Angaben zu den klimarelevanten Emissionen seiner Betriebstätigkeit (Scope 1 und 2 gemäß Greenhouse Gas Protocol) und ebenfalls die Angaben zu den nachhaltigen Produkten durch unabhängige Dritte prüfen zu lassen. In der folgenden Tabelle sind die Green-IT-Maßnahmen von IDT zusammenfassend dargestellt (Tab. 11.3).

11.4 Erkenntnisse

Nachhaltigkeit bei IDT ist geprägt durch eine strategische Herangehensweise, klare Strukturierung des Vorgehens und der Verantwortlichkeiten, Ableitung von Teilzielen zur Unterstützung der Konzernziele, transparente Berichterstattung und Dialog mit Stakeholdern. Dabei differenziert sich IDT durch eine ganzheitliche Betrachtungsweise, bei welcher nicht nur die ökologischen Aspekte der IT analysiert werden, sondern IT auch als Enabler für die Verbesserung der Nachhaltigkeit sämtlicher Prozesse und Infrastrukturen des gesamten Konzerns verstanden wird. Das umfassende Verständnis von Nachhaltigkeit beschränkt sich nicht auf das Thema Energieeffizienz, sondern berücksichtigt ökologische, ökonomische und soziale Aspekte.

Green-IT-Maßnahmen, wie Konsolidierung der Server und Einführung von Thin Clients, wurden bei DTK bereits vor längerer Zeit umgesetzt, da die Kosteneinsparungspotenziale dieser Maßnahmen sehr früh erkannt wurden. Der Übergang von einer Implementierung derartiger isolierter Kostensenkungsmaßnahmen auf regionaler Ebene hin zu einer integrierten, globalen Strategie erfolgte durch die Zentralisierung der IT-Organisationen und die Schaffung von IDT als eigenständige, serviceorientierte Organisation. Die Kernkomponenten des Konzepts für eine nachhaltige IT sind Desktop- und Anwendungsvirtualisierung in Kombination mit nachhaltigen Rechenzentren. Durch die Lebenszyklusbetrachtung bei der Beschaffung von IT-Systemen gewinnen Nachhaltigkeitsmaßnahmen zudem an Attraktivität. Eine Besonderheit sind die Analyse der verwendeten Rohstoffe und die Berücksichtigung der Wiederverwertbarkeit der zu beschaffenden Hardwarekomponenten.

Weitere Besonderheiten des nachhaltigen IT-Managements bei IDT sind das strategische Vorgehen, welches sich an den Umweltzielen des Konzerns ausrichtet, und die ganzheitliche Betrachtung des Themas, die über typische Green-IT-Maßnahmen hinausgeht. Dabei werden die breit gefächerten Kompetenzen des Konzerns und das Knowhow unterschiedlicher Branchen genutzt, um einerseits nachhaltige Lösungen für IDT zu entwickeln und andererseits Produkte von DTK durch effiziente IT-Services von IDT nachhaltiger zu gestalten. DTK gelingt die Verbindung von Green IT und Green Business in außergewöhnlichem Maße durch die Nutzung von Synergien zwischen IDT und dem Mutterkonzern.

Ein weiterer Erfolgsfaktor ist die Verbindung der Initiativen *nachhaltige IT* und *nachhaltiges Verhalten*. IDT legt besonderen Wert auf die Beratung und Schulung

Tab. 11.3 Zusammenfassung der Green-IT-Maßnahmen bei IDT

Bereich	Ziel	Maßnahme
EAM – Environmental aspects regarding energy & materials	Manage procurement of IT hardware components	Den Stromverbrauch von Hardwarekomponenten minimieren.
	Manage CO$_2$ footprint of material & related power supply	Die CO$_2$-Bilanz bei der Erzeugung, der Bereitstellung & dem Betrieb von Geräten & Material optimieren.
		Die CO$_2$-Bilanz bei der Erzeugung und dem Verbrauch von Energie für Standorte optimieren.
	Manage disposal of toxic materials	Toxische Abfälle (chemisch gefährlich) umweltgerecht handhaben, substituieren bzw. entsorgen.
		Zwischenlagern von gefährlichen, umweltgerecht getrennten Abfällen (allgemein) und Übergabe an die Entsorgung.
		Sammelstelle(n) / Zwischenlager für gefährliche Abfälle in den Entsorgungsprozess einbinden.
	Manage disposal of hardware components	Umweltbelastende Abfälle bereits beim Produktdesign bzw. bei der Einkaufsentscheidung vermeiden.
		Hardwarekomponenten rückbauen, wiederverwenden bzw. umweltgerecht entsorgen.
	Manage disposal of waste	Nichtgefährliche Abfälle umweltgerecht verwalten bzw. entsorgen.
		Zwischenlagern von ungefährlichen, umweltgerecht getrennten Abfällen und deren Übergabe an die Entsorgung.
EAS – Environmental aspects regarding IT for sustainability	Energy Management for computers & networks	Den Energiebedarf des Betriebs von Computern optimieren: Server, Storage, Router, Firewall etc.
		Server & Netze durch angemessene Softwaresteuerung effizient nutzen.
	Energy Management for cooling of operational areas	Den Energieverbrauch für Kühlungsaktivitäten in der Infrastruktur optimieren (Wirkungsgrad der Kühlung).

Bereich	Ziel	Maßnahme
	Provision of additional components (e.g. HVAC, USV)	Den Stromverbrauch für die Infrastruktur gemäß Umweltkriterien optimieren.
		Kraftstoffe für Notfallsituationen umweltgerecht bereitstellen.
		Unabhängige (Not-)Aggregate zur Energieerzeugung umweltfreundlich betreiben.
		Den Betrieb von Batterien umweltgerecht sicherstellen.
	Provision of computer clients	Nachhaltiger Betrieb von Arbeitsplatzsystemen
EAT – Environmental aspects regarding transpor-tation issues	Energy for transportation (e.g training, ONS-service, delivery etc.)	Transportprozesse für Personen & Logistik zur Entlastung der Umwelt optimieren bzw. minimieren.
EAW – Environmental apects regarding working areas / facilities	Design & provision of "Green Buildings" (e.g. heating, cooling)	Energieverbrauch von Gebäuden optimieren bzw. reduzieren.
		Mit Wärme beladene Kühlmedien für Warmwassersysteme bereitstellen bzw. weiterverwenden.
		Verbrauch bzw. Gebrauch von Kühlmitteln umweltgerecht gestalten.
		Erneuerbare Energien erzeugen und zur Nutzung bereitstellen.
	Secure & "green" behavior for provision of services	Sichere Notfallumgebungen einführen, aufrechterhalten und überwachen.
		Sichere brandgeschützte Arbeitsbereiche zur Verfügung stellen.
		Die Wiederverwendung täglicher Ressourcen (Wasser, Abwärme etc.) fördern.

der Mitarbeiter, welche durch ihr Nutzungsverhalten hinsichtlich der offerierten IT-Dienstleistungen einen großen Einfluss auf den Ressourcenverbrauch der IT haben. Neben der internen Kommunikation gegenüber den Mitarbeitern haben der Dialog mit Stakeholdern und die Darstellung der Nachhaltigkeitsbemühungen des Konzerns im Nachhaltigkeitsbericht hohe Priorität – denn DTK möchte den Erwartungen der Stakeholder gerecht werden und gleichzeitig die Attraktivität seiner umweltfreundlichen Produkte steigern, indem die Kunden für das Thema Nachhaltigkeit sensibilisiert werden.

Ferner spielt die Unterstützung der Nachhaltigkeitsinitiativen durch das Management des Mutterkonzerns eine wichtige Rolle. DTK nimmt das Thema Nachhaltigkeit sehr ernst und strebt eine Führungsrolle in diesem Bereich an – dies wird auch durch die konsequente organisationale Verankerung des Themas mit klaren Strukturen und Verantwortlichkeiten über alle Sektoren des Unternehmens hinweg deutlich.

Ein anderer Aspekt ist die Überprüfung der Zielerreichung von Nachhaltigkeitsinitiativen. DTK und IDT legen Wert auf Authentizität und versuchen die Auswirkungen sowohl auf die Umwelt als auch auf die Wirtschaftlichkeit exakt zu quantifizieren. Durch die interne Leistungsverrechnung werden dabei für IDT Anreize geschaffen, kostensenkende Umweltmaßnahmen zu implementieren. Eine umfassende Nachhaltigkeits-Scorecard befindet sich in Planung und es wird eine Bestimmung der IT-basierten CO_2-Emissionen entsprechend den angebotenen IT-Services angestrebt. Zukünftig soll das Nachhaltigkeitsreporting in die etablierten Reportingstrukturen des Konzerns integriert werden.

Zusammenfassend lässt sich also feststellen, dass das Nachhaltigkeitsmanagement bei IDT bereits sehr fortgeschritten ist und Synergiepotenziale innerhalb des Konzerns erkannt und auch sinnvoll genutzt werden. IDT strebt eine Umsetzung der Konzern-Nachhaltigkeitsstrategie an, implementiert Effizienzsteigerungsmaßnahmen mit Kostensenkungspotenzial, bezieht die Nutzer ein und steigert die Wahrnehmung der Nachhaltigkeitsmaßnahmen und die Attraktivität umweltfreundlicher DTK-Produkte durch geschickte Kommunikation gegenüber den Kunden des Konzerns. Gleichzeitig wird das gewonnene Know-how eingesetzt, um Beratungsleistungen anzubieten, bei denen sich IDT durch die Branchenkenntnisse des Konzerns und den ganzheitlichen Nachhaltigkeitsansatz vom Wettbewerb differenzieren kann.

Teil C

Zusammenfassung

Handlungsempfehlungen und Ausblick

12

Auf Grundlage der Ergebnisse der in diesem Buch dargelegten Fallstudien sowie des stets anhaltenden Dialogs mit Expertengruppen aus Forschung und Praxis werden an dieser Stelle Handlungsempfehlungen für Entscheidungsträger in Unternehmen, insbesondere in IT-Organisationen, zusammengetragen.

Die steigende Bedeutung von Nachhaltigkeitsaspekten in IT-Organisationen lässt sich auf zwei Entwicklungsströmungen zurückführen: Einerseits steigen der IT-Ressourcenbedarf und die Energiepreise für den Betrieb von IT-Infrastrukturen und machen eine Implementierung von Green-IT-Maßnahmen zur Verringerung der operativen Kosten wirtschaftlich interessant. Andererseits lässt sich eine wachsende Kundennachfrage nach nachhaltigen Produkten und Services beobachten. Als Konsequenz werden in vielen IT-Organisationen Green-IT-Initiativen auf operativer Ebene gestartet, meist jedoch ohne Berücksichtigung der strategischen Relevanz und Auswirkungen. Eine Harmonisierung dieser Green-IT-Maßnahmen mit den strategischen Nachhaltigkeitszielen der IT-Organisation und/oder des Gesamtunternehmens ist erforderlich, um die ökonomischen, ökologischen und sozialen Nachhaltigkeitsziele erreichen zu können.

Die gewonnenen Erkenntnisse verdeutlichen, dass sich in den IT-Organisationen ein ganzheitliches Vorgehen zur Umsetzung eines nachhaltigen IT-Managements bislang noch nicht durchgesetzt hat. Die Ergebnisse zeigen aber auch, dass in den Unternehmen ein grundsätzliches Interesse und Engagement zum Schaffen eines ökologischen Bewusstseins besteht, wenngleich sich wichtige damit zusammenhängende Ansätze noch nicht weitreichend etablieren konnten. Es kann festgehalten werden, dass dem Thema Nachhaltigkeit in den einzelnen Unternehmen ein unterschiedlicher Stellenwert beigemessen wird. Abhängig von der Organisationsform und der Unternehmenskultur werden demzufolge Maßnahmen zum Umweltschutz kontextabhängig angeschoben. So können große Konzerne, wie z. B. die Bayer AG (vgl. Fallstudie 1), auf ihre bereits verankerten Nachhaltigkeitsprogramme zurückgreifen und die IT-Organisation gezielt einbinden, während andere Unternehmen zunächst Kompetenzen in diesem Bereich aufbauen müssen. Dennoch greifen aktuelle Bemühungen in IT-Organisationen zu kurz. Die IT muss demnach stärker in das

Nachhaltigkeits- bzw. Umweltmanagementsystem der Organisation integriert werden. Ein vorübergehender Hype ist Green IT vermutlich nicht; sie läutet vielmehr einen bedeutenden Wandel ein, indem Aspekte des Umweltschutzes und der Ressourceneffizienz stärker berücksichtigt werden müssen als noch vor einigen Jahren.

Bei der Betrachtung von Lebenszyklen von IT-Produkten zeigt sich immer wieder die große Bedeutung der Senkung des Energieverbrauchs während der Nutzung und des Betriebs. Konsequenterweise beschränken sich viele der in der Praxis umgesetzten Nachhaltigkeitsansätze auf isolierte Einzelmaßnahmen auf operativer Ebene mit eingeschränktem Blick auf Kosteneinsparungen, wie z. B. Maßnahmen zur Optimierung des Strombedarfs im Rechenzentrum. Ungeachtet ihrer Relevanz zur Reduktion des Energieverbrauchs und damit der CO_2-Emissionen betreffen diese Maßnahmen jedoch nur den IT-Leistungserstellungsprozess. Aspekte der nachhaltigen Gestaltung der Beschaffung, wie beispielsweise die Berücksichtigung ressourcen- und umweltschonender Kriterien beim Einkauf von IT-Produkten, oder des Vertriebs, wie z. B. die Integration von Nachhaltigkeitskenngrößen (beispielsweise Energieverbrauch) in IT-Servicekatalogen, werden damit nicht berührt. Darüber hinaus fehlt es zumeist an einer übergeordneten Strategie zur Nachhaltigkeit, die eine derartige prozessübergreifende Integration sicherstellt. Aspekte des Umweltschutzes und der Ressourceneffizienz (Green IT) müssen daher integraler Bestandteil der IT-Strategie sein. Bislang ist aber eine systematische und integrative Betrachtung von Nachhaltigkeitsaspekten in den IT-Organisationen nicht zu verzeichnen. Folglich greifen die aktuellen Herangehensweisen langfristig zu kurz und müssen durch ein ganzheitliches Vorgehen mit strategischen Zielvorgaben für ein nachhaltiges Management ergänzt werden. Infolgedessen ist eine Erweiterung des Green-IT-Verständnisses hin zu einem ganzheitlichen, nachhaltigen IT-Management unter Berücksichtigung der drei Säulen der Nachhaltigkeit zwingend erforderlich.

Eine Erfolg versprechende Umsetzung ist jedoch an bestimmte Bedingungen geknüpft: Um wirtschaftlich sinnvolle und ökologisch nachhaltige Lösungen in das IT-Management zu integrieren, sind weitreichende Veränderungen sowohl auf strategischer als auch auf operativer Ebene notwendig. Ein nachhaltiges IT-Management sollte keine eigenständige Initiative sein, sondern muss analog einem Top-down-Ansatz ganzheitlich über die Strategie-, Prozess- und Systemebene betrachtet werden, um seinen vollen Nutzen zu entfalten. Für die Verankerung von Nachhaltigkeitsthemen in der IT-Organisation ist daher ein strategisches Vorgehen unabdingbar. Zudem erfordert die Umsetzung eine breite Unterstützung im Unternehmen und in der IT-Organisation. Insofern sollte zunächst das oberste Ziel ein Management-Commitment zur Nachhaltigkeitsausrichtung der IT sein, um alle Mitarbeiter im Unternehmen für das Thema zu sensibilisieren. So muss ein nachhaltiges IT-Management mit der Verankerung einer Nachhaltigkeitsstrategie im Sinne des Drei-Säulen-Modells auf oberster Ebene der IT-Organisation beginnen, die an der übergeordneten Nachhaltigkeitsstrategie des Unternehmens ausgerichtet ist. Diese muss innerhalb der IT-Organisation auf allen Stufen der Wertschöpfungskette verbindlich gelten; sämtliche Prozesse und Maßnahmen sind hiernach auszurichten. Externe Partner und Lieferanten sind hierbei mit zu berücksichtigen. Einen zentralen Bestandteil bildet in diesem Kontext die Betrachtung der gesamten Wertschöpfungskette des IT-Managements. Nachhaltigkeit muss auch in den Prozessen der Beschaffung (Source) und des Vertriebs (Deliver) von IT-Produkten berücksichtigt werden.

Auf operativer Ebene ist weiterhin eine konsequente Umsetzung energieeffizienter Ansätze notwendig, um dem stets anhaltenden Zuwachs von IT-Energieverbräuchen entgegenzuwirken und damit die CO_2-Bilanz der IT weiter zu optimieren. Aufgrund stetig steigender Energiepreise führt dies auch zu einer besseren Kostenstruktur in der IT-Organisation.

Weiterhin muss sich das IT-Management dauerhaft für die Reproduktion seiner materiellen und immateriellen Ressourcenbasis einsetzen. Dazu gehört auch die Reduktion des Elektronikschrotts durch den längeren Einsatz der genutzten Hard- und Software. Mithilfe eines Ressourcencontrollings kann hierbei die Ressourcenbasis ständig im Blick behalten werden.

Zur Minimierung des Administrationsaufwands ist die Integration von Nachhaltigkeitsaspekten in bestehende Konzepte des IT-Managements, wie z. B. ITIL, sinnvoll. Ferner sollten IT-Organisationen weiterhin an aussagekräftigen Nachhaltigkeitskennzahlen arbeiten, die über Kenngrößen zur Messung der Energieeffizienz hinausgehen, um ihre Leistungen transparenter zu gestalten und Erfolge gezielt sichtbar zu machen. Letzteres bedingt nicht nur eine stärkere Integration der sozialen und ökologischen Zieldimension der Nachhaltigkeit in unternehmerische Entscheidungen, sondern gewährleistet zudem eine (berechenbare) Darlegung des Wertbeitrags der IT an der Nachhaltigkeitsstrategie des Unternehmens. Das Nachhaltigkeitsreporting eines Unternehmens kann so um konkrete IT-spezifische Nachhaltigkeitskennzahlen erweitert werden.

Eine Nachhaltigkeitsausrichtung in IT-Organisationen ist nicht nur aus ökologischer Perspektive sinnvoll, sondern schafft auch ökonomischen Wert für das Unternehmen und fördert eine strategische Abgrenzung vom Wettbewerb. Die Potenziale in diesem Bereich sollten ausgeschöpft werden.

Für IT-Organisationen wird die Notwendigkeit einer nachhaltigen Unternehmensentwicklung immer mehr zu einem Schlüsselfaktor des unternehmerischen Erfolgs. Unternehmen müssen sich des Perspektivenwandels bewusst werden, um auch in Zukunft wettbewerbsfähig zu bleiben. Ziel sollte es hierbei immer sein, wirtschaftliche Erfolge mit sozialer Verantwortung und ökologischem Bewusstsein zu verbinden, um damit eine Wertsteigerung auf allen Stufen der Wertschöpfungskette zu erreichen.

Literaturverzeichnis

Bengtsson F, Agerfalk PJ (2011) Information technology as a change actant in sustainability innovation: insights from Uppsala. J Strateg Inf Syst 20(1):96–112

BITKOM (2010) Energieeffizienz im Rechenzentrum: Ein Leitfaden zur Planung, zur Modernisierung und zum Betrieb von Rechenzentren, 2. http://www.bitkom.org/files/documents/Energieeffizienz_im_Rechenzentrum_Band_2.pdf. Zugegriffen: 14. Jan 2011

BITKOM (2011) IT-Nachfrage steigt weltweit um 4,3 %. http://www.bitkom.org/61374_68295.aspx. Zugegriffen: 28. Juni 2011

BMU, UBA (2006) Herausforderung Ressourceneffizienz – Informations- und Kommunikationstechnik als Innovationschance. Z Ökol Wirtsch 4:3–8

Buchta D, Eul M, Schulte-Croonenberg H (2009) Strategisches IT-Management: Wert steigern, Leistung steuern, Kosten senken, 3. Aufl. Gabler, Wiesbaden

Bundesregierung (2012) Die Beauftragte der Bundesregierung für Informationstechnik. Green IT – Ein Leitfaden zur Optimierung des Energieverbrauchs, Berlin

BVA, BIT (2010) Kompetenzzentrum Green IT, Vorgehensmodell für Green IT in Rechenzentren, Bundesverwaltungsamt

Chen AJ, Watson RT, Boudreau MC, Karahanna E (2009) Organizational adoption of Green IS & IT: an institutional perspective. In: Proceedings of the 30th international conference on information systems (ICIS), Phoenix, USA

Chou T (2008) Seven – software business models. Active Book Press, USA

Co2ncept (2009) GHG-Protokoll, 2009. http://www.co2ncept-plus.de/strategien/carbon-footprint/corporate-carbon-footprint/ghg-protokoll/. Zugegriffen: 02. Aug 2011

Dess GG, Davis PS (1984) Porter's (1980) generic strategies as determinants of strategic group membership and organizational performance. Acad Manage J 27(3): 467–488

Deutsche Bank Financial Data Supplement 2012. https://www.deutsche-bank.de/ir/de/download/FDS_1Q2012.pdf

Deutsche Bank – Banking on Green – Nachhaltigkeits-Management-System. http://www.banking-on-green.com/de/content/unser_ansatz_zur_nachhaltigkeit/Nachhaltigkeit_management_system.html. Zugegriffen: 08. Juni 2012

Deutsche Bank – Banking on Green – Desertec. http://www.banking-on-green.com/de/content/projekte_und_initiativen_zur_nachhaltigkeit/wuestenstrom.html. Zugegriffen: 08. Juni 2012, 2

Deutsche Bank – Banking on Green – Environmental Steering Committee. http://www.banking-on-green.com/de/content/unser_ansatz_zur_nachhaltigkeit/environmental_steering_committee.html. Zugegriffen: 08. Juni 2012, 2

Deutsche Bank – Banking on Green – Climate Change Advisory Board. http://www.banking-on-green.com/de/content/unser_ansatz_zur_nachhaltigkeit/Climate_Change_Advisory_Board.html. Zugegriffen: 08. Juni 2012, 2

R. Zarnekow und L. Kolbe, *Green IT*, DOI: 10.1007/978-3-642-36152-4,
© Springer-Verlag Berlin Heidelberg 2013

Deutsche Bank – Banking on Green – Grüne IT. http://www.banking-on-green.com/de/content/unser_ansatz_zur_nachhaltigkeit/Gruene_it.html. Zugegriffen: 08. Juni 2012, 2

Dyllick T, Hockerts K (2002) Beyond the business case for corporate sustainability. Bus Strategy Environ 11(2):130–141

Eder S (1994) Grüne Computer. Wirtschaftsinformatik 36(6):600–603

Elkington J (1997) Cannibals with forks: the triple bottom line of 21st century business. New Society Publishers, Oxford

Elliot S (2011) Transdisciplinary perspectives on environmental sustainability: a resource base and framework for IT-enabled business transformation. MIS Q 35(1):197–236

Fraunhofer IZM, Fraunhofer ISI (2009) Abschätzung des Energiebedarfs der weiteren Entwicklung der Informationsgesellschaft – Abschlussbericht an das Bundesministerium für Wirtschaft und Technologie. http://www.bmwi.de/Dateien/BMWi/PDF/abschaetzung-des-energiebedarfs-der-weiteren-entwicklung-der-informationsgesellschaft. Zugegriffen: 02. Sept 2010

Fuchs C (2006) The implications of new information and communication technologies for sustainability. Environ Dev Sustain 10(3):291–309

GeSi, BCG (2009) SMART 2020 Addendum Deutschland: Die IKT-Industrie als treibende Kraft auf dem Weg zu Nachhaltigem Klimaschutz. http://www.gesi.org/LinkClick.aspx?fileticket=X7m82qhz%2F6o%3D&tabid=60. Zugegriffen: 19. Feb 2010

Hauff V (1987) Unsere gemeinsame Zukunft: Der Brundtland-Bericht der Weltkommission für Umwelt und Entwicklung. Eggenkamp Verlag, Greven

Hedwig M, Malkowski S, Neumann D (2009) Taming energy costs of large enterprise systems through adaptive provisioning. In: Proceedings of the 30th international conference on information systems (ICIS), Phoenix

Ijab MT, Molla A, Kassahun AE, Teoh SY (2010) Seeking the "Green" in "Green IS": a spirit, practice and impact perspective. In: Proceedings of the 14th Pacific Asia conference on information systems (PACIS), Taipei

ITDZ Berlin (2008) Green IT Präsentation der Arbeitsgruppe Green IT, Stand 02.10.2008

ITDZ Berlin (2009a) ITDZ Berlin: Moderne Perspektiven für die Verwaltung, IT-Dienstleistungszentrum Berlin. http://www.itdz-berlin.de/dokumente/itdz-berlin-broschuere.pdf. Zugegriffen: 21. Sept 2011

ITDZ Berlin (2009b) Splitter: IT-Nachrichten für die Berliner Verwaltung, 19. Jg., Nr. 11, Schwerpunkt: Green IT

ITDZ Berlin (2010a) ITDZ Berlin Organe. http://madrid.itdz-berlin.de/unternehmen/organe.html. Zugegriffen: 21. Sept 2011

ITDZ Berlin (2010b) White Paper des IT-Dienstleistungszentrums Berlin (ITDZ Berlin): Klima schonen und Kosten sparen – Leitfaden für eine energieeffiziente Informationstechnik. http://www.itdz-berlin.de/dokumente/itdz_berlin_whitepaper_green_it.pdf. Zugegriffen: 21. Sept 2011

ITDZ Berlin (2010c) der energiesparende Green IT Arbeitsplatz-Computer des ITDZ Berlin. http://www.itdz-berlin.de/dokumente/flyer/flyer_green_it.pdf. Zugegriffen: 21. Sept 2011

ITDZ Berlin (2011) IT-Dienstleistungszentrum Berlin Portrait, Stand Frühjahr 2011. http://www.itdz-berlin.de/dokumente/flyer/flyer_itdz_berlin-portrait_de.pdf. Zugegriffen: 21. Juli 2011

Jenkin TA, Webster J, McShane L (2011) An agenda for "Green" information technology and systems research. Inf Organ 21(1):17–40

Judge P (2010) Doing the math. http://www.greendatacenternews.org/articles/93248/doing-the-math-or-hue-pue-barney-mcgrew-by-peter-j/. Zugegriffen: 21. Juni 2011

Krcmar H (2010) Informationsmanagement, 5. Aufl. Springer, Berlin

KSV (2009) Klimaschutzvereinbarung zwischen dem IT-Dienstleistungszentrum Berlin und dem Land Berlin. http://www.itdz-berlin.de/dokumente/091208_ITDZ_Berlin_KSV_final.pdf. Zugegriffen: 21. Juli 2012

Loos P (2011) Green IT: Ein Thema für die Wirtschaftsinformatik? Wirtschaftsinformatik 53(4): 239–247

Mithas S, Khuntia J, Roy P (2010) Green information technology, energy efficiency, and profits: evidence from an emerging economy. In: Proceedings of the 31st international conference on information systems (ICIS), St. Louis

Molla A, Cooper VA, Pittayachawan S (2009) IT and eco-sustainability: developing and validating a Green IT readiness model. In: Proceedings of the 30th international conference on information systems (ICIS), Phoenix

Porter ME (2008) Wettbewerbsstrategie: Methoden zur Analyse von Branchen und Konkurrenten, 11. Aufl. Campus-Verlag, Frankfurt am Main

Russo MV (2003) The emergence of sustainable industries: building on natural capital. Strateg Manage J 24(4): 317–331

Samuels G (2010) Should the C-suite have a "Green" seat? Harv Bus Rev, S. 132–138

SAP (2010a) Interview mit Jürgen Burkhardt, Timo Stelzer, Daniel Schmidt, Matthias Göttler, 30.06.2010, S. 1–55

SAP (2010b) Zusammengefaster Konzernlagebericht. http://www.sapannualreport.com/2010/konz ernlagebericht/nachhaltigkeit.html. Zugegriffen: 13. Juni 2011

SAP (2011a) SAP Nachhaltigkeitsbericht 2010. http://www.sapsustainabilityreport.com/de/. Zugegriffen: 27. Juni 2011

SAP (2011b) The Best-Run Businesses Run SAP. http://www.sap.com/about-sap/events/worldtour/ index.epx. Zugegriffen: 02. Juni 2011

Schmidt NH (2011) Environmentally sustainable information management – theories and concepts for sustainability, Green IS and Green IT, Bd 64. Cuvillier Verlag, Göttingen

Seidel S, vom Brocke J, Recker J (2011) Call for action: investigating the role of business process management in Green IS. In: Proceedings of SIGGreen workshop, working papers on information systems, Jg. 11, Nr. 4

Speichert, H. (2007) Praxis des IT-Rechts: Praktische Rechtsfragen der IT-Sicherheit und Internetnutzung, 2. Aufl. Vieweg+Teubner, Wiesbaden

Statista (2011) Umsatz von SAP nach Regionen in den Jahren 2008 und 2010 (in Millionen Euro)

Trowbridge D (2010) Deutsche bank talks about data center efficiency. http://blogs.cisco.com/data center/deutsche_banks_talks_about_data_center_efficiency. Zugegriffen: 21. Juni 2011

United Nations Environment Programme (UNEP) (2008) Global environment outlook – GEO 4. http://www.unep.org/geo/geo4/report/GEO-4_Report_Full_en.pdf. Zugegriffen: 17. Mai 2008

Watson RT, Boudreau MC, Chen AJ (2010) Information systems and environmentally sustainable development: energy informatics and new directions for the IS community. MIS Q 34(1):23–38

WEED (2009) BUY IT FAIR: Leitfaden zur Beschaffung von Computern nach sozialen und ökologischen Kriterien. DruckVogt GmbH

Zarnekow R, Brenner W, Pilgram U (2005) Integriertes Informationsmanagement. Strategien und Lösungen für das Management von IT-Dienstleistungen. Springer, Berlin

Printed by Printforce, the Netherlands